ÉDITORIAL

AVRIL 2025

Le silence du Samedi saint

Entre Vendredi saint et Pâques, fait-on assez de place au Samedi saint ? Ce jour sans liturgie s'énonce dans le Credo par une formule qui déroute : le Christ est descendu aux enfers. Parler ainsi signifie que le Christ est allé jusqu'au bout de son abaissement. La trajectoire de sa Passion l'a conduit au plus bas de la désolation. Lui, le Fils, a pénétré l'enfer de la souffrance et de la mort, et il a expérimenté l'absence de Dieu. Il a séjourné là où Dieu n'est pas. Devant cette chute de l'amour crucifié dans l'abîme sans fonds, la liturgie se fait silence et le croyant est invité au travail du deuil. Mais au bout de la descente, une lente remontée s'esquisse. Les ténèbres de la mort laissent poindre une aurore de vie. L'abîme n'est pas nié, il est traversé. C'est du lieu de la mort que le Christ s'est levé vivant. Et il entraîne avec lui ceux que la mort tenait sous son emprise. L'espérance devient alors possible pour to[...] n'est pas d'enfer humain que le Christ n'ait visité. Au che[...] l'humanité la plus aliénée, il y a encore un Dieu en attente[...] ciel commence au plus profond de la terre. La mort a lâch[...]

Les ténèbres de la mort laissent poindre une aurore de vie. L'abîme n'est pas nié[...] il est tra[...]

Annonce

UNION DES ASSOCIATIONS DIOCÉSAINES DE FRANCE (UADF)

Léguer à l'Église

Lorsque vient le temps de la succession surgissent les interrogations. À qui donner ? Et pourquoi ? Tous les ans, des chrétiens choisissent de léguer leurs biens à l'Église. Ils participent ainsi à son développement.

Nombreux sont les paroissiens qui lèguent leurs biens (financiers ou matériels) à l'Église. Redistribuer un peu de ce qu'ils ont reçu, soutenir une œuvre d'Église, accompagner la formation et la mise en place des sacrements, aider une paroisse qui nous est particulièrement chère... les raisons sont nombreuses et diverses. Si la marche à suivre est plutôt simple, Hubert Gossot, responsable des relations testateurs du diocèse de Paris, rappelle cependant quelques étapes cruciales. « Pour léguer à l'Église, il est important d'entrer d'abord en contact avec son diocèse. Si une personne souhaite donner à une cause particulière, le diocèse peut ainsi s'assurer qu'il y a un réel besoin. Le diocèse aiguille, accompagne, aide à y voir clair. Puis, le mieux est de faire un testament et de le déposer chez un notaire. Ne vous inquiétez pas, rajoute-t-il en souriant : rédiger un testament ne fait mourir personne ! » Les personnes qui n'ont pas d'enfants mais souhaitent transmettre leur héritage à leurs neveux et nièces

peuvent également faire appel à l'Église, pour un legs universel avec charge. « Cela permet de conserver la part successorale de la famille, tout en choisissant un diocèse ou une œuvre d'Église », précise Hubert Gossot. Même après notre mort, nos richesses peuvent servir et nos engagements perdurer. Ces dons, qui représentent jusqu'à 30 % du budget d'un diocèse, servent à accueillir de nouvelles personnes, à célébrer des mariages, des baptêmes, des enterrements... Finalement, « léguer donne du sens à l'argent que nous avons gagné tout au long de notre vie et dont nous n'avons pas eu besoin. Donner rend heureux ! », conclut Hubert Gossot.

Annonce

Pour de plus amples informations, rendez-vous sur :
https://jecroisjelegue.catholique.fr/
Vous pouvez également demander à votre diocèse la plaquette explicative « Je crois, je lègue », ainsi que des conseils personnalisés.

Prier avec le Saint-Père

Intention universelle du mois d'avril 2025

Prions pour que l'utilisation
des nouvelles technologies
ne remplace pas les relations humaines,
mais respecte la dignité des personnes
et aide à affronter les crises de notre temps.

Pour vous aider à prier :
www.prieraucoeurdumonde.net

SAINTS ET SAINTES DU MOIS D'AVRIL 2025

Xavier Lecœur, journaliste et historien

Chaque jour, l'Église fête plusieurs saints et bienheureux : ceux du calendrier romain, ceux des calendriers diocésains et ceux du calendrier des Églises orientales.
Tous les mois, Prions en Église *vous propose d'en découvrir quelques-uns.*

1er avril
St Ludovic Pavoni
(1784-1849)
Ce prêtre italien fut un pionnier en matière de patronages et d'écoles professionnelles pour les garçons pauvres. Canonisé en 2016.

2 avril
St Nizier
(513-573)
Évêque de Lyon pendant vingt ans. Son neveu, saint Grégoire de Tours, écrivit sa biographie.

3 avril
Bse Marie-Thérèse Casini
(1864-1937)
Née près de Rome, elle fonda la congrégation hospitalière des Oblates du Sacré-Cœur de Jésus, ainsi qu'une association pour soutenir les vocations sacerdotales. Béatifiée en 2015.

4 avril
St Gaétan Catanoso
(1879-1963)
Il y a vingt ans, en 2005, le pape Benoît XVI canonisait cet infatigable prêtre de Calabre (Italie), fondateur de la congrégation des Sœurs Véronique de la Sainte Face pour l'apostolat dans les campagnes et la réparation des blasphèmes.

5 avril
St Vincent Ferrier
(1350-1419)
Dominicain espagnol. Il parcourut les routes d'Espagne, d'Italie et de France, pour exhorter ses contemporains à la pénitence radicale et à la conversion. Il mourut à Vannes (56).

6 avril
St Guillaume de Paris
(vers 1125-1203)
Ce moine parisien fut envoyé au Danemark afin de restaurer la discipline religieuse à l'abbaye d'Æbelholt.

Il en fit un centre rayonnant de vie monastique.

7 avril
St Jean-Baptiste de La Salle
(1651-1719)
« Nous devons à Dieu quatre choses : nous devons le connaître, l'adorer, l'aimer et lui obéir », affirmait le fondateur des Frères des Écoles Chrétiennes. Canonisé en 1900.

8 avril
Bx Dominique Iturrate Zubero
(1901-1927)
Ce Basque de Bilbao, entré à 13 ans dans l'ordre des Trinitaires, avait fait le vœu de « faire toujours ce qu'il trouverait de plus parfait ». Béatifié en 1983.

9 avril
Bse Célestine Faron
(1913-1944)
Religieuse polonaise. Déportée à Auschwitz en raison de son hostilité au nazisme, elle y mourut le jour de Pâques 1944. Béatifiée en 1999.

10 avril
St Fulbert
(vers 960-1028)
Évêque de Chartres. Il fut à la fois un pasteur, un bâtisseur et un savant.

11 avril
Ste Hélène Guerra
(1835-1914)
Le 20 octobre 2024, le pape François a canonisé à Rome cette religieuse italienne, fondatrice de la congrégation des Oblates du Saint-Esprit pour promouvoir la dévotion à la troisième personne de la Sainte Trinité.

12 avril
St David Uribe Velasco
(1888-1927)
Prêtre mexicain. Il fut assassiné en haine de la foi, durant les persécutions antichrétiennes qui ensanglantèrent son pays.

13 avril
St Martin Ier
(vers 600-655)
Élu pape en 649, il s'opposa à une hérésie soutenue par l'empereur byzantin Constant II. Il fut condamné à l'exil et succomba, victime de mauvais traitements. Dernier pape martyr.

14 avril
Ste Lidwine de Schiedam
(1380-1433)
Devenue grabataire après un accident, elle endura, avec une patience infinie

et une extrême piété, de longues années de souffrances physiques.

15 avril
St Ortaire
(VIe siècle)
Abbé de Landelles, près de Vire (14), ce Normand fut l'un des premiers évangélisateurs de la région. Il était réputé pour ses miracles.

16 avril
St Benoît-Joseph Labre
(1748-1783)
Rejeté de plusieurs monastères, il fit de sa vie un pèlerinage perpétuel, allant de sanctuaire en sanctuaire, dans la prière et la pauvreté. Il mourut à Rome. Canonisé en 1881.

17 avril
Ste Kateri Tekakwitha
(1656-1680)
Malgré l'opposition de son milieu, cette jeune Iroquoise demanda le baptême et fit le choix de la virginité consacrée. Première sainte native américaine, canonisée en 2012.

18 avril
St Parfait
(IXe siècle)
Ce prêtre de Cordoue, alors sous domination musulmane, fut la première victime des persécutions antichrétiennes du IXe siècle.

19 avril
Bx Bernard de Sithiu
(XIIe siècle)
Ayant commis un crime dans sa jeunesse, il effectua plusieurs pèlerinages pour expier sa faute. Il acheva sa vie saintement à Sithiu (aujourd'hui Saint-Omer – 62).

20 avril
Ste Agnès de Montepulciano
(1268-1317)
« Mon Bien-Aimé est à moi, je ne le quitterai plus » : tels furent les derniers mots de cette mystique italienne, fondatrice du couvent dominicain de Montepulciano (Toscane). Sainte Catherine de Sienne fit son éloge.

21 avril
St Conrad de Parzham
(1818-1894)
Durant quarante ans, il fut le portier du couvent capucin de Notre-Dame d'Altötting (Bavière). On disait qu'il « accueillait, comme si c'eût été le Christ, tous ceux qui se présentaient ».

22 avril
Ste Opportune
(VIIIe siècle)
Abbesse de l'abbaye d'Almenèches (61). Vénérée pour sa grande piété et son dévouement envers les pauvres.

23 avril
Bx José Torres Padilla
(lire page 279)

24 avril
Ste Marie-Euphrasie Pelletier
(1796-1868)
Cette religieuse dynamique fonda en 1835, à Angers, l'institut du Bon-Pasteur au service des femmes en difficulté.

25 avril
St Marc
(Ier siècle)
Après avoir accompagné saint Paul, puis saint Pierre, dans leurs voyages missionnaires, il rédigea le deuxième évangile. Selon la tradition, il serait mort martyr à Alexandrie.

26 avril
St Paschase Radbert
(vers 790-865)
« Le Seigneur guérit chaque jour l'âme de tout homme qui l'implore, l'adore pieusement », écrivait cet abbé de Corbie (80), dans son *Commentaire sur l'évangile de Matthieu.*

27 avril
St Théodore
(vers 314-368)
Disciple de saint Pacôme, il lui succéda comme supérieur du monastère de Tabenne (Égypte). Il savait aider les frères divisés à se réconcilier.

28 avril
St Pierre Chanel
(1803-1841)
Prêtre mariste. Parti évangéliser les habitants de Futuna (Polynésie), il y mourut quatre ans plus tard, bastonné sur ordre du roi de l'île.

29 avril
Ste Catherine de Sienne
(1347-1380)
Cette tertiaire dominicaine fut une grande mystique, tout en étant engagée dans les affaires de son temps. « Dieu a en horreur l'orgueil, et il aime l'humilité », rappelait-elle. Docteur de l'Église.

30 avril
St Pie V
(1504-1572)
Élu pape en 1566, ce dominicain appliqua les décisions du concile de Trente. Défenseur énergique de la foi catholique, il mena une vie ascétique.

Prions avec les textes de la messe

DU 1ER AU 30 AVRIL 2025

Partagez vos intentions de prière

Envoyez vos intentions de prière à :
Prions en Église, Intentions de prière, 18 rue Barbès, 92128 Montrouge Cedex.
Elles seront portées par les pèlerins qui partiront sur le chemin de Saint-Jacques-de-Compostelle du 12 au 19 mai 2025.

MARDI 1ER AVRIL 2025

4E SEMAINE DE CARÊME COULEUR LITURGIQUE : VIOLET

Temps du Carême, *messe de la férie*

Antienne d'ouverture

Vous tous qui avez soif, venez, voici de l'eau ! dit le Seigneur. Même si vous n'avez pas d'argent, venez et buvez avec joie. (cf. Is 55, 1)

Prière

Seigneur, en ce temps de pénitence, donne à tes fidèles de te servir d'un cœur généreux, pour être bien disposés à accueillir le mystère pascal et proclamer l'annonce de ton salut. Par Jésus… ***— Amen.***

Lecture

du livre du prophète Ézékiel (47, 1-9.12)

J'ai vu l'eau qui jaillissait du Temple : tous ceux qu'elle touchait furent sauvés

En ces jours-là, au cours d'une vision reçue du Seigneur, l'homme me fit revenir à l'entrée de la Maison, et voici : sous le seuil de la Maison, de l'eau jaillissait vers l'orient, puisque la façade de la Maison était du côté de l'orient. L'eau descendait de dessous le côté droit de la Maison, au sud de l'autel. L'homme me fit sortir par la porte du nord et me fit faire le tour par l'extérieur, jusqu'à la porte qui fait face à l'orient, et là encore l'eau coulait du côté droit. L'homme s'éloigna vers l'orient, un cordeau à la main, et il mesura une distance de mille coudées ; alors il me fit traverser

l'eau : j'en avais jusqu'aux chevilles. Il mesura encore mille coudées et me fit traverser l'eau : j'en avais jusqu'aux genoux. Il mesura encore mille coudées et me fit traverser : j'en avais jusqu'aux reins. Il en mesura encore mille : c'était un torrent que je ne pouvais traverser ; l'eau avait grossi, il aurait fallu nager : c'était un torrent infranchissable. Alors il me dit : « As-tu vu, fils d'homme ? » Puis il me ramena au bord du torrent. Quand il m'eut ramené, voici qu'il y avait au bord du torrent, de chaque côté, des arbres en grand nombre. Il me dit : « Cette eau coule vers la région de l'orient, elle descend dans la vallée du Jourdain, et se déverse dans la mer Morte, dont elle assainit les eaux. En tout lieu où parviendra le torrent, tous les animaux pourront vivre et foisonner. Le poisson sera très abondant, car cette eau assainit tout ce qu'elle pénètre, et la vie apparaît en tout lieu où arrive le torrent. Au bord du torrent, sur les deux rives, toutes sortes d'arbres fruitiers pousseront ; leur feuillage ne se flétrira pas et leurs fruits ne manqueront pas. Chaque mois ils porteront des fruits nouveaux, car cette eau vient du sanctuaire. Les fruits seront une nourriture, et les feuilles un remède. »
– Parole du Seigneur.

Psaume 45 (46)

℟ Il est avec nous, le Dieu de l'univers ; citadelle pour nous, le Dieu de Jacob !

Dieu est pour nous refuge et force,
secours dans la détresse, toujours offert.
Nous serons sans crainte
si la terre est secouée,
si les montagnes s'effondrent
au creux de la mer. ℟

Le Fleuve, ses bras réjouissent
la ville de Dieu,
la plus sainte des demeures du Très-Haut.
Dieu s'y tient : elle est inébranlable ;
quand renaît le matin, Dieu la secourt. ℟

Il est avec nous, le Seigneur de l'univers ;
citadelle pour nous, le Dieu de Jacob !
Venez et voyez les actes du Seigneur,
il détruit la guerre
jusqu'au bout du monde. ℟

Acclamation de l'Évangile

Gloire et louange à toi, Seigneur Jésus ! Crée en moi un cœur pur, ô mon Dieu ; rends-moi la joie d'être sauvé. ***Gloire et louange à toi, Seigneur Jésus !***

Évangile de Jésus Christ

selon saint Jean (5, 1-16)

« Aussitôt l'homme fut guéri »

À l'occasion d'une fête juive, Jésus monta à Jérusalem. Or, à Jérusalem, près de la porte des Brebis, il existe une piscine qu'on appelle en hébreu Bethzatha. Elle a cinq colonnades, sous lesquelles étaient couchés une foule de malades, aveugles, boiteux et impotents. Il y avait là un homme qui était malade depuis trente-huit ans. Jésus, le voyant couché là, et apprenant qu'il était dans cet état depuis longtemps, lui dit : « Veux-tu être guéri ? » Le malade lui répondit : « Seigneur, je n'ai personne pour me plonger dans la piscine au moment où l'eau bouillonne ; et pendant que j'y vais, un autre descend avant moi. » Jésus lui dit : « Lève-toi, prends ton brancard, et marche. » Et aussitôt l'homme fut guéri. Il prit son brancard : il marchait ! Or, ce jour-là était un jour de sabbat. Les

Juifs dirent donc à cet homme que Jésus avait remis sur pied : « C'est le sabbat ! Il ne t'est pas permis de porter ton brancard. » Il leur répliqua : « Celui qui m'a guéri, c'est lui qui m'a dit : "Prends ton brancard, et marche !" » Ils l'interrogèrent : « Quel est l'homme qui t'a dit : "Prends ton brancard, et marche" ? » Mais celui qui avait été rétabli ne savait pas qui c'était ; en effet, Jésus s'était éloigné, car il y avait foule à cet endroit.
Plus tard, Jésus le retrouve dans le Temple et lui dit : « Te voilà guéri. Ne pèche plus, il pourrait t'arriver quelque chose de pire. » L'homme partit annoncer aux Juifs que c'était Jésus qui l'avait guéri. Et ceux-ci persécutaient Jésus parce qu'il avait fait cela le jour du sabbat.

Prière sur les offrandes

Nous te présentons, Seigneur, les biens que tu nous as donnés : qu'ils témoignent des bienfaits de ta création pour notre condition mortelle, et qu'ils deviennent le remède qui nous procurera l'immortalité. Par le Christ, notre Seigneur. **— *Amen.***

Préface du Carême, p. 360.

Antienne de la communion

Le Seigneur est mon berger :
je ne manque de rien.
Sur des prés d'herbe fraîche,
il me fait reposer. Il me mène
vers les eaux tranquilles
et me fait revivre. (Ps 22, 1-3)

Prière après la communion

Dans ta bonté, Seigneur, purifie nos esprits : que tes sacrements les renouvellent ; fais que même nos corps y trouvent une aide pour aujourd'hui et pour la vie future. Par le Christ, notre Seigneur. **— *Amen.***

Prière sur le peuple

Le prêtre peut dire la prière suivante :

Dieu de miséricorde, fais que ton peuple soit toujours fidèle à te servir et reçoive constamment de ta bienveillance ce qui lui est profitable. Par le Christ, notre Seigneur. — ***Amen.***

INVITATION *proposée avec le CCFD-Terre solidaire*

Les associations partenaires du CCFD-Terre solidaire œuvrent dans leurs pays pour bâtir une société plus fraternelle. Je peux les soutenir en participant à des actions portées par les bénévoles, ici dans ma paroisse.

COMMENTAIRE

Plongeons dans la vie Jean 5, 1-16

À Bethzatha, nous tenir dans la foule des malades, en attente de guérison. « Veux-tu être guéri ? » Pourrait-on ne pas le vouloir ? Mais le peut-on tout seul ? Laissons résonner la question de Jésus, et disons-lui notre désir. Sans hésiter, plongeons en lui ! « Lève-toi, marche. » C'est la vie qui appelle, plus forte que le joug d'une loi sans miséricorde. Pour Dieu, il est toujours le temps de relever. ■

Colette Hamza, *xavière*

MERCREDI 2 AVRIL 2025

4E SEMAINE DE CARÊME COULEUR LITURGIQUE : VIOLET

Temps du Carême, *messe de la férie*
(Saint François de Paule)

Antienne d'ouverture

Moi, je te prie Seigneur, c'est l'heure de ta grâce ;
dans ton grand amour, Dieu, réponds-moi,
par ta vérité, sauve-moi. (Ps 68, 14)

Prière

Seigneur Dieu, tu offres aux justes la récompense de leurs efforts et le pardon aux pécheurs qui se repentent : prends pitié de ceux qui te supplient, afin que la confession de nos péchés obtienne le pardon de nos fautes. Par Jésus…
— Amen.

Lecture

du livre du prophète Isaïe (49, 8-15)

« Je t'ai établi, pour que tu sois l'alliance du peuple, pour relever le pays »

Ainsi parle le Seigneur : Au temps favorable, je t'ai exaucé, au jour du salut, je t'ai secouru. Je t'ai façonné, établi, pour que tu sois l'alliance du peuple, pour relever le pays, restituer les héritages dévastés et dire aux prisonniers : « Sortez » ! aux captifs des ténèbres : « Montrez-vous » ! Au long des routes, ils pourront paître ; sur les hauteurs dénudées seront leurs pâturages. Ils n'auront ni faim ni soif ; le vent brûlant et

le soleil ne les frapperont plus. Lui, plein de compassion, les guidera, les conduira vers les eaux vives. De toutes mes montagnes, je ferai un chemin, et ma route sera rehaussée. Les voici : ils viennent de loin, les uns du nord et du couchant, les autres des terres du sud. Cieux, criez de joie ! Terre, exulte ! Montagnes, éclatez en cris de joie ! Car le Seigneur console son peuple ; de ses pauvres, il a compassion.
Jérusalem disait : « Le Seigneur m'a abandonnée, mon Seigneur m'a oubliée. » Une femme peut-elle oublier son nourrisson, ne plus avoir de tendresse pour le fils de ses entrailles ? Même si elle l'oubliait, moi, je ne t'oublierai pas.
– Parole du Seigneur.

Psaume 144 (145)

℟ ***Le Seigneur est tendresse et pitié, lent à la colère et plein d'amour.***

Le Seigneur est tendresse et pitié,
lent à la colère et plein d'amour ;
la bonté du Seigneur est pour tous,
sa tendresse, pour toutes ses œuvres. ℟

Le Seigneur est vrai en tout ce qu'il dit,
fidèle en tout ce qu'il fait.
Le Seigneur soutient tous ceux qui tombent,
il redresse tous les accablés. ℟

Le Seigneur est juste en toutes ses voies,
fidèle en tout ce qu'il fait.
Il est proche de ceux qui l'invoquent,
de tous ceux qui l'invoquent en vérité. ℟

Acclamation de l'Évangile

Gloire à toi, Seigneur, honneur, puissance et majesté ! Moi, je suis la résurrection et la vie, dit le Seigneur. Celui qui croit en moi ne mourra jamais. ***Gloire à toi, Seigneur, honneur, puissance et majesté !***

Évangile de Jésus Christ

selon saint Jean (5, 17-30)

« Comme le Père relève les morts et les fait vivre, ainsi le Fils fait vivre qui il veut »

En ce temps-là, après avoir guéri le paralysé un jour de sabbat, Jésus déclara aux Juifs : « Mon Père est toujours à l'œuvre, et moi aussi, je suis à l'œuvre. » C'est pourquoi, de plus en plus, les Juifs cherchaient à le tuer, car non seulement il ne respectait pas le sabbat, mais encore il disait que Dieu était son propre Père, et il se faisait ainsi l'égal de Dieu.

Jésus reprit donc la parole. Il leur déclarait : « Amen, amen, je vous le dis : le Fils ne peut rien faire de lui-même, il fait seulement ce qu'il voit faire par le Père ; ce que fait celui-ci, le Fils le fait pareillement. Car le Père aime le Fils et lui montre tout ce qu'il fait. Il lui montrera des œuvres plus grandes encore, si bien que vous serez dans l'étonnement. Comme le Père, en effet, relève les morts et les fait vivre, ainsi le Fils, lui aussi, fait vivre qui il veut. Car le Père ne juge personne : il a donné au Fils tout pouvoir pour juger, afin que tous honorent le Fils comme ils honorent le Père. Celui qui ne rend pas honneur au Fils ne rend pas non plus honneur au Père, qui l'a envoyé.

« Amen, amen, je vous le dis : qui écoute ma parole et croit en Celui qui m'a envoyé, obtient la vie éternelle

et il échappe au jugement, car déjà il passe de la mort à la vie.
« Amen, amen, je vous le dis : l'heure vient – et c'est maintenant – où les morts entendront la voix du Fils de Dieu, et ceux qui l'auront entendue vivront. Comme le Père, en effet, a la vie en lui-même, ainsi a-t-il donné au Fils d'avoir, lui aussi, la vie en lui-même ; et il lui a donné pouvoir d'exercer le jugement, parce qu'il est le Fils de l'homme. Ne soyez pas étonnés ; l'heure vient où tous ceux qui sont dans les tombeaux entendront sa voix ; alors, ceux qui ont fait le bien sortiront pour ressusciter et vivre, ceux qui ont fait le mal, pour ressusciter et être jugés.
« Moi, je ne peux rien faire de moi-même ; je rends mon jugement d'après ce que j'entends, et mon jugement est juste, parce que je ne cherche pas à faire ma volonté, mais la volonté de Celui qui m'a envoyé. »

Prière sur les offrandes

Dans ta bienveillance, Seigneur, fais que la puissance de ce sacrifice purifie tout ce qui vieillit en nous : qu'elle fasse grandir la vie nouvelle et nous apporte le salut. Par le Christ, notre Seigneur. — ***Amen.*** *Préface du Carême, p. 360.*

Antienne de la communion

Dieu a envoyé son Fils
dans le monde, non pas pour juger
le monde, mais pour que,
par lui, le monde soit sauvé.
(Jn 3, 17)

Prière après la communion

Ne permets pas, Seigneur, que ce don du ciel soit un motif de condamnation pour ceux qui l'ont reçu, puisque tu l'as destiné à la guérison de tes fidèles. Par le Christ, notre Seigneur. — ***Amen.***

Prière sur le peuple

Le prêtre peut dire la prière suivante :

Que ta tendresse, Seigneur, entoure et protège ceux qui te servent ; alors, faisant le bien en ce monde, ils parviendront jusqu'à toi, le souverain bien. Par le Christ, notre Seigneur. — ***Amen.***

INVITATION *proposée avec le CCFD-Terre solidaire*

Je prends le temps de réfléchir à l'impact de mes choix sur l'environnement.
J'identifie les changements à apporter dans ma vie quotidienne, que ce soit à la maison ou au travail, pour protéger notre planète.

COMMENTAIRE

« À l'œuvre »

Jean 5, 17-30

Dieu est toujours à l'œuvre ! Alors comme l'infirme, comme Jésus, Dieu enfreint la loi du sabbat ! C'est donc à Dieu lui-même qu'un procès est intenté par les maîtres du Temple. « Mon Père est toujours à l'œuvre, et moi aussi », dit Jésus. L'œuvre de Dieu est celle de Jésus. Non content d'enfreindre la loi, il s'identifie à Dieu. De quoi le mettre à mort ! ou contempler et communier à son œuvre de Création continuée. ■

Colette Hamza, xavière

Temps du Carême, *messe de la férie*

Antienne d'ouverture

Joie pour les cœurs qui cherchent Dieu.
Cherchez le Seigneur, et vous serez affermis,
recherchez sans trêve sa face. (cf. Ps 104, 3-4)

Prière

Nous implorons humblement, Seigneur, ta tendresse : donne à tes serviteurs, purifiés par la conversion et formés par leurs œuvres bonnes, de persévérer dans tes commandements d'un cœur sincère et d'arriver sans encombre aux fêtes de Pâques. Par Jésus… — ***Amen.***

Lecture

du livre de l'Exode (32, 7-14)

« Renonce au mal que tu veux faire à ton peuple »

En ces jours-là, le Seigneur parla à Moïse : « Va, descends, car ton peuple s'est corrompu, lui que tu as fait monter du pays d'Égypte. Ils n'auront pas mis longtemps à s'écarter du chemin que je leur avais ordonné de suivre ! Ils se sont fait un veau en métal fondu et se sont prosternés devant lui. Ils lui ont offert des sacrifices en proclamant : "Israël, voici tes dieux, qui t'ont fait monter du pays d'Égypte." »

Le Seigneur dit encore à Moïse : « Je vois que ce peuple est un peuple à la nuque raide. Maintenant, laisse-moi faire ; ma colère va s'enflammer contre eux et je vais les exterminer ! Mais, de toi, je ferai une grande nation. »
Moïse apaisa le visage du Seigneur son Dieu en disant : « Pourquoi, Seigneur, ta colère s'enflammerait-elle contre ton peuple, que tu as fait sortir du pays d'Égypte par ta grande force et ta main puissante ? Pourquoi donner aux Égyptiens l'occasion de dire : "C'est par méchanceté qu'il les a fait sortir ; il voulait les tuer dans les montagnes et les exterminer à la surface de la terre" ? Reviens de l'ardeur de ta colère, renonce au mal que tu veux faire à ton peuple. Souviens-toi de tes serviteurs, Abraham, Isaac et Israël, à qui tu as juré par toi-même : "Je multiplierai votre descendance comme les étoiles du ciel ; je donnerai, comme je l'ai dit, tout ce pays à vos descendants, et il sera pour toujours leur héritage." »
Le Seigneur renonça au mal qu'il avait voulu faire à son peuple.
– Parole du Seigneur.

Psaume 105 (106)

℟ ***Souviens-toi de nous, Seigneur, dans ta bienveillance pour ton peuple.***

Souviens-toi de m<u>o</u>i, Seigneur,
dans ta bienveill<u>a</u>nce pour ton peuple.
Avec nos pères, nous av<u>o</u>ns péché,
nous avons failli et renié. ℟

À l'Horeb ils fabr<u>i</u>quent un veau,
ils adorent un obj<u>e</u>t en métal :
ils échangeaient ce qui ét<u>a</u>it leur gloire
pour l'image d'un taure<u>au</u>, d'un ruminant. ℟

Ils oublient le Dieu qui les sauve,
qui a fait des prodiges en Égypte,
des miracles au pays de Cham,
des actions terrifiantes sur la mer Rouge. ℟

Dieu a décidé de les détruire.
C'est alors que Moïse, son élu,
surgit sur la brèche, devant lui,
pour empêcher que sa fureur les extermine. ℟

Acclamation de l'Évangile

Louange à toi, Seigneur, Roi d'éternelle gloire ! Dieu a tellement aimé le monde qu'il a donné son Fils unique, afin que ceux qui croient en lui aient la vie éternelle. ***Louange à toi, Seigneur, Roi d'éternelle gloire !***

Évangile de Jésus Christ

selon saint Jean (5, 31-47)

« Votre accusateur, c'est Moïse, en qui vous avez mis votre espérance »

En ce temps-là, Jésus disait aux Juifs : « Si c'est moi qui me rends témoignage, mon témoignage n'est pas vrai ; c'est un autre qui me rend témoignage, et je sais que le témoignage qu'il me rend est vrai. Vous avez envoyé une délégation auprès de Jean le Baptiste, et il a rendu témoignage à la vérité. Moi, ce n'est pas d'un homme que je reçois le témoignage, mais je parle ainsi pour que vous soyez sauvés. Jean était la lampe qui brûle et qui brille, et vous avez voulu vous réjouir un moment à sa lumière. Mais j'ai pour moi un témoignage plus grand que celui de Jean : ce sont les œuvres que le Père m'a donné d'accomplir ; les œuvres mêmes que je fais témoignent que le Père m'a envoyé. Et le Père qui m'a envoyé, lui, m'a rendu témoignage. Vous n'avez jamais entendu sa voix, vous n'avez jamais vu sa face, et vous ne laissez pas sa parole demeurer en vous, puisque vous ne croyez pas en celui que le Père a envoyé. Vous scrutez les Écritures parce que vous pensez y trouver la vie éternelle ; or, ce sont les Écritures qui me rendent témoignage, et vous ne voulez pas venir à moi pour avoir la vie ! La gloire, je ne la reçois pas des hommes ; d'ailleurs je vous connais : vous n'avez pas en vous l'amour de Dieu. Moi, je suis venu au nom de mon Père, et vous ne me recevez pas ; qu'un autre vienne en son propre nom, celui-là, vous le recevrez ! Comment pourriez-vous croire, vous qui recevez votre gloire les uns des autres, et qui ne cherchez pas la gloire qui vient du Dieu unique ? Ne pensez pas que c'est moi qui vous accuserai devant le Père. Votre accusateur, c'est Moïse, en qui vous avez mis votre espérance. Si vous croyiez Moïse, vous me croiriez aussi, car c'est à mon sujet qu'il a écrit. Mais si vous ne croyez pas ses écrits, comment croirez-vous mes paroles ? »

Prière sur les offrandes

Nous t'en prions, Dieu tout-puissant, toi qui connais notre faiblesse : que l'offrande de ce sacrifice nous purifie de tout mal et nous protège toujours. Par le Christ, notre Seigneur. — ***Amen.***

Préface du Carême, p. 360.

Antienne de la communion

Je mettrai ma Loi au plus profond
d'eux-mêmes ; je l'inscrirai
sur leur cœur. Je serai leur Dieu,
et ils seront mon peuple,
déclare le Seigneur. (Jr 31, 33)

Prière après la communion

Purifie-nous, Seigneur, par les sacrements que nous avons reçus et libère de tout péché ceux qui te servent ; ils sont liés par la conscience de leurs fautes : qu'ils trouvent leur gloire dans la pleine guérison qui vient du ciel. Par le Christ, notre Seigneur.

— Amen.

Prière sur le peuple

Le prêtre peut dire la prière suivante :

Seigneur Dieu, défenseur de ceux qui espèrent en toi, bénis ton peuple, donne-lui salut et protection, gouverne-le, afin que, libéré des péchés, hors d'atteinte de l'ennemi, il persévère toujours dans ton amour. Par le Christ, notre Seigneur. ***— Amen.***

INVITATION *proposée avec le CCFD-Terre solidaire*

Le Carême m'encourage à revenir à l'essentiel. Et si l'essentiel était aussi de consacrer un moment de prière pour les peuples du monde entier, ainsi que pour ceux qui luttent contre les injustices dont ils sont victimes ?

COMMENTAIRE

Appelés à témoigner

Jean 5, 31-47

Tout témoigne en faveur du Christ, Jean Baptiste, ses œuvres, le Père de qui il se reçoit, les Écritures qui en lui s'accomplissent. Mais « vous ne voulez pas venir à moi pour avoir la vie ! [...] vous n'avez pas en vous l'amour de Dieu ». Dures paroles adressées aux pharisiens. Et nous, entrerons-nous dans ce témoignage du Fils, le Témoin fidèle et vrai ? Nous laisserons-nous envoyer comme témoins de l'amour ? ■

***Colette Hamza**, xavière*

VENDREDI 4 AVRIL 2025

4E SEMAINE DE CARÊME COULEUR LITURGIQUE : VIOLET

Temps du Carême, *messe de la férie*
(Saint Isidore)

Antienne d'ouverture

Par ton nom, Dieu, sauve-moi, par ta puissance libère-moi ;
Dieu, entends ma prière, écoute les paroles de ma bouche. (cf. Ps 53, 3-4)

Prière

Seigneur Dieu, tu as préparé les secours dont notre faiblesse a besoin ; donne-nous d'accueillir avec joie notre relèvement et d'en témoigner par la fidélité de notre vie. Par Jésus… ***— Amen.***

Lecture

du livre de la Sagesse (2, 1a.12-22)

« Condamnons le juste à une mort infâme »

Les impies ne sont pas dans la vérité lorsqu'ils raisonnent ainsi en eux-mêmes : « Attirons le juste dans un piège, car il nous contrarie, il s'oppose à nos entreprises, il nous reproche de désobéir à la loi de Dieu, et nous accuse d'infidélités à notre éducation. Il prétend posséder la connaissance de Dieu, et se nomme lui-même enfant du Seigneur. Il est un démenti pour nos idées, sa seule présence nous pèse ; car il mène une vie en dehors du commun, sa conduite est étrange. Il nous tient pour des gens douteux, se détourne de nos chemins comme de la boue. Il proclame

heureux le sort final des justes et se vante d'avoir Dieu pour père. Voyons* si ses paroles sont vraies, regardons comment il en sortira. Si le juste est fils de Dieu, Dieu l'assistera, et l'arrachera aux mains de ses adversaires. Soumettons-le à des outrages et à des tourments ; nous saurons ce que vaut sa douceur, nous éprouverons sa patience. Condamnons-le à une mort infâme, puisque, dit-il, quelqu'un interviendra pour lui. »
C'est ainsi que raisonnent ces gens-là, mais ils s'égarent ; leur méchanceté les a rendus aveugles. Ils ne connaissent pas les secrets de Dieu, ils n'espèrent pas que la sainteté puisse être récompensée, ils n'estiment pas qu'une âme irréprochable puisse être glorifiée. – Parole du Seigneur.

Psaume 33 (34)

℟ ***Le Seigneur est proche du cœur brisé.***

Le Seigneur affronte les méchants
pour effacer de la terre leur mémoire.
Le Seigneur entend ceux qui l'appellent :
de toutes leurs angoisses, il les délivre. ℟

Il est proche du cœur brisé,
il sauve l'esprit abattu.
Malheur sur malheur pour le juste,
mais le Seigneur chaque fois le délivre. ℟

Il veille sur chacun de ses os :
pas un ne sera brisé.
Le Seigneur rachètera ses serviteurs :
pas de châtiment
pour qui trouve en lui son refuge. ℟

Acclamation de l'Évangile

Ta Parole, Seigneur, est vérité, et ta loi, délivrance. L'homme ne vit pas seulement de pain, mais de toute parole qui sort de la bouche de Dieu. ***Ta Parole, Seigneur, est vérité, et ta loi, délivrance.***

Évangile de Jésus Christ

selon saint Jean (7, 1-2.10.14.25-30)

« On cherchait à l'arrêter, mais son heure n'était pas encore venue »

En ce temps-là, Jésus parcourait la Galilée : il ne voulait pas parcourir la Judée car les Juifs cherchaient à le tuer. La fête juive des Tentes était proche. Lorsque ses frères furent montés à Jérusalem pour la fête, il y monta lui aussi, non pas ostensiblement, mais en secret.

On était déjà au milieu de la semaine de la fête quand Jésus monta au Temple ; et là il enseignait. Quelques habitants de Jérusalem disaient alors : « N'est-ce pas celui qu'on cherche à tuer ? Le voilà qui parle ouvertement, et personne ne lui dit rien ! Nos chefs auraient-ils vraiment reconnu que c'est lui le Christ ? Mais lui, nous savons d'où il est. Or, le Christ, quand il viendra, personne ne saura d'où il est. » Jésus, qui enseignait dans le Temple, s'écria : « Vous me connaissez ? Et vous savez d'où je suis ? Je ne suis pas venu de moi-même : mais il est véridique, Celui qui m'a envoyé, lui que vous ne connaissez pas. Moi, je le connais parce que je viens d'auprès de lui, et c'est lui qui m'a envoyé. »

On cherchait à l'arrêter, mais personne ne mit la main sur lui parce que son heure n'était pas encore venue.

Prière sur les offrandes

Dieu tout-puissant, que le sacrifice dont la force purifie nous achemine jusqu'à sa source en nous purifiant encore. Par le Christ, notre Seigneur. **— *Amen.***

Préface du Carême, p. 360.

Antienne de la communion

Dans le Christ, par son sang,
nous avons la rédemption, le pardon
de nos fautes. Telle est la richesse
de la grâce de Dieu.
(Ep 1, 7)

Prière après la communion

Nous t'en prions, Seigneur, nous qui allons du passé vers ce qui est nouveau : tandis que nous quittons ce qui ne peut que vieillir mets en nous un esprit de renouveau et de sainteté. Par le Christ, notre Seigneur. **— *Amen.***

Prière sur le peuple

Le prêtre peut dire la prière suivante :

Tourne ton regard, Seigneur, vers ceux qui te servent et se confient en ta miséricorde ; dans ta bienveillance, accorde-leur la protection de ton secours. Par le Christ, notre Seigneur. **— *Amen.***

INVITATION *proposée avec le CCFD-Terre solidaire*

Je peux participer à une animation proposée par le CCFD-Terre solidaire dans ma paroisse ou rejoindre un collectif dédié à la souveraineté alimentaire.

COMMENTAIRE

Bientôt l'heure Jean 7, 2.10.14.25-30

« Vous me connaissez ? Et vous savez d'où je suis ? » Laissons-nous interroger par le Christ. Ce Carême nous est donné pour mieux le connaître, purifier la connaissance que nous avons ou croyons avoir de lui, le découvrir plus grand, au-delà. Nul ne peut mettre la main sur lui, nos mots, nos cœurs ne sauraient le retenir, le contenir ! Entrons dans l'heure de sa souveraine liberté, amour offert sans exclusive. ■

Colette Hamza, xavière

✻ CLÉ DE LECTURE

« Voyons » Sagesse 2, 17 *(p. 29)*

Les négateurs de Dieu s'en prennent au juste. Ils ne supportent pas sa façon de vivre qui leur fait honte et dénonce leur refus de croire au Dieu de la vie. Car, au-delà du juste, c'est Dieu lui-même qu'ils mettent en cause ; ils veulent vérifier que le juste s'illusionne et que Dieu n'interviendra pas. Ils veulent voir, ils veulent mettre la main sur Dieu, l'enfermer dans leurs propres représentations, ce qui est l'idolâtrie. De même, les adversaires de Jésus au pied de la Croix le sommeront de descendre : « afin que nous voyions et que nous croyions » (cf. Mc 15, 32). Mais la foi n'est pas de l'ordre du visible, elle est au contraire confiance en celui que nul ne peut voir, espérance contre toute espérance, dans les moments les plus opaques de nos vies. ■

Roselyne Dupont-Roc, bibliste

SAMEDI 5 AVRIL 2025

4E SEMAINE DE CARÊME COULEUR LITURGIQUE : VIOLET

Temps du Carême, *messe de la férie*
(Saint Vincent Ferrier)

Antienne d'ouverture

Les angoisses de la mort m'entouraient, les douleurs des enfers m'étreignaient ; dans mon épreuve, j'appelai le Seigneur ; de son temple saint, il a entendu ma voix. (cf. Ps 17, 5-7)

Prière

Seigneur, nous t'en prions : dirige nos cœurs par l'action de ta miséricorde, car, sans toi, il nous est impossible de te plaire. Par Jésus… *— **Amen.***

Lecture

du livre du prophète Jérémie (11, 18-20)

« Moi, j'étais comme un agneau docile qu'on emmène à l'abattoir »

« Seigneur, tu m'as fait savoir, et maintenant je sais, tu m'as fait voir leurs manœuvres. Moi, j'étais comme un agneau docile qu'on emmène à l'abattoir, et je ne savais pas qu'ils montaient un complot contre moi. Ils disaient : "Coupons l'arbre à la racine, retranchons-le de la terre des vivants, afin qu'on oublie jusqu'à son nom." Seigneur de l'univers, toi qui juges avec justice, qui scrutes les reins et les cœurs, fais-moi voir la revanche que tu leur infligeras, car c'est à toi que j'ai remis ma cause. »

– Parole du Seigneur.

Psaume 7

℟ ***Seigneur mon Dieu, tu es mon refuge.***

Seigneur mon Dieu, tu es mon refuge !
On me poursuit : sauve-moi, délivre-moi !
Sinon ils vont m'égorger, tous ces fauves,
me déchirer, sans que personne me délivre. ℟

Juge-moi, Seigneur, sur ma justice :
mon innocence parle pour moi.
Mets fin à la rage des impies, affermis le juste,
toi qui scrutes les cœurs et les reins,
Dieu, le juste. ℟

J'aurai mon bouclier auprès de Dieu,
le sauveur des cœurs droits.
Dieu juge avec justice ;
je chanterai le nom du Seigneur,
le Très-Haut. ℟

Acclamation de l'Évangile

Ta parole, Seigneur, est vérité, et ta loi, délivrance. Heureux ceux qui ont entendu la Parole dans un cœur bon et généreux, qui la retiennent et portent du fruit par leur persévérance. ***Ta parole, Seigneur, est vérité, et ta loi, délivrance.***

Évangile de Jésus Christ

selon saint Jean (7, 40-53)

Est-ce de Galilée que vient le Christ ?

En ce temps-là, Jésus enseignait au temple de Jérusalem. Dans la foule, on avait entendu ses paroles, et les uns disaient : « C'est vraiment lui, le Prophète annoncé ! » D'autres disaient : « C'est lui le Christ ! » Mais d'autres encore demandaient : « Le Christ peut-il venir de Galilée ?

L'Écriture ne dit-elle pas que c'est de la descendance de David et de Bethléem, le village de David, que vient le Christ ? » C'est ainsi que la foule se divisa à cause de lui. Quelques-uns d'entre eux voulaient l'arrêter, mais personne ne mit la main sur lui. Les gardes revinrent auprès des grands prêtres et des pharisiens, qui leur demandèrent : « Pourquoi ne l'avez-vous pas amené ? » Les gardes répondirent : « Jamais un homme n'a parlé de la sorte ! » Les pharisiens leur répliquèrent : « Alors, vous aussi, vous vous êtes laissé égarer ? Parmi les chefs du peuple et les pharisiens, y en a-t-il un seul qui ait cru en lui ? Quant à cette foule qui ne sait rien de la Loi, ce sont des maudits ! » Nicodème, l'un d'entre eux, celui qui était allé précédemment trouver Jésus, leur dit : « Notre Loi permet-elle de juger un homme sans l'entendre d'abord pour savoir ce qu'il a fait ? » Ils lui répondirent : « Serais-tu, toi aussi, de Galilée ? Cherche bien, et tu verras que jamais aucun prophète ne surgit de Galilée ! » Puis ils s'en allèrent chacun chez soi.

Prière sur les offrandes

Accueille nos offrandes, Seigneur, Dieu de paix ; et même si nos volontés se rebellent, en ta bonté, tourne-les vers toi. Par le Christ, notre Seigneur. **— *Amen.***

Préface du Carême, p. 360.

Antienne de la communion

Nous avons été rachetés
par un sang précieux,
celui de l'Agneau
sans défaut et sans tache,
le Christ.
(cf. 1 P 1, 18-19)

Prière après la communion

Que tes saints mystères nous purifient, Seigneur : qu'ils agissent en nous pour nous rendre agréables à tes yeux. Par le Christ, notre Seigneur. — ***Amen.***

Prière sur le peuple

Le prêtre peut dire la prière suivante :

Regarde ton peuple, Seigneur, tandis qu'il se hâte au-devant des fêtes qui approchent ; que ta grâce généreuse l'accompagne, afin qu'il trouve dans les réconforts visibles une aide pour s'élancer avec plus d'ardeur vers les biens invisibles. Par le Christ, notre Seigneur. — ***Amen.***

INVITATION *proposée avec le CCFD-Terre solidaire*

Demain a lieu la collecte nationale du CCFD-Terre solidaire.
Je pourrais faire un don pour la solidarité internationale, afin de contribuer à la construction d'un monde plus juste et plus solidaire.

COMMENTAIRE

Qui suivons-nous ?

Jean 7, 40-53

Les foules sont divisées au sujet de Jésus. Et nous, quelles divisions nous traversent ? Quel Messie suivons-nous ? « Nous suivons un Messie sans armes ni armures [...] Nous suivons un Seigneur vêtu comme un esclave [...] Nous suivons un Messie folie pour les puissances [...] Son amour fait pour nous des merveilles » chante l'hymne de Didier Rimaud, *Envoyés dans ce monde.* Que ce chant prenne corps dans nos vies en nous désarmant. ■

***Colette Hamza**, xavière*

DIMANCHE 6 AVRIL 2025

5E DIMANCHE DE CARÊME

ANNÉE C – COULEUR LITURGIQUE : VIOLET

« Va, et désormais ne pèche plus. » Jean 8, 11

« Moi non plus, je ne te condamne pas. » Le Christ ne condamne pas la femme adultère, il ne l'enferme pas dans un chemin sans issue. Au contraire, en lui accordant le pardon, il lui ouvre un horizon, un avenir. Encore aujourd'hui, demandons au Seigneur de nous libérer du jugement sur nous-mêmes et sur les autres. Accueillons la miséricorde du Christ. Il nous veut debout !

RITES INITIAUX

Chant d'entrée *(Suggestions p. 384)*
(Suggestions p. 384)

OU *Antienne d'ouverture*

Rends-moi justice, ô mon Dieu, défends ma cause
contre un peuple sans foi ; de l'homme qui ruse et trahit, libère-moi ;
c'est toi, Dieu, ma forteresse. (Ps 42, 1-2)

Suggestion de préparation pénitentielle *(ou p. 353)*

Frères et sœurs, le Christ n'a pas rejeté la femme adultère, mais il lui a manifesté sa miséricorde. Avec foi, préparons-nous à célébrer le mystère de l'eucharistie en reconnaissant que nous avons péché.

Seigneur Jésus, toi qui nous appelles à la liberté, tu nous libères de tout ce qui nous rend captifs : Seigneur, prends pitié.
— Seigneur, prends pitié.

Ô Christ, toi qui ne condamnes pas les pécheurs, tu nous montres un chemin d'espérance et de vie : ô Christ, prends pitié.
— Ô Christ, prends pitié.

Seigneur, toi qui veux faire en nos vies toutes choses nouvelles, tu nous invites à te suivre fidèlement jour après jour : Seigneur, prends pitié. ***— Seigneur, prends pitié.***

Que Dieu tout-puissant nous fasse miséricorde ; qu'il nous pardonne nos péchés et nous conduise à la vie éternelle. ***— Amen.***

Pendant le Carême, on omet le Gloire à Dieu.

Prière

Viens à notre secours, Seigneur notre Dieu : accorde-nous de marcher avec joie dans la charité de ton Fils qui a aimé le monde jusqu'à donner pour lui sa vie. Lui qui… ***— Amen.***

LITURGIE DE LA PAROLE

On peut privilégier, ce 5ᵉ dimanche de Carême, les lectures de l'année A dans les communautés où des adultes se préparent au baptême (Ez 37, 12-14 ; Ps 129 ; Rm 8, 8-11 ; Jn 11, 1-45).

Lecture du livre du prophète Isaïe (43, 16-21)

« Voici que je fais une chose nouvelle, je vais désaltérer mon peuple »

Ainsi parle le Seigneur, lui qui fit un chemin dans la mer, un sentier dans les eaux puissantes, lui qui mit en campagne des chars et des chevaux, des troupes et de puissants guerriers; les voilà tous couchés pour ne plus se relever, ils se sont éteints, consumés comme une mèche. Le Seigneur dit : « Ne faites plus mémoire des événements passés, ne songez plus aux choses d'autrefois. Voici que je fais une chose nouvelle : elle germe déjà, ne la voyez-vous pas ? Oui, je vais faire passer un chemin dans le désert, des fleuves dans les lieux arides. Les bêtes sauvages me rendront gloire – les chacals et les autruches – parce que j'aurai fait couler de l'eau dans le désert, des fleuves dans les lieux arides, pour désaltérer mon peuple, celui que j'ai choisi. Ce peuple que je me suis façonné redira ma louange. » – Parole du Seigneur.

Psaume 125 (126)

℟ ***Quelles merveilles le Seigneur fit pour nous : nous étions en grande fête !***

T. : AELF ; M. : M. Wackenheim ; Éd. : ADF.

Quand le Seigneur ramena les captifs à Sion,
nous étions comme en rêve !
Alors notre bouche était pleine de rires,
nous poussions des cris de joie. ℟

Alors on disait parmi les nations :
« Quelles merveilles fait pour eux le Seigneur ! »
Quelles merveilles le Seigneur fit pour nous :
nous étions en grande fête ! ℟

Écoutez ce psaume sur www.prionseneglise.fr/messe-du-dimanche

Ramène, Seigneur, nos captifs,
comme les torrents au désert.
Qui sème dans les larmes
moissonne dans la joie. ℟

Il s'en va, il s'en va en pleurant,
il jette la semence ;
il s'en vient, il s'en vient dans la joie,
il rapporte les gerbes. ℟

Lecture de la lettre de saint Paul apôtre aux Philippiens (3, 8-14)

« À cause du Christ, j'ai tout perdu, en devenant semblable à lui dans sa mort »

Frères, tous les avantages que j'avais autrefois, je les considère comme une perte à cause de ce bien qui dépasse tout : la connaissance du Christ Jésus, mon Seigneur. À cause de lui, j'ai tout perdu ; je considère tout comme des ordures, afin de gagner un seul avantage, le Christ, et, en lui, d'être reconnu juste, non pas de la justice venant de la loi de Moïse mais de celle qui vient de la foi au Christ, la justice venant de Dieu, qui est fondée sur la foi. Il s'agit pour moi de connaître le Christ, d'éprouver la puissance de sa résurrection et de communier aux souffrances de sa Passion, en devenant semblable à lui dans sa mort, avec l'espoir de parvenir à la résurrection d'entre les morts. Certes, je n'ai pas encore obtenu cela, je n'ai pas encore atteint la perfection, mais je poursuis ma

course pour tâcher de saisir, puisque j'ai moi-même été saisi par le Christ Jésus. Frères, quant à moi, je ne pense pas avoir déjà saisi cela. Une seule chose compte : oubliant ce qui est en arrière, et lancé vers l'avant, je cours vers le but en vue du prix auquel Dieu nous appelle là-haut dans le Christ Jésus. – Parole du Seigneur.

Acclamation de l'Évangile

Gloire à toi, Seigneur. Gloire à toi. Maintenant, dit le Seigneur, revenez à moi de tout votre cœur, car je suis tendre et miséricordieux. ***Gloire à toi, Seigneur. Gloire à toi.***

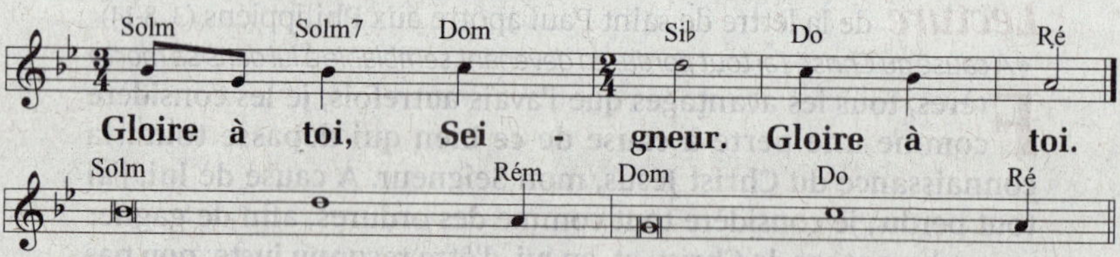

U77-01 ; T. : AELF ; M. : P. Robert ; ADF-Musique.

Évangile de Jésus Christ selon saint Jean (8, 1-11)

« Celui d'entre vous qui est sans péché, qu'il soit le premier à jeter une pierre »

En ce temps-là, Jésus s'en alla au mont des Oliviers. Dès l'aurore, il retourna au Temple. Comme tout le peuple venait à lui, il s'assit et se mit à enseigner. Les scribes et les pharisiens lui amènent une femme qu'on avait surprise en situation d'adultère. Ils la mettent au milieu, et disent à Jésus : « Maître, cette femme a été surprise en flagrant délit d'adultère. Or, dans la Loi, Moïse nous a ordonné de lapider ces femmes-là. Et toi, que dis-tu ? » Ils parlaient ainsi pour le mettre à l'épreuve, afin de pouvoir l'accuser. Mais Jésus s'était baissé et, du doigt, il écrivait sur la terre. Comme on persistait à l'interroger, il se redressa et leur dit : « Celui d'entre vous qui est sans péché, qu'il soit le premier à lui jeter une pierre. » Il se baissa de nouveau et il écrivait sur la terre. Eux, après avoir entendu cela, s'en allaient un par un, en commençant par les plus âgés. Jésus resta seul avec la femme toujours là au milieu. Il se redressa et lui demanda : « Femme, où sont-ils donc ? Personne ne t'a condamnée ? » Elle répondit : « Personne, Seigneur. » Et Jésus lui dit : « Moi non plus, je ne te condamne pas. Va, et désormais ne pèche plus. »

Homélie

Profession de foi (p. 357)

Suggestion de prière universelle

Le prêtre :

Le Christ ne condamne pas les hommes et les femmes de notre temps. Pour tous, il veut la vie. Dans l'espérance, prions-le pour l'Église et pour le monde.

℟ ***Écoute-nous, Seigneur, et viens sauver ton peuple !***

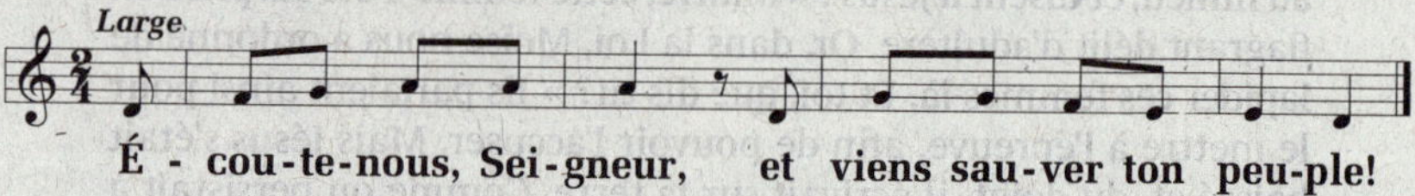

MNA n° 31.34

Le diacre ou un lecteur :

Prions pour les prêtres, les diacres, les religieux, les religieuses, prions pour tous les baptisés. Que nous ayons à cœur de témoigner, à temps et à contretemps, de la miséricorde du Seigneur. Ô Christ, sois notre force. ℟

Prions pour nos responsables politiques et pour les décideurs de l'économie. Qu'ils dénoncent toutes formes de discriminations et qu'ils viennent en aide aux plus fragiles. Ô Christ, viens à notre aide. ℟

Prions pour les personnes qui se sentent rejetées, exclues, pétries de honte et de culpabilité. Qu'elles découvrent, à travers le Christ, un chemin d'espérance et de libération. Ô Christ, sois chemin de vie. ℟

Prions pour notre communauté rassemblée en ce dimanche de Carême. Que chacun ait à cœur d'aller vers les personnes marginalisées ou qui traversent de grandes difficultés. Ô Christ, ouvre nos cœurs. ℟

(Ces intentions seront adaptées ou modifiées selon les circonstances. On peut aussi s'inspirer de l'intention universelle du Saint-Père, p. 6.)

Le prêtre : Ô Christ, Dieu de miséricorde, tu te tiens au milieu de nous et tu entends la supplication de nos cœurs. Daigne exaucer toutes nos prières, toi qui vis et règnes pour les siècles des siècles. ***— Amen.***

LITURGIE EUCHARISTIQUE

Prière sur les offrandes

Exauce-nous, Dieu tout-puissant, et accorde à tes serviteurs, formés par l'enseignement de la foi chrétienne, d'être purifiés par l'action de ce sacrifice. Par le Christ, notre Seigneur. ***— Amen.***

Prière eucharistique *(1re ou 2e préface du Carême, p. 360 ou 361)*

OU lorsque l'évangile de Lazare (Jn 11, 1-45) a été lu :

Vraiment, il est juste et bon, pour ta gloire et notre salut, de t'offrir notre action de grâce, toujours et en tout lieu, Seigneur, Père très saint, Dieu éternel et tout-puissant, par le Christ, notre Seigneur. Lui-même, homme véritable, il a pleuré son ami Lazare ; Dieu éternel, il le releva du tombeau ; ainsi, dans sa compassion pour le genre humain, il nous conduit par les sacrements de Pâques jusqu'à la vie nouvelle. Par lui, les anges adorent ta majesté et se réjouissent en ta présence à jamais. À leur hymne de louange, laisse-nous joindre nos voix, pour chanter et proclamer : ***Saint ! Saint ! Saint...***

Chant de communion (*Suggestions p. 384*)

OU

Antienne de la communion

Quand on a lu l'évangile de la femme adultère :

Femme, dit Jésus, personne ne t'a condamnée ?
– Personne, Seigneur.
– Moi non plus, je ne te condamne pas.
Va, et désormais ne pèche plus. (cf. Jn 8, 10-11)

OU quand on a lu l'évangile de Lazare :

Quiconque vit et croit en moi
ne mourra jamais, dit le Seigneur. (Jn 11, 26)

Prière après la communion

Accorde-nous, Dieu tout-puissant, d'être toujours comptés parmi les membres du Christ, nous qui communions à son corps et à son sang. Lui qui… **– *Amen.***

Prière sur le peuple

Seigneur, bénis ton peuple qui attend le bienfait de ta compassion ; accorde-lui, dans ta largesse, de voir exaucés les désirs que toi-même lui inspires. Par le Christ, notre Seigneur. **– *Amen***

RITE DE CONCLUSION

Bénédiction et envoi

COMMENTAIRE DU DIMANCHE

Luc Forestier, prêtre à La Madeleine (diocèse de Lille)

Réconciliations

Il reste quelques jours pour vivre le sacrement de réconciliation, l'un des rendez-vous du Carême. Vivre une telle démarche n'est facile pour personne, mais les trois lectures peuvent nous aider à nous préparer pour recevoir la grâce du pardon de Dieu. Ces trois textes sont fortement contrastés, avec un appel au renouveau chez Isaïe, une provocation paulinienne et un sommet en termes de narration évangélique.

La promesse divine dont témoigne le peuple d'Israël inclut cette radicale nouveauté : « Voici que je fais une chose nouvelle », nous rapporte Isaïe de la part du Seigneur. Le chemin qui s'ouvre ne dépend que de Dieu, mais c'est à nous d'en accueillir la pleine fécondité. Or, saint Paul nous prévient : pour accueillir la justice qui vient de Dieu, il a dû renoncer à ce qu'il désigne comme •••

••• « ordures », selon la traduction liturgique. En fait, c'est un mot bien plus vulgaire que Paul emploie ! Il veut aider les chrétiens à prendre conscience de ce qui leur est promis. Il rappelle que le Christ Jésus est le principe essentiel de toute justice divine, ce qui nous met au pied du mur. Accueillir le Christ ressuscité au cœur de notre vie oblige à de vrais renoncements !
Enfin, l'épisode du pardon accordé à la femme accusée d'adultère, ainsi qu'à ceux qui ont échappé à la complicité d'homicide, souligne la double action du Christ. Par deux fois, celui-ci s'abaisse jusqu'à terre puis se relève pour mettre en œuvre le pardon que Dieu seul peut accorder, et s'assurer que tous sont capables de l'accueillir.

Que signifie le pardon pour moi ?
Avec quelle(s) personne(s) puis-je me réconcilier ? ■

PrionsenÉglise junior

LIRE L'ÉVANGILE AVEC LES ENFANTS

CE QUE JE DÉCOUVRE

Lorsque les scribes et les pharisiens demandent à Jésus de juger une femme accusée d'avoir trompé son mari, ils savent qu'ils lui demandent de la condamner à mort, comme le prévoit la Loi. Mais **Jésus est venu apporter la vie.** Alors, il réfléchit. Il écrit sur le sol, en prenant le temps. Quand il répond, Jésus veut montrer que tous sont pécheurs. Mais aussi que son Père est un Dieu d'amour, un Dieu qui libère ses enfants du péché. **Dieu nous veut libres et heureux !**

CE QUE JE VIS

Jésus nous dit que l'amour du Père est toujours plus grand que ce que l'on croit.
Et toi, oses-tu te montrer comme tu es devant Dieu ?
As-tu confiance en son pardon ?
Dans ton cœur, parle à Jésus de tes fautes et demande-lui son pardon.

Texte : Patricia Metzger. Illustrations : Marcelino Truong

MÉDITATION BIBLIQUE
5E DIMANCHE DE CARÊME
Livre du prophète Isaïe 43, 16-21

L'art de Dieu

Si Dieu est bien l'artiste que la Bible nous décrit, attendons-nous à des surprises.

Le temps de la préparation

« Alors notre bouche était pleine de rires, nous poussions des cris de joie ; alors on disait parmi les nations : "Quelles merveilles fait pour eux le Seigneur !" » (Ps 125, 2)

Le temps de l'observation

Le Dieu de la Bible est un Dieu connu pour tracer des chemins dans des endroits improbables. Dieu crée en séparant et en traçant des lignes. Comme font les enfants quand ils commencent à dessiner. Dans le récit du premier chapitre de la Genèse, Dieu trace des traits pour créer un espace entre les eaux du dessus et les eaux du dessous. Il le refait au moment de la sortie d'Égypte en ouvrant un passage au milieu de la mer pour rendre possible un chemin de liberté. Il fait exister une route dans un endroit qui n'est pas celui des chemins mais celui des vagues, des remous, une étendue qui ne s'arrête pas aux limites imposées. Le Dieu de la Bible peut faire advenir un passage praticable là où il le souhaite. Quel que soit le milieu de vie ou les difficultés, il passe où il veut. La Pâque peut se reproduire ailleurs et autrement, Isaïe le sait. Le passé ne sert donc qu'à voir dans le présent ce qui reste encore invisible.

Le temps de la méditation

Ceci étant posé, le prophète Isaïe demande de tourner la page. Le chemin que Dieu empruntera demain ne ressemblera pas à celui d'hier. Dieu ne fera pas pareil car c'est un créateur. Comme tout vrai artiste, il ne reproduira pas une recette. Dieu invente, il ne fait même que cela. La seule certitude est qu'il le refera. Isaïe nous appelle à avoir un regard neuf et à ne rien attendre de très précis sur comment les choses se feront. L'exemple de Jésus qui sauve cette femme laissée à la vindicte publique en témoigne. Il ne prend pas les chemins habituels de la violence ou ceux de l'argumentation. Il s'assoit et trace lui aussi des traits sur le sable, geste enfantin qui pourtant sauve. Jésus bifurque et crée un passage. Il nous reste à accepter que Dieu n'agisse pas selon notre attachement au passé mais agisse comme le font les grands artistes capables de répondre à la vie par du neuf et de l'inédit.

Le temps de la prière

« Quelles merveilles le Seigneur fit pour nous : nous étions en grande fête ! Ramène, Seigneur, nos captifs, comme les torrents au désert. » (Ps 125, 3-4) ■

Marie-Laure Durand, bibliste

L'ÉVÉNEMENT

5E DIMANCHE DE CARÊME : COLLECTE DU CCFD-TERRE SOLIDAIRE

Le dimanche du CCFD-Terre solidaire

En 2025, Le CCFD-Terre solidaire invite les chrétiens à vivre un Carême solidaire en soutenant des projets renforçant la souveraineté alimentaire, comme ici au Maroc.

Depuis 2008, le CCFD-Terre solidaire est partenaire de la Fédération nationale du secteur agricole (FNSA) qui dispose d'une ferme école située à proximité de Casablanca (Maroc). Hakech Mohamed, responsable des relations internationales, explique que « le paradoxe, c'est que les paysans produisent mais sont mal nourris ». Dans cette ferme école, les agriculteurs apprennent à produire sans pesticides, avec des techniques agricoles qui protègent les sols, les nappes phréatiques et les cours d'eau. Le Maroc, du fait du changement climatique, manque de plus en plus d'eau potable. Grâce à ces formations, des agriculteurs et agricultrices sont devenus des influenceurs comme Mina, dont la parcelle cultivée est devenue un champ de formation pour ses voisins. Elle explique que pour être un bon agriculteur, il faut « avoir une stratégie et savoir analyser le sol. J'ai commencé avec mon père et la formation de la FNSA a complété mon apprentissage ». Elle confie en souriant : « L'agriculture est devenue ma passion. Ce travail me rend joyeuse, je cultive mes plantes comme si j'élevais un bébé. » Petit à petit, les agriculteurs dégagent un revenu digne et commercialisent leurs produits. La collecte de Carême permettra la poursuite des formations. ■

Najoua Baadi, présidente de la Coopérative Alwifaq au Maroc.

Geneviève Pasquier, journaliste

LA COLLECTE DU 5E DIMANCHE DE CARÊME

Il y a 60 ans, les évêques de France ont confié au CCFD-Terre solidaire la collecte du 5e dimanche de Carême. Depuis, le mouvement fait appel à la générosité des communautés chrétiennes pour soutenir financièrement ses partenaires sur le terrain contribuant à faire reculer la faim dans le monde.

→ https://ccfd-terresolidaire.org/campagne/careme/

6-12

LUNDI 7 AVRIL 2025

5e SEMAINE DE CARÊME COULEUR LITURGIQUE : VIOLET

Temps du Carême, *messe de la férie*
(Saint Jean-Baptiste de La Salle)

Antienne d'ouverture

Pitié, mon Dieu !
Des hommes s'acharnent contre moi ;
tout le jour, ils me combattent,
ils me harcèlent. (Ps 55, 2)

Prière

Seigneur Dieu, tu nous combles de toute bénédiction par la richesse inexprimable de ta grâce ; fais-nous passer de ce qui ne peut que vieillir à ce qui est nouveau, et nous serons préparés à la gloire du royaume des Cieux. Par Jésus…
— Amen.

Lecture

du livre du prophète Daniel (13, 1-9.15-17.19-30.33-62)

Lecture brève : 13, 41c-62

« Voici que je vais mourir, sans avoir rien fait de tout cela »

En ces jours-là, il y avait un habitant de Babylone qui se nommait Joakim. Il avait épousé une femme nommée Suzanne, fille d'Helkias. Elle était très belle et craignait le Seigneur. Ses parents étaient des justes, et ils avaient élevé leur fille selon la loi de Moïse. Joakim était très

riche, et il possédait un jardin auprès de sa maison ; les Juifs affluaient chez lui, car il était le plus illustre d'entre eux. Deux anciens avaient été désignés dans le peuple pour être juges cette année-là ; ils étaient de ceux dont le Seigneur a dit : « Le crime est venu de Babylone par des anciens, par des juges qui prétendaient guider le peuple. » Ils fréquentaient la maison de Joakim, et tous ceux qui avaient des procès venaient les trouver. Lorsque le peuple s'était retiré, vers midi, Suzanne entrait dans le jardin de son mari, et s'y promenait. Les deux anciens la voyaient chaque jour entrer et se promener, et ils se mirent à la désirer : ils pervertirent leur pensée, ils détournèrent leurs yeux pour ne plus regarder vers le ciel et ne plus se rappeler ses justes décrets. Ils guettaient le jour favorable, lorsque Suzanne entra, comme la veille et l'avant-veille, accompagnée seulement de deux jeunes filles ; il faisait très chaud, et elle eut envie de prendre un bain dans le jardin. Il n'y avait personne, en dehors des deux anciens qui s'étaient cachés et qui l'épiaient. Suzanne dit aux jeunes filles : « Apportez-moi de quoi me parfumer et me laver, puis fermez les portes du jardin, pour que je puisse prendre mon bain. » Dès que les jeunes filles furent sorties, les deux anciens surgirent, coururent vers Suzanne et lui dirent : « Les portes du jardin sont fermées, on ne nous voit pas ; nous te désirons, sois consentante et viens avec nous. Autrement nous porterons contre toi ce témoignage : il y avait un jeune homme avec toi, et c'est pour cela que tu as renvoyé les jeunes filles. » Suzanne dit en gémissant : « De tous côtés, je suis prise au piège : si je vous cède, c'est la mort pour moi ; et si je refuse de céder, je n'échapperai pas à vos mains. Mieux vaut pour moi tomber entre vos mains sans vous céder, plutôt que de pécher aux yeux du Seigneur. » Alors Suzanne poussa un grand cri, et les deux anciens se mirent à crier contre elle. L'un d'eux courut ouvrir les portes du jardin. Les gens de la maison, entendant crier dans le jardin, se précipitèrent par la porte de service pour voir ce qui arrivait à Suzanne. Quand les anciens eurent raconté leur histoire, les serviteurs furent remplis de honte, car jamais on n'avait dit pareille chose de Suzanne.

Le lendemain, le peuple se rassembla chez Joakim son mari. Les deux anciens arrivèrent, remplis de pensées criminelles contre Suzanne, et décidés à la faire mourir. Ils dirent devant le peuple : « Envoyez chercher Suzanne, fille d'Helkias, épouse de Joakim. » On l'envoya chercher. Elle se présenta avec ses parents, ses enfants et tous ses proches. Tous les siens pleuraient, ainsi que tous ceux qui la voyaient. Les deux anciens se levèrent au milieu du peuple, et posèrent les mains sur sa tête. Tout en pleurs, elle leva les yeux vers le ciel, car son cœur était plein de confiance dans le Seigneur. Les anciens déclarèrent : « Comme nous nous promenions seuls dans le jardin, cette femme y est entrée avec deux servantes. Elle a fermé les portes et renvoyé les servantes. Alors un jeune homme qui était caché est venu vers elle, et a couché avec elle. Nous étions dans un coin du jardin, nous avons vu le crime, et nous avons couru vers eux. Nous les avons vus s'unir, mais nous n'avons pas pu nous emparer du jeune homme, car il était plus fort que nous : il a ouvert la porte et il s'est échappé. Mais elle, nous l'avons saisie, et nous lui avons demandé qui était ce jeune homme ; elle n'a pas voulu nous le dire. De tout cela, nous sommes témoins. » L'assemblée les crut, car c'étaient des anciens du peuple et des juges, et Suzanne fut condamnée à mort.

Début de la lecture brève

(Lecture brève : En ces jours-là, le peuple venait de condamner à mort Suzanne.) Alors elle cria d'une voix forte : « Dieu éternel, toi qui pénètres les secrets, toi qui connais toutes choses avant qu'elles n'arrivent, tu sais qu'ils ont porté contre moi un faux témoignage. Voici que je vais mourir, sans avoir rien fait de tout ce que leur méchanceté a imaginé contre moi. »

Le Seigneur entendit sa voix. Comme on la conduisait à la mort, Dieu éveilla l'esprit de sainteté chez un tout jeune garçon nommé Daniel, qui se mit à crier d'une voix forte : « Je suis innocent de la mort de cette femme ! » Tout le peuple se tourna vers lui et on lui demanda : « Que signifie cette parole que tu as prononcée ? » Alors, debout au milieu du peuple, il leur dit : « Fils d'Israël, vous êtes donc fous ? Sans interrogatoire, sans recherche de la vérité, vous avez condamné une fille d'Israël. Revenez au tribunal, car ces gens-là ont porté contre elle un faux témoignage. »

Tout le peuple revint donc en hâte, et le collège des anciens dit à Daniel : « Viens siéger au milieu de nous et donne-nous des explications, car Dieu a déjà fait de toi un ancien. » Et Daniel leur dit : « Séparez-les bien l'un de l'autre, je vais les interroger. » Quand on les eut séparés, Daniel appela le premier et lui dit : « Toi qui as vieilli dans le mal, tu portes maintenant le poids des péchés que tu as commis autrefois en jugeant injustement : tu condamnais les innocents et tu acquittais les coupables, alors que le Seigneur a dit :

“Tu ne feras pas mourir l’innocent et le juste.” Eh bien ! si réellement tu as vu cette femme, dis-nous sous quel arbre tu les as vus se donner l’un à l’autre ? » Il répondit : « Sous un sycomore. » Daniel dit : « Voilà justement un mensonge qui te condamne : l’ange de Dieu a reçu un ordre de Dieu, et il va te mettre à mort. » Daniel le renvoya, fit amener l’autre et lui dit : « Tu es de la race de Canaan et non de Juda ! La beauté t’a dévoyé et le désir a perverti ton cœur. C’est ainsi que vous traitiez les filles d’Israël, et, par crainte, elles se donnaient à vous. Mais une fille de Juda n’a pu consentir à votre crime. Dis-moi donc sous quel arbre tu les as vus se donner l’un à l’autre ? » Il répondit : « Sous un châtaignier. » Daniel lui dit : « Toi aussi, voilà justement un mensonge qui te condamne : l’ange de Dieu attend, l’épée à la main, pour te châtier, et vous faire exterminer. »
Alors toute l’assemblée poussa une grande clameur et bénit Dieu qui sauve ceux qui espèrent en lui. Puis elle se retourna contre les deux anciens que Daniel avait convaincus de faux témoignage par leur propre bouche. Conformément à la loi de Moïse, on leur fit subir la peine que leur méchanceté avait imaginée contre leur prochain : on les mit à mort. Et ce jour-là, une vie innocente fut épargnée.
– Parole du Seigneur.

Psaume 22 (23)

℟ ***Si je traverse les ravins de la mort, je ne crains aucun mal,***
car tu es avec moi, Seigneur.

Le Seigneur est mon berger :
je ne manque de rien.
Sur des prés d'herbe fraîche,
il me fait reposer. ℟

Il me mène vers les eaux tranquilles
et me fait revivre ;
il me conduit par le juste chemin
pour l'honneur de son nom. ℟

Si je traverse les ravins de la mort,
je ne crains aucun mal,
car tu es avec moi :
ton bâton me guide et me rassure. ℟

Tu prépares la table pour moi
devant mes ennemis ;
tu répands le parfum sur ma tête,
ma coupe est débordante. ℟

Grâce et bonheur m'accompagnent
tous les jours de ma vie ;
j'habiterai la maison du Seigneur
pour la durée de mes jours. ℟

Acclamation de l'Évangile

Ta parole, Seigneur, est vérité, et ta loi, délivrance. Je ne prends pas plaisir à la mort du méchant, dit le Seigneur. Qu'il se détourne de sa conduite, et qu'il vive ! ***Ta parole, Seigneur, est vérité, et ta loi, délivrance.***

Évangile de Jésus Christ

selon saint Jean (8, 12-20)

« Je suis la lumière du monde »

En ce temps-là, Jésus disait aux pharisiens : « Moi, je suis la lumière du monde. Celui qui me suit ne marchera pas dans les ténèbres, il aura la lumière de la vie. » Les pharisiens lui dirent alors : « Tu te rends témoignage à toi-même, ce n'est donc pas un vrai témoignage. » Jésus leur répondit : « Oui, moi, je me rends témoignage à moi-même, et pourtant mon témoignage est vrai, car je sais d'où je suis venu, et où je vais ; mais vous, vous ne savez ni d'où je viens, ni où je vais. Vous, vous jugez de façon purement humaine. Moi, je ne juge personne*. Et, s'il m'arrive de juger, mon jugement est vrai parce que je ne suis pas seul : j'ai avec moi le Père, qui m'a envoyé. Or, il est écrit dans votre Loi que, s'il y a deux témoins, c'est un vrai témoignage. Moi, je suis à moi-même mon propre témoin, et le Père, qui m'a envoyé, témoigne aussi pour moi. » Les pharisiens lui disaient : « Où est-il, ton père ? » Jésus répondit : « Vous ne connaissez ni moi ni mon Père ; si vous me connaissiez, vous connaîtriez aussi mon Père. »

Il prononça ces paroles alors qu'il enseignait dans le Temple, à la salle du Trésor. Et personne ne l'arrêta, parce que son heure n'était pas encore venue.

On peut aussi lire l'évangile selon saint Jean 8, 1-11, s'il n'a pas été lu la veille.

Prière sur les offrandes

Au moment de célébrer les saints mystères, accorde-nous, Seigneur, comme un fruit de notre pénitence corporelle, la grâce de paraître devant toi avec un cœur purifié. Par le Christ, notre Seigneur. **— *Amen.*** *1re préface de la Passion, p. 362.*

Antienne de la communion

Si on a lu l'évangile selon saint Jean 8, 12-20 :

Je suis la lumière du monde,
dit le Seigneur. Celui qui me suit
ne marchera pas dans les ténèbres,
il aura la lumière de la vie. (Jn 8, 12)

OU quand on a lu l'évangile selon saint Jean 8, 1-11 :

Femme, dit Jésus,
personne ne t'a condamnée ?
– Personne, Seigneur.
– Moi non plus, je ne te condamne pas.
Va, et désormais ne pèche plus.
(cf. Jn 8, 10-11)

Prière après la communion

Fortifiés par la bénédiction de tes sacrements, nous te prions, Seigneur : qu'ils nous purifient de nos penchants mauvais, et nous aident à progresser rapidement vers toi en suivant le Christ. Lui qui… **— *Amen.***

Prière sur le peuple

Le prêtre peut dire la prière suivante :

Seigneur, nous t'en prions : libère de ses péchés ton peuple qui te supplie, fais que rien ne l'accable puisqu'il mène désormais une vie de sainteté. Par le Christ, notre Seigneur. **— *Amen.***

INVITATION

En ce mois d'avril, je m'associe à l'intention de prière du pape François (lire p. 6) afin que les nouvelles technologies soient utilisées pour le bien commun.

COMMENTAIRE

La lumière dans le Temple

Jean 8, 12-20

En enseignant au Temple de Jérusalem, Jésus éclaire les foules de la lumière de Dieu au lieu même où ce dernier est présent à son peuple. Mais les pharisiens refusent son témoignage qui mène au Père. Ils lui opposent la Loi dont ils font leur terrain de prédilection. Dans nos églises et par nos discours, nous nous aveuglons parfois aussi. La vérité du Temple et de la Loi nous est révélée par la miséricorde de Pâques. ■

***Nicolas Tarralle**, prêtre assomptionniste*

❊ CLÉ DE LECTURE

« Moi, je ne juge personne »

Jean 8, 15 *(p. 60)*

L'idée de jugement est très présente dans l'évangile de Jean. Pris un à un, les textes semblent contradictoires. Ainsi : « C'est pour un jugement que je suis venu dans le monde » (cf. Jn 9, 39) s'oppose à : « Je ne suis pas venu juger le monde » (Jn 12, 47). Le mot « jugement », *« krisis »,* a donné la « crise ». Devant Jésus, le monde entre en crise : nul ne peut être indifférent, car une lumière nouvelle vient dénoncer les ruses du mal et éclairer ceux qui veulent marcher vers la vérité. La justice de Dieu, loin des jugements humains, renvoie chacun à sa libre décision. Jésus a renvoyé à la femme adultère à propre liberté. Il se mettra à genoux devant ses disciples, car c'est la seule attitude juste qui puisse sauver les êtres humains, celle du service mutuel. ■

***Roselyne Dupont-Roc**, bibliste*

Temps du Carême, *messe de la férie*

Antienne d'ouverture

Attends le Seigneur, sois fort et prends courage, espère dans le Seigneur. (cf. Ps 26, 14)

Prière

Seigneur, accorde-nous de persévérer dans l'attachement à ta volonté, afin qu'au long des jours, le peuple qui te sert augmente en nombre et grandisse en sainteté. Par Jésus… ***— Amen.***

Lecture

du livre des Nombres (21, 4-9)

« Tous ceux qui auront été mordus, qu'ils regardent le serpent, alors ils vivront ! »

En ces jours-là, les Hébreux quittèrent Hor-la-Montagne par la route de la mer des Roseaux en contournant le pays d'Édom. Mais en chemin, le peuple perdit courage. Il récrimina contre Dieu et contre Moïse : « Pourquoi nous avoir fait monter d'Égypte ? Était-ce pour nous faire mourir dans le désert, où il n'y a ni pain ni eau ? Nous sommes dégoûtés de cette nourriture misérable ! » Alors le Seigneur envoya contre le peuple des serpents à la morsure brûlante, et beaucoup en moururent dans le peuple d'Israël. Le peuple vint vers Moïse et dit : « Nous avons péché,

en récriminant contre le Seigneur et contre toi. Intercède auprès du Seigneur pour qu'il éloigne de nous les serpents. » Moïse intercéda pour le peuple, et le Seigneur dit à Moïse : « Fais-toi un serpent brûlant, et dresse-le au sommet d'un mât : tous ceux qui auront été mordus, qu'ils le regardent, alors ils vivront ! » Moïse fit un serpent de bronze et le dressa au sommet du mât. Quand un homme était mordu par un serpent, et qu'il regardait vers le serpent de bronze, il restait en vie ! – Parole du Seigneur.

Psaume 101 (102)

℟ ***Seigneur, entends ma prière : que mon cri parvienne jusqu'à toi !***

Seigneur, entends ma prière :
que mon cri parvienne jusqu'à toi !
Ne me cache pas ton visage
le jour où je suis en détresse !
Le jour où j'appelle, écoute-moi ;
viens vite, réponds-moi ! ℟

Les nations craindront le nom du Seigneur,
et tous les rois de la terre, sa gloire :
quand le Seigneur rebâtira Sion,
quand il apparaîtra dans sa gloire,
il se tournera vers la prière du spolié,
il n'aura pas méprisé sa prière. ℟

Que cela soit écrit pour l'âge à venir,
et le peuple à nouveau créé
chantera son Dieu :
« Des hauteurs, son sanctuaire,
le Seigneur s'est penché ;
du ciel, il regarde la terre
pour entendre la plainte des captifs
et libérer ceux qui devaient mourir. » ℟

Acclamation de l'Évangile

Gloire et louange à toi, Seigneur Jésus ! Fils de l'homme, élevé sur la croix, tu attires à toi tous les hommes. ***Gloire et louange à toi, Seigneur Jésus !***

Évangile de Jésus Christ

selon saint Jean (8, 21-30)

« Quand vous aurez élevé le Fils de l'homme, alors vous comprendrez que moi, Je suis »

En ce temps-là, Jésus disait aux pharisiens : « Je m'en vais ; vous me chercherez, et vous mourrez dans votre péché. Là où moi je vais, vous ne pouvez pas aller. » Les Juifs disaient : « Veut-il donc se donner la mort, puisqu'il dit : "Là où moi je vais, vous ne pouvez pas aller" ? » Il leur répondit : « Vous, vous êtes d'en bas ; moi, je suis d'en haut. Vous, vous êtes de ce monde ; moi, je ne suis pas de ce monde. C'est pourquoi je vous ai dit que vous mourrez dans vos péchés. En effet, si vous ne croyez pas que moi, Je suis*, vous mourrez dans vos péchés. » Alors, ils lui demandaient : « Toi, qui es-tu ? » Jésus leur répondit : « Je n'ai pas cessé de vous le dire. À votre sujet, j'ai beaucoup à dire et à juger. D'ailleurs Celui qui m'a envoyé dit la vérité, et ce que j'ai entendu de lui, je le dis pour le monde. » Ils ne comprirent pas qu'il leur parlait du Père. Jésus leur déclara : « Quand vous aurez élevé le Fils de l'homme, alors vous comprendrez que moi, Je suis, et que je ne fais rien de moi-même ; ce que je dis là, je le dis comme le Père me l'a enseigné. Celui qui m'a envoyé est avec moi ; il ne m'a pas laissé seul, parce que je fais toujours ce qui lui est agréable. » Sur ces paroles de Jésus, beaucoup crurent en lui.

Prière sur les offrandes

Nous t'offrons, Seigneur, le sacrifice de réconciliation : dans ta miséricorde, pardonne nos fautes et dirige toi-même nos cœurs indécis. Par le Christ, notre Seigneur. **— *Amen.***

1re préface de la Passion, p. 362.

Antienne de la communion

Quand j'aurai été élevé de terre,
dit le Seigneur,
j'attirerai à moi tous les hommes.
(Jn 12, 32)

Prière après la communion

Accorde-nous, Dieu tout-puissant, de rechercher assidûment ce qui vient de toi, afin de progresser de jour en jour vers les biens du ciel. Par le Christ, notre Seigneur. **— *Amen.***

Prière sur le peuple

Le prêtre peut dire la prière suivante :

À ceux qui espèrent en toi, Seigneur Dieu, tu préfères montrer ta pitié plutôt que ta colère ; donne à tes fidèles de pleurer comme il convient le mal qu'ils ont fait, afin qu'ils méritent d'obtenir la grâce de ta consolation. Par le Christ, notre Seigneur. **— *Amen***

INVITATION

Je prends des nouvelles d'une personne à qui je n'ai pas parlé depuis longtemps, en faisant bien attention à l'écouter et à accueillir ce qu'elle me confie.

COMMENTAIRE

Péché mordant Nombres 21, 4-9; Jean 8, 21-30

Les serpents à la morsure brûlante ne sont pas le plus grave danger qui menace le peuple en marche. Ils sont plutôt un signe envoyé aux Hébreux pour qu'ils sentent dans leur chair les effets du découragement et des récriminations. Puissions-nous ressentir aussi les morsures du péché pour orienter notre regard vers le Fils de l'homme élevé sur la Croix. Le Père qui l'a envoyé veut réveiller notre foi par son pardon. ■

***Nicolas Tarralle**, prêtre assomptionniste*

❊ CLÉ DE LECTURE

« Je suis » Jean 8, 28 *(p. 65)*

Chez Jean, Jésus se désigne souvent par l'expression : « Je suis la porte, la voie... » Mais ici, le verbe est employé absolument. Pour les Juifs de langue grecque, Jésus renvoie alors clairement au livre d'Isaïe, où est martelée l'affirmation de l'unicité de Dieu : « Moi je suis, et il n'y en a pas d'autre » (cf. Is 43, 10; 45, 18-19 etc.). Lorsqu'il s'applique à lui-même ce titre, nul ne peut douter qu'il s'attribue ainsi le nom même de Dieu, et on comprend l'indignation de ceux qui l'entourent. Pour autant, jamais Jésus ne revendique la place du Père, au contraire, il affirme qu'il n'est jamais seul, mais qu'il tient tout d'un autre. Dieu lui-même qui est vrai témoigne en sa faveur. Désormais, le monothéisme se dit d'un Dieu en relation et en dialogue. ■

***Roselyne Dupont-Roc**, bibliste*

MERCREDI 9 AVRIL 2025

5E SEMAINE DE CARÊME COULEUR LITURGIQUE : VIOLET

Temps du Carême, *messe de la férie*

Antienne d'ouverture

**Toi qui me délivres des peuples en colère,
tu me feras triompher de mes agresseurs,
tu m'arracheras à la violence
de l'homme, Seigneur.** (cf. Ps 17, 49)

Prière

Dieu de miséricorde, éclaire le cœur de tes enfants, sanctifiés par la pénitence ; toi qui nous as donné le goût de te servir, écoute avec une grande bienveillance ceux qui te supplient. Par Jésus… — ***Amen.***

Lecture

du livre du prophète Daniel (3, 14-20.91-92.95)

« Dieu a envoyé son ange et délivré ses serviteurs ! »

En ces jours-là, le roi Nabucodonosor parla ainsi : « Est-il vrai, Sidrac, Misac et Abdénago, que vous refusez de servir mes dieux et d'adorer la statue d'or que j'ai fait ériger ? Êtes-vous prêts, maintenant, à vous prosterner pour adorer la statue que j'ai faite, quand vous entendrez le son du cor, de la flûte, de la cithare, de la harpe, de la lyre, de la cornemuse et de toutes les sortes d'instruments ? Si vous n'adorez pas cette statue, vous

serez immédiatement jetés dans la fournaise de feu ardent; et quel est le dieu qui vous délivrera de ma main? » Sidrac, Misac et Abdénago dirent au roi Nabucodonosor : « Ce n'est pas à nous de te répondre. Si notre Dieu, que nous servons, peut nous délivrer, il nous délivrera de la fournaise de feu ardent et de ta main, ô roi. Et même s'il ne le fait pas, sois-en bien sûr, ô roi : nous ne servirons pas tes dieux, nous n'adorerons pas la statue d'or que tu as érigée. » Alors Nabucodonosor fut rempli de fureur contre Sidrac, Misac et Abdénago, et son visage s'altéra. Il ordonna de chauffer la fournaise sept fois plus qu'à l'ordinaire. Puis il ordonna aux plus vigoureux de ses soldats de ligoter Sidrac, Misac et Abdénago et de les jeter dans la fournaise de feu ardent. Le roi Nabucodonosor les entendit chanter. Stupéfait, il se leva précipitamment et dit à ses conseillers : « Nous avons bien jeté trois hommes, ligotés, au milieu du feu? » Ils répondirent : « Assurément, ô roi. » Il reprit : « Eh bien moi, je vois quatre hommes qui se promènent librement au milieu du feu, ils sont parfaitement indemnes, et le quatrième ressemble à un être divin. » Et Nabucodonosor s'écria : « Béni soit le Dieu de Sidrac, Misac et Abdénago, qui a envoyé son ange et délivré ses serviteurs! Ils ont mis leur confiance en lui, et ils ont désobéi à l'ordre du roi; ils ont livré leur corps plutôt que de servir et d'adorer un autre dieu que leur Dieu. » – Parole du Seigneur.

Cantique Daniel 3, 52, 53, 54, 55, 56

℟ ***À toi, louange et gloire éternellement !***

Béni sois-tu, Seigneur, Dieu de nos pères : ℟
Béni soit le nom très saint de ta gloire : ℟
Béni sois-tu dans ton saint temple de gloire : ℟
Béni sois-tu sur le trône de ton règne : ℟

Béni sois-tu, toi qui sondes les abîmes : ℟
Toi qui sièges au-dessus des Kéroubim : ℟
Béni sois-tu au firmament, dans le ciel : ℟

Acclamation de l'Évangile

Ta parole, Seigneur, est vérité, et ta loi, délivrance. Heureux ceux qui ont entendu la Parole dans un cœur bon et généreux, qui la retiennent et portent du fruit par leur persévérance. ***Ta parole, Seigneur, est vérité, et ta loi, délivrance.***

Évangile de Jésus Christ

selon saint Jean (8, 31-42)

« Si le Fils vous rend libres, réellement vous serez libres »

En ce temps-là, Jésus disait à ceux des Juifs qui croyaient en lui : « Si vous demeurez fidèles à ma parole, vous êtes vraiment mes disciples ; alors vous connaîtrez la vérité, et la vérité vous rendra libres. » Ils lui répliquèrent : « Nous sommes la descendance d'Abraham, et nous n'avons jamais été les esclaves de personne. Comment peux-tu dire : "Vous deviendrez libres" ? » Jésus leur répondit : « Amen, amen, je vous le dis : qui commet le péché est esclave du péché. L'esclave ne demeure pas pour toujours dans la maison ; le fils, lui, y demeure pour toujours. Si donc le Fils vous rend libres, réellement vous serez libres. Je sais bien que vous êtes la descendance d'Abraham, et pourtant vous cherchez à me tuer, parce que ma parole ne trouve pas sa place en vous. Je dis ce que moi, j'ai vu auprès de mon Père, et vous aussi, vous faites ce que vous avez entendu chez votre père. » Ils lui répliquèrent : « Notre père, c'est Abraham. » Jésus leur dit : « Si vous étiez les enfants d'Abraham, vous feriez les œuvres d'Abraham. Mais maintenant, vous cherchez à me tuer, moi, un homme qui vous ai dit la vérité que j'ai entendue de Dieu. Cela, Abraham ne l'a pas fait. Vous, vous faites les œuvres de votre père. » Ils lui dirent : « Nous ne sommes pas nés de la prostitution ! Nous n'avons qu'un seul Père : c'est Dieu. » Jésus leur dit : « Si Dieu était votre Père, vous m'aimeriez, car moi, c'est de Dieu que je suis sorti et que je viens. Je ne suis pas venu de moi-même ; c'est lui qui m'a envoyé. »

Prière sur les offrandes

Accepte en sacrifice, Seigneur, les présents que nous voulons te consacrer : tu nous les as donnés pour qu'ils soient offerts à la gloire de ton nom, et servent ainsi à nous guérir. Par le Christ, notre Seigneur. ***— Amen.***

1re préface de la Passion, p. 362.

Antienne de la communion

Dieu nous a placés dans le royaume
de son Fils bien-aimé :
en lui, par son sang,
nous avons la rédemption,
le pardon de nos péchés.
(cf. Col 1, 13-14)

Prière après la communion

Que cette communion à tes mystères, Seigneur, nous procure la guérison que toi seul peux donner : qu'elle arrache de nos cœurs jusqu'aux racines du mal, qu'elle nous protège et nous fortifie à jamais. Par le Christ, notre Seigneur.
— Amen.

Prière sur le peuple

Le prêtre peut dire la prière suivante :
Dieu tout-puissant, montre-toi proche de ton peuple qui te supplie ; et puisque tu lui permets d'espérer avec confiance en ta tendresse, donne-lui, dans ta bonté, de goûter le fruit de ta constante miséricorde. Par le Christ, notre Seigneur. ***— Amen.***

INVITATION

Le Carême touche à sa fin. Ai-je su en faire un temps de conversion ? Il n'est pas trop tard pour reprendre le chemin de mes bonnes résolutions du mercredi des Cendres.

COMMENTAIRE

Attirances et inquiétudes

Jean 8, 31-42

Beaucoup de Juifs se mettent à croire en Jésus en l'écoutant prêcher. Mais pour un bref instant seulement, car la vérité qui rend libre est dure à entendre. Comme les Juifs, nous voici à la fois attirés par la liberté profonde suscitée par Jésus Christ et inquiets de perdre nos repères. La Parole de vérité échappe à l'idéalisation trop humaine de nos origines, elle révèle l'accueil présent de l'amour qui mène au Père. ■

Nicolas Tarralle, prêtre assomptionniste

Temps du Carême, *messe de la férie*

Antienne d'ouverture

Le Christ est le médiateur d'une alliance nouvelle,
d'un testament nouveau, puisque, par sa mort,
ceux qui sont appelés peuvent recevoir l'héritage éternel. (cf. He 9, 15)

Prière

Sois attentif à nos appels, Seigneur, et, dans ta bonté, protège ceux qui mettent leur espérance en ta miséricorde, afin que, purifiés de leurs péchés, ils persévèrent dans une vie de sainteté et deviennent les héritiers de ta promesse. Par Jésus… ***— Amen.***

Lecture

du livre de la Genèse (17, 3-9)

« Tu deviendras le père d'une multitude de nations »

En ces jours-là, Abram tomba face contre terre et Dieu lui parla ainsi : « Moi, voici l'alliance que je fais avec toi : tu deviendras le père d'une multitude de nations. Tu ne seras plus appelé du nom d'Abram, ton nom sera Abraham, car je fais de toi le père d'une multitude de nations. Je te ferai porter des fruits à l'infini, de toi je ferai des nations, et des rois sortiront de toi. J'établirai mon alliance entre moi et toi, et après toi avec ta

descendance, de génération en génération; ce sera une alliance éternelle; ainsi je serai ton Dieu et le Dieu de ta descendance après toi. À toi et à ta descendance après toi je donnerai le pays où tu résides, tout le pays de Canaan en propriété perpétuelle, et je serai leur Dieu. » Dieu dit à Abraham : « Toi, tu observeras mon alliance, toi et ta descendance après toi, de génération en génération. »
– Parole du Seigneur.

Psaume 104 (105)

℟ ***Le Seigneur s'est toujours souvenu de son alliance.***

Cherchez le Seigneur et sa puissance,
recherchez sans trêve sa face;
souvenez-vous des merveilles qu'il a faites,
de ses prodiges, des jugements
qu'il prononça. ℟

Vous, la race d'Abraham son serviteur,
les fils de Jacob, qu'il a choisis.
Le Seigneur, c'est lui notre Dieu :
ses jugements font loi pour l'univers. ℟

Il s'est toujours souvenu
de son alliance,
parole édictée pour mille générations :
promesse faite à Abraham,
garantie par serment à Isaac. ℟

Acclamation de l'Évangile

Tes paroles, Seigneur, sont esprit et elles sont vie. Aujourd'hui, ne fermez pas votre cœur, mais écoutez la voix du Seigneur. ***Tes paroles, Seigneur, sont esprit et elles sont vie.***

Évangile de Jésus Christ

selon saint Jean (8, 51-59)

« Abraham votre père a exulté, sachant qu'il verrait mon Jour »

En ce temps-là, Jésus disait aux Juifs : « Amen, amen, je vous le dis : si quelqu'un garde ma parole, jamais il ne verra la mort. » Les Juifs lui dirent : « Maintenant nous savons bien que tu as un démon. Abraham est mort, les prophètes aussi, et toi, tu dis : "Si quelqu'un garde ma parole, il ne connaîtra jamais la mort." Es-tu donc plus grand que notre père Abraham ? Il est mort, et les prophètes aussi sont morts. Pour qui te prends-tu ? » Jésus répondit : « Si je me glorifie moi-même, ma gloire n'est rien ; c'est mon Père qui me glorifie, lui dont vous dites : "Il est notre Dieu", alors que vous ne le connaissez pas. Moi, je le connais et, si je dis que je ne le connais pas, je serai comme vous, un menteur. Mais je le connais, et sa parole, je la garde. Abraham votre père a exulté*, sachant qu'il verrait mon Jour. Il l'a vu, et il s'est réjoui. » Les Juifs lui dirent alors : « Toi qui n'as pas encore cinquante ans, tu as vu Abraham ! » Jésus leur répondit : « Amen, amen, je vous le dis : avant qu'Abraham fût, moi, JE SUIS. » Alors ils ramassèrent des pierres pour les lui jeter. Mais Jésus, en se cachant, sortit du Temple.

6 - 12

Prière sur les offrandes

Regarde favorablement, Seigneur, le sacrifice que nous te présentons : qu'il serve à notre conversion et au salut du monde entier. Par le Christ, notre Seigneur.

— Amen. *1re préface de la Passion, p. 362.*

Antienne de la communion

Dieu n'a pas épargné son propre Fils,
mais il l'a livré pour nous tous :
avec lui, il nous a tout donné.
(cf. Rm 8, 32)

Prière après la communion

Tu nous as rassasiés, Seigneur, par ce don qui nous sauve, et nous implorons ta miséricorde : par ce même sacrement qui nous fortifie en cette vie, rends-nous participants de la vie éternelle. Par le Christ, notre Seigneur.

— *Amen.*

Prière sur le peuple

Le prêtre peut dire la prière suivante :

Sois favorable à ton peuple, Seigneur, nous t'en prions, afin que, rejetant jour après jour ce qui te déplaît, il préfère trouver toute sa joie dans tes commandements. Par le Christ, notre Seigneur.

— *Amen.*

INVITATION

Je note les trois premiers mots qui me viennent à l'esprit lorsque je pense à l'Alliance que Dieu a conclu avec les hommes. Et j'y repense au long de ma journée.

COMMENTAIRE

Scandale Jean 8, 51-59

Par deux fois, Jésus affirme que celui qui garde sa parole ne verra jamais la mort. Il assume l'autorité du Dieu d'Abraham, d'Isaac et de Jacob qui, au mont Horeb, révèle son nom à Moïse : « Je suis celui qui est. » Cette revendication implicite d'être l'égal du Dieu d'Israël ne peut que scandaliser les Juifs. Les pierres qu'on veut lui jeter l'identifient alors au sort de la femme adultère : mort et résurrection. ■

***Nicolas Tarralle**, prêtre assomptionniste*

✲ CLÉ DE LECTURE

« Abraham votre père a exulté » Jean 8, 56 *(p. 75)*

Jésus se moque-t-il d'eux ? Le texte grec est plus rude encore, « Abraham s'est réjoui de voir mon jour » ! Quel sens ont ces mots ? Au Ier siècle, la figure d'Abraham était valorisée chez les Juifs qui soulignaient ses mérites et son obéissance exemplaire à Dieu. Paul, déjà, avait répondu en faisant d'Abraham le père de tous les croyants, Juifs et païens, parce qu'il avait cru à la promesse inconditionnelle de Dieu. Il ajoutait que le Christ était l'unique descendant d'Abraham accomplissant pleinement en lui le projet réconciliateur de Dieu (cf. Ga 3, 6-9.16). Jean va plus loin : Abraham, à l'avance, exultait car il voyait déjà le Christ, présent depuis toujours dans le projet de Dieu pour l'humanité, ce projet dont il était, lui, la première étape. ■

***Roselyne Dupont-Roc**, bibliste*

VENDREDI 11 AVRIL 2025

5E SEMAINE DE CARÊME COULEUR LITURGIQUE : VIOLET

Temps du Carême, *messe de la férie*
(Saint Stanislas)

Antienne d'ouverture

Prends pitié de moi, Seigneur, je suis en détresse.
Délivre-moi des mains hostiles qui s'acharnent.
Seigneur, garde-moi d'être humilié, moi qui t'appelle. (Ps 30, 10.16.18)

Prière

Pardonne, Seigneur, les fautes de ton peuple : puisque notre faiblesse nous a rendus captifs des liens du péché, que ta tendresse nous en délivre. Par Jésus… — ***Amen.***

OU :

Seigneur Dieu, dans ta bonté, tu donnes maintenant à ton Église d'imiter avec amour la bienheureuse Marie quand elle contemplait la passion du Christ ; nous t'en prions, accorde-nous, par l'intercession de la Vierge, de nous attacher toujours plus fermement à ton Fils unique et de parvenir enfin à la plénitude de sa grâce. Lui qui… — ***Amen.***

Lecture

du livre du prophète Jérémie (20, 10-13)

« Le Seigneur est avec moi, tel un guerrier redoutable »

Moi, Jérémie, j'entends les calomnies de la foule : « Dénoncez-le ! Allons le dénoncer, celui-là, l'Épouvante-de-tous-côtés. » Tous mes amis guettent mes faux pas, ils disent : « Peut-être se laissera-t-il

séduire… Nous réussirons, et nous prendrons sur lui notre revanche ! » Mais le Seigneur est avec moi, tel un guerrier redoutable : mes persécuteurs trébucheront, ils ne réussiront pas. Leur défaite les couvrira de honte, d'une confusion éternelle, inoubliable. Seigneur de l'univers, toi qui scrutes l'homme juste, toi qui vois les reins et les cœurs, fais-moi voir la revanche que tu leur infligeras, car c'est à toi que j'ai remis ma cause. Chantez le Seigneur, louez le Seigneur : il a délivré le malheureux de la main des méchants.

– Parole du Seigneur.

Psaume 17 (18)

℟ ***Dans mon angoisse, j'appelai le Seigneur ; il entend ma voix.***

Je t'aime, Seigneur, ma force :
Seigneur, mon roc, ma forteresse,
Dieu mon libérateur, le rocher qui m'abrite,
mon bouclier, mon fort,
mon arme de victoire ! ℟

Louange à Dieu !
Quand je fais appel au Seigneur,
je suis sauvé de tous mes ennemis. ℟

Les liens de la mort m'entouraient,
le torrent fatal m'emportait ;
des liens infernaux m'étreignaient :
j'étais pris aux pièges de la mort. ℟

Dans mon angoisse, j'appelai le Seigneur ;
vers mon Dieu, je lançai un cri ;
de son temple il entend ma voix :
mon cri parvient à ses oreilles. ℟

Acclamation de l'Évangile

Gloire à toi, Seigneur, Fils du Dieu vivant ! Tes paroles, Seigneur, sont esprit et elles sont vie. Tu as les paroles de la vie éternelle. ***Gloire à toi, Seigneur, Fils du Dieu vivant !***

Évangile de Jésus Christ

selon saint Jean (10, 31-42)

« Ils cherchaient à l'arrêter, mais il échappa à leurs mains »

En ce temps-là, de nouveau, des Juifs prirent des pierres pour lapider Jésus. Celui-ci reprit la parole : « J'ai multiplié sous vos yeux les œuvres bonnes qui viennent du Père. Pour laquelle de ces œuvres voulez-vous me lapider ? » Ils lui répondirent : « Ce n'est pas pour une œuvre bonne que nous voulons te lapider, mais c'est pour un blasphème* : tu n'es qu'un homme, et tu te fais Dieu. » Jésus leur répliqua : « N'est-il pas écrit dans votre Loi : *J'ai dit : Vous êtes des dieux ?* Elle les appelle donc des dieux, ceux à qui la parole de Dieu s'adressait, et l'Écriture ne peut pas être abolie. Or, celui que le Père a consacré et envoyé dans le monde, vous lui dites : "Tu blasphèmes", parce que j'ai dit : "Je suis le Fils de Dieu". Si je ne fais pas les œuvres de mon Père, continuez à ne pas me croire. Mais si je les fais, même si vous ne me croyez pas, croyez les œuvres. Ainsi vous reconnaîtrez, et de plus en plus, que le Père est en moi, et moi dans le Père. » Eux cherchaient de nouveau à l'arrêter, mais il échappa à leurs mains. Il repartit de l'autre côté du Jourdain, à l'endroit où, au début, Jean baptisait ; et il y demeura. Beaucoup vinrent à lui en déclarant : « Jean n'a pas accompli de signe ; mais tout ce que Jean a dit de celui-ci était vrai. » Et là, beaucoup crurent en lui.

Prière sur les offrandes

Dieu de miséricorde, donne-nous de pouvoir toujours te servir à ton autel avec respect, et de trouver le salut dans la participation fidèle aux mystères que nous célébrons. Par le Christ, notre Seigneur. **— *Amen.***

1re préface de la Passion, p. 362.

Antienne de la communion

Jésus a porté nos péchés,
dans son corps, sur le bois, afin que,
morts à nos péchés, nous vivions
pour la justice. Par ses blessures,
nous sommes guéris. (1 P 2, 24)

Prière après la communion

Donne-nous, Seigneur, de trouver dans la communion à ce sacrifice une indéfectible protection ; grâce à elle, que tout mal soit à jamais éloigné de nous. Par le Christ, notre Seigneur. **— *Amen.***

Prière sur le peuple

Le prêtre peut dire la prière suivante :

Dieu tout-puissant, accorde à ceux qui te servent et recherchent la grâce de ta protection d'être libérés de tout mal, afin de pouvoir te servir d'un cœur paisible. Par le Christ, notre Seigneur.
— *Amen.*

INVITATION

À quand remonte ma dernière expérience du sacrement de réconciliation ? Je pourrais le vivre avant la Semaine sainte.

COMMENTAIRE

La mort n'aura pas le dernier mot Jean 10, 31-42

Le lien qui unit Jésus à son Père se donne à voir dans ses œuvres : des gestes qui parlent d'eux-mêmes. Mais il est toujours possible de refuser de croire une parole, fut-elle en action, et les gens de Jérusalem cherchent à l'arrêter. Pourtant, de l'autre côté du Jourdain, beaucoup lui accordent foi : loin du vacarme de la ville se trouvent les sources d'un baptême de conversion que même la mort ne fera pas taire. ■

***Nicolas Tarralle**, prêtre assomptionniste*

✲ CLÉ DE LECTURE

« Un blasphème » Jean 10, 33 *(p. 80)*

Le texte souligne à l'envi la violence des adversaires de Jésus : ils veulent le lapider et il doit s'échapper. Leur motif : un blasphème, une parole qui met gravement en cause la sainteté inégalable de Dieu : « Tu es un homme et tu te fais Dieu » ! Mais l'ironie johannique est à l'œuvre, et Jésus se moque d'eux. Qui donc blasphème ici ? Ne sont-ils pas, eux, en train de blasphémer en prétendant prendre la place de Dieu et juger en son nom (pour sa défense ?) un être humain pour le mettre à mort ? Ne s'arrogent-ils pas la place du seul juge ? Alors même qu'ils sont incapables de reconnaître que Dieu a fait l'être humain à son image, que tous sont des frères et que Jésus, seul, se comporte en véritable fils du Père, donnant à voir son amour pour tous. ■

***Roselyne Dupont-Roc**, bibliste*

SAMEDI 12 AVRIL 2025

5E SEMAINE DE CARÊME COULEUR LITURGIQUE : VIOLET

Temps du Carême, *messe de la férie*

6 - 12

Antienne d'ouverture

Toi, Seigneur, ne sois pas loin : ô ma force, viens vite à mon aide ! Moi, je suis un ver, pas un homme, raillé par les gens, rejeté par le peuple. (Ps 21, 20.7)

Prière

Seigneur Dieu, de tous ceux à qui tu as donné de renaître dans le Christ, tu as fait une descendance choisie, un sacerdoce royal ; accorde-nous de vouloir ce que tu commandes et de pouvoir l'accomplir, afin que le peuple appelé à l'éternité ait une même foi dans le cœur, une même charité dans l'action. Par Jésus… *— **Amen.***

Lecture

du livre du prophète Ézékiel (37, 21-28)

« J'en ferai une seule nation »

Ainsi parle le Seigneur Dieu : « Je vais prendre les fils d'Israël parmi les nations où ils sont allés. Je les rassemblerai de partout et les ramènerai sur leur terre. J'en ferai une seule nation dans le pays, sur les montagnes d'Israël. Ils n'auront tous qu'un seul roi ; ils ne formeront plus deux nations ; ils ne seront plus divisés en deux royaumes. Ils ne se rendront plus impurs avec leurs idoles immondes et leurs horreurs, avec toutes leurs révoltes. Je les sauverai en les retirant de tous les lieux où ils habitent et où

ils ont péché, je les purifierai. Alors ils seront mon peuple, et moi je serai leur Dieu. Mon serviteur David régnera sur eux ; ils n'auront tous qu'un seul berger ; ils marcheront selon mes ordonnances, ils garderont mes décrets et les mettront en pratique. Ils habiteront le pays que j'ai donné à mon serviteur Jacob, le pays que leurs pères ont habité. Ils l'habiteront, eux-mêmes et leurs fils, et les fils de leurs fils pour toujours. David, mon serviteur, sera leur prince pour toujours. Je conclurai avec eux une alliance de paix, une alliance éternelle. Je les rétablirai, je les multiplierai, je mettrai mon sanctuaire au milieu d'eux pour toujours. Ma demeure sera chez eux, je serai leur Dieu et ils seront mon peuple. Alors les nations sauront que Je suis le Seigneur, celui qui sanctifie Israël, lorsque mon sanctuaire sera au milieu d'eux pour toujours. »

– Parole du Seigneur.

Cantique Jérémie 31, 10, 11-12ab, 13

℟ ***Le Seigneur nous garde, comme un berger son troupeau.***

Écoutez, nations, la par<u>o</u>le du Seigneur !
Annoncez dans les <u>î</u>les lointaines :
« Celui qui dispersa Isra<u>ë</u>l le rassemble,
il le garde, comme un berg<u>e</u>r
son troupeau. ℟

Le Seigneur a libér<u>é</u> Jacob,
l'a racheté des m<u>a</u>ins d'un plus fort.
Ils viennent, criant de joie,
sur les haute<u>u</u>rs de Sion :
ils affluent vers les bi<u>e</u>ns du Seigneur. ℟

La jeune fille se réjou<u>i</u>t, elle danse ;
jeunes gens, vieilles g<u>e</u>ns, tous ensemble !
Je change leur de<u>u</u>il en joie,
les réjouis, les cons<u>o</u>le après la peine. » ℟

Acclamation de l'Évangile

Ta parole, Seigneur, est vérité, et ta loi, délivrance. Rejetez tous les crimes que vous avez commis, faites-vous un cœur nouveau et un esprit nouveau. ***Ta parole, Seigneur, est vérité, et ta loi, délivrance.***

Évangile de Jésus Christ

selon saint Jean (11, 45-57)

« Afin de rassembler dans l'unité les enfants de Dieu dispersés »

En ce temps-là, quand Lazare fut sorti du tombeau, beaucoup de Juifs, qui étaient venus auprès de Marie et avaient donc vu ce que Jésus avait fait, crurent en lui. Mais quelques-uns allèrent trouver les pharisiens pour leur raconter ce qu'il avait fait. Les grands prêtres et les pharisiens réunirent donc le Conseil suprême; ils disaient : « Qu'allons-nous faire ? Cet homme accomplit un grand nombre de signes. Si nous le laissons faire, tout le monde va croire en lui, et les Romains viendront détruire notre Lieu saint et notre nation. » Alors, l'un d'entre eux, Caïphe, qui était grand prêtre cette année-là, leur dit : « Vous n'y comprenez rien; vous ne voyez pas quel est votre intérêt : il vaut mieux qu'un seul homme meure pour le peuple, et que l'ensemble de la nation ne périsse pas. » Ce qu'il disait là ne venait pas de lui-même; mais, étant grand prêtre cette année-là, il prophétisa que Jésus allait mourir pour la nation; et ce n'était pas seulement pour la nation, c'était afin de rassembler dans l'unité les enfants de Dieu dispersés.

À partir de ce jour-là, ils décidèrent de le tuer. C'est pourquoi Jésus ne se déplaçait plus ouvertement parmi les

Juifs ; il partit pour la région proche du désert, dans la ville d'Éphraïm où il séjourna avec ses disciples. Or, la Pâque juive était proche, et beaucoup montèrent de la campagne à Jérusalem pour se purifier avant la Pâque. Ils cherchaient Jésus et, dans le Temple, ils se disaient entre eux : « Qu'en pensez-vous ? Il ne viendra sûrement pas à la fête ! » Les grands prêtres et les pharisiens avaient donné des ordres : quiconque saurait où il était devait le dénoncer, pour qu'on puisse l'arrêter.

Prière sur les offrandes

Accepte, Seigneur, les offrandes présentées en ce temps de jeûne ; qu'elles nous purifient et nous rendent dignes de ta grâce, pour nous conduire aux biens promis dans l'éternité. Par le Christ, notre Seigneur. ***– Amen.***

1re préface de la Passion, p. 362.

Antienne de la communion

Le Christ a été livré,
afin de rassembler dans l'unité
les enfants de Dieu dispersés.
(cf. Jn 11, 52)

Prière après la communion

Dieu souverain, nous te le demandons humblement : puisque tu nous as fait communier au corps et au sang très saints de ton Fils, rends-nous participants de la nature divine. Par le Christ, notre Seigneur. ***– Amen.***

Prière sur le peuple

Le prêtre peut dire la prière suivante :

Prends pitié, Seigneur, de ton Église en prière, et regarde avec bonté le cœur de tes fidèles tournés vers toi ; ne permets pas que le péché les entrave, ne laisse pas le malheur les accabler, puisque tu les as rachetés par la mort de ton Fils unique. Lui qui… ***— Amen.***

INVITATION

Et si je priais le chapelet en direct à 15 h 30 sur le site internet du sanctuaire de Lourdes ou en le suivant dans les médias ?

COMMENTAIRE

Un projet mortel qui donne vie

Jean 11, 45-57

Un dernier grand signe est donné par Jésus en faisant sortir Lazare de son tombeau. Pour ceux qui sont venus entourer la famille, l'étonnement s'ajoute à l'émotion et la foi peut faire son œuvre. Mais ceux qui n'étaient pas présents interprètent l'événement comme un ultime danger pour leur autorité. Leur projet de mort est alors, paradoxalement, l'exacte réponse qui fraye un passage à la vie nouvelle qu'ils rejettent. ■

Nicolas Tarralle, prêtre assomptionniste

SEMAINE SAINTE 2025 **SOMMAIRE**

INTRODUCTION

La Passion : quatre récits fondateurs

La Semaine sainte constitue un temps privilégié pour relire et prier les récits de la Passion. Quatre récits très proches et pourtant différents, comme quatre fresques ou quatre vitraux.

« Chaque fois que vous mangez ce pain et que vous buvez cette coupe, vous proclamez la mort du Seigneur, jusqu'à ce qu'il vienne », écrit Paul aux Corinthiens (1 Co 11, 26). C'est dire combien les récits de la Passion et de la mort de Jésus sont essentiels pour la foi. Il est d'ailleurs saisissant de voir que les évangélistes font de la Passion un récit suivi, qui forme près d'un cinquième de chaque évangile, en une narration très proche. Les récits de la Résurrection leur font suite et les éclairent d'une autre lumière. Si les évangélistes ont accepté de dire longuement le récit de la Passion et de la mort de leur Seigneur, c'est dans le souffle de la Pentecôte et portés par leur foi •••

... en Jésus ressuscité. Passion et Résurrection sont indissociables dans la foi chrétienne. La Semaine sainte est un ensemble, elle forme un tout, de l'entrée de Jésus à Jérusalem jusqu'à sa Passion et sa résurrection.

Les récits de la Passion sont nés de la foi de l'Église. Les premiers chrétiens ont médité et redit, dans la prière et le repas du Seigneur, la Passion de Jésus (1 Co 11, 17-34). Et ces récits sont probablement les premiers à avoir vu le jour. Chacun des évangélistes les a exprimés en des accents propres, en fonction de leurs auditoires, selon les lieux et les circonstances. Marc livre un récit très sobre, presque brutal, très factuel. Mais il est, comme les autres, très

Une structure du récit identique

La structure du récit de la Passion est la même dans les quatre évangiles: arrestation de Jésus à Gethsémani, puis procès juif, chez Caïphe, suivi du procès romain, chez Ponce Pilate. Jésus est alors mené au Golgotha, dépouillé de ses vêtements et crucifié, puis mis au tombeau. Les raisons de la mort de Jésus apparaissent assez clairement: le blasphème, que constitue la prétention de Jésus à pardonner et à parler de Dieu comme de son père, et sa liberté à l'égard du Temple et de la Loi. Déféré à Pilate, Jésus meurt du supplice romain de la croix, sur une accusation devenue politique: « Cet homme a dit: "Je suis le roi des Juifs" » (Jn 19, 21).

théologique. Matthieu, lui, s'adresse à une communauté de croyants issus du judaïsme. Il insiste, au fil de son récit, sur l'accomplissement des Écritures. Israël s'est égaré : « Le royaume de Dieu vous sera enlevé pour être donné à une nation qui lui fera produire ses fruits » (Mt 21, 43). Matthieu effectue une véritable relecture de l'histoire, et l'on perçoit dans son récit l'élaboration du discours de la foi de l'Église, discours très construit. Le récit de Luc est celui du disciple, appelé à suivre son Seigneur dans sa Passion. Jean, quant à lui, dit la force de la révélation de Dieu en Jésus.

La place faite au reniement de Pierre dans chacun des textes serait un bon fil conducteur pour la lecture. Marc, dont nous savons qu'il était proche de Pierre, ne ménage pas pour autant l'Apôtre. Souvent impulsif et prêt à tout, Pierre est aussi le premier à trahir, dans des imprécations très vives. Le récit de Matthieu est proche de celui de Marc. Pierre y est de même bien peu brillant. Chez Luc, Pierre ne jure pas et semble renier de moins en moins, comme s'il était déjà gagné par les sanglots du remords. Mais il croise le regard du « Seigneur », terme fort de la foi pour désigner Jésus. Dans ce regard, Pierre se sait pardonné. Il entend le chant du coq et part pleurer amèrement. Ce sont les larmes du repentir (Lc 22, 55-62).

Chez Luc, le reniement de Pierre est raconté presque au début de son récit. Aux côtés de Pierre, le lecteur a croisé, lui aussi, le regard du Seigneur, et c'est en pécheur pardonné qu'il peut suivre désormais Jésus dans sa Passion. Il entendra aussi, avec les femmes de Jérusalem, l'invitation à la conversion que Jésus leur adresse (Lc 23, 27-31). Il ira •••

… jusqu'au Golgotha, où il pourra se sentir proche du « bon larron », qui reconnaît en Jésus le Juste. Le lecteur reçoit en même temps que lui la parole de Jésus, lui promettant le Paradis « aujourd'hui » avec lui (Lc 23, 40-43). Il entend aussi la parole du pardon que Jésus adresse au Père pour ses bourreaux. Il accueille de même la confiance de Jésus dans son ultime parole : « Père, entre tes mains je remets mon esprit » (Lc 23, 46). Chez Matthieu et Marc, Jésus dit les premiers mots du psaume 21 (22), exprimant à la fois la confiance : « Mon Dieu, mon Dieu », cri unique dans la Bible, et le vertige de l'abandon : « Pourquoi m'as-tu abandonné ? » (Mt 27, 46 ; Mc 15, 34)

Le personnage de Judas contribue, chez Matthieu, à nous montrer la perspective de son récit. La question, en effet, ne porte pas sur la mort tragique de Judas, mais sur le fait que, dans la mort de Jésus, a été livré à prix « d'argent » le « sang innocent », des mots répétés avec insistance par Matthieu, qui montre une fois de plus l'accomplissement des Écritures (cf. Mt 27, 3-10).

À la lumière des Écritures

Dans les quatre évangiles, l'Écriture éclaire le récit de la Passion. De façon forte chez Matthieu, qui tisse son récit d'allusions et indique solennellement son accomplissement. Il s'adresse à des chrétiens issus du judaïsme, qu'il consolide dans leur foi.

Luc choisit des citations qui confirment le lecteur issu du paganisme dans son regard sur Jésus, qui pardonne, accompagne, a pitié de tous : depuis les Apôtres « endormis, accablés de tristesse » au jardin des Oliviers (Lc 22, 45-46), jusqu'au Golgotha où tous sont regardés avec la bienveillance du pardon. Luc a aussi placé au début de son récit une citation qui pourrait passer inaperçue, mais qui oriente tout son récit : « Il faut que s'accomplisse en moi ce texte de l'Écriture : Il a été compté avec les impies. De fait, ce qui me concerne va trouver son accomplissement » (Lc 22, 37).

Marc, très sobre en citations, fait de même au début de son récit de la Passion, en des mots qui éclairent d'une lumière tout autre ce qui va venir : « Après avoir chanté les psaumes, ils partirent pour le mont des Oliviers. Jésus leur dit : "Vous allez tous être exposés à tomber, car il est écrit : Je frapperai le berger, et les brebis seront dispersées. Mais, une fois ressuscité, je vous précéderai en Galilée" » (Mc 14, 26-28). Si les hommes sembleront l'emporter sur Jésus et sur le projet de Dieu, c'est, au plus profond, ce projet qui s'accomplira.

Chez Jean, Jésus en sa Passion est majestueux, comme il l'est tout au long de cet évangile.

Le récit de Jean

Il convient d'accorder une place particulière à Jean (lire p. 179-185). Jésus en sa Passion y est majestueux, comme il l'est tout au long de cet évangile. Ainsi, lorsque les soldats et les gardes viennent l'arrêter à Gethsémani, la parole de Jésus les fait « reculer et tomber à terre » (cf. Jn 18, 6). Ce qui se passe en cet instant constitue la pleine révélation de Dieu. Leur disant « Je suis [celui que vous cherchez] », Jésus prononce en effet le nom par lequel le Seigneur s'est révélé à Moïse dans l'épisode du buisson ardent : « Je suis » (Ex 3, 14). Révélation bouleversante, qui se •••

••• poursuit tout au long du récit, comme lorsque Jésus tient tête à Ponce Pilate avec une dignité impressionnante (Jn 18, 33-37), et jusqu'au moment où, « élevé de terre » (Jn 12, 32), il ne rend pas le dernier souffle, mais, selon les mots grecs, « donne l'Esprit » (cf. Jn 19, 30). En cet instant s'opère le mystère total de la révélation. Les récits de la Passion sont ainsi beaucoup plus que des récits factuels. Nés de la foi, ils appellent à la contemplation et à la foi. Ils invitent à suivre Jésus en sa Passion et, nous le professons, jusqu'en sa résurrection. ■

Jacques Nieuviarts,
prêtre assomptionniste

Les sept paroles de Jésus

Les sept paroles de Jésus en croix ont depuis longtemps interrogé et inspiré poètes, artistes et musiciens. Elles constituent comme un essentiel de la foi et permettent de contempler le Christ en sa Passion. Rappelons-les:
« Mon Dieu, mon Dieu, pourquoi m'as-tu abandonné ? » (Mt 27, 46 ; Mc 15, 34) ;
« Père, pardonne-leur : ils ne savent pas ce qu'ils font » (Lc 23, 34) ;
« Amen, je te le dis : aujourd'hui, avec moi, tu seras dans le Paradis » (Lc 23, 43) ;
« Père, entre tes mains je remets mon esprit » (Lc 23, 46) ;
« Femme, voici ton fils » (Jn 19, 26) ;
« J'ai soif » (Jn 19, 28) ;
« Tout est accompli » (Jn 19, 30).

DIMANCHE 13 AVRIL 2025

DIMANCHE DES RAMEAUX ET DE LA PASSION

ANNÉE C – COULEUR LITURGIQUE : ROUGE

« Béni soit celui qui vient, le Roi, au nom du Seigneur. » Luc 19, 38

© Claire Perret

Roi de gloire, le Christ traverse la ville sur une humble monture. Folles de joies, les foules l'acclament avec fougue. Car le Christ a guéri des aveugles, il a fait parler des muets. Mais toutes ces foules ne sont pas prêtes à suivre Jésus jusqu'au bout. En ce dimanche des Rameaux, réjouissons-nous avec le Christ, et demandons-lui une fidélité à toute épreuve.

COMMÉMORATION DE L'ENTRÉE DU SEIGNEUR À JÉRUSALEM

Procession ou entrée solennelle

Antienne

Hosanna au fils de David!
Béni soit celui qui vient au nom du Seigneur, le Roi d'Israël!
Hosanna au plus haut des cieux! (cf. Mt 21, 9)

OU

H27; T.: AELF; M.: Julien ; Chalet.

Le chant terminé, le prêtre salue le peuple puis invite les fidèles à participer à la célébration par la brève allocution qui suit ou en des termes semblables :

Frères et sœurs bien-aimés, depuis le début du Carême, nous avons préparé nos cœurs par la pénitence et la pratique de la charité. Nous voici rassemblés aujourd'hui pour commencer avec toute l'Église la célébration du mystère pascal de notre Seigneur, celui de sa passion et de sa résurrection. En vue d'accomplir ce mystère pascal, il a fait son entrée dans sa ville de Jérusalem. Mettons toute notre foi et tout notre amour à rappeler maintenant le souvenir de cette entrée de Jésus notre Sauveur et suivons le Seigneur, afin qu'associés par grâce à la croix, nous ayons part à la résurrection et à la vie.

Prière

Dieu éternel et tout-puissant, bénis et sanctifie ✠ ces rameaux, afin qu'en suivant dans l'allégresse le Christ notre Roi, nous puissions parvenir par lui jusqu'à la Jérusalem éternelle. Lui qui… ***– Amen.***

OU

Augmente la foi de ceux qui espèrent en toi, Seigneur Dieu, exauce en ta bonté les prières de ceux qui te supplient : aujourd'hui, nous tenons à la main ces rameaux pour acclamer le Christ en son triomphe ; puissions-nous, par nos œuvres bonnes, porter en lui du fruit à ta gloire. Lui qui… ***– Amen.***

Récit de l'entrée à Jérusalem

Évangile de Jésus Christ selon saint Luc (19, 28-40)

En ce temps-là, Jésus partit en avant pour monter à Jérusalem. Lorsqu'il approcha de Bethphagé et de Béthanie, près de l'endroit appelé mont des Oliviers, il envoya deux de ses disciples, en

disant : « Allez à ce village d'en face. À l'entrée, vous trouverez un petit âne attaché, sur lequel personne ne s'est encore assis. Détachez-le et amenez-le. Si l'on vous demande : "Pourquoi le détachez-vous ?" vous répondrez : "Parce que le Seigneur en a besoin." » Les envoyés partirent et trouvèrent tout comme Jésus leur avait dit. Alors qu'ils détachaient le petit âne, ses maîtres leur demandèrent : « Pourquoi détachez-vous l'âne ? » Ils répondirent : « Parce que le Seigneur en a besoin. » Ils amenèrent l'âne auprès de Jésus, jetèrent leurs manteaux dessus, et y firent monter Jésus. À mesure que Jésus avançait, les gens étendaient leurs manteaux sur le chemin. Alors que déjà Jésus approchait de la descente du mont des Oliviers, toute la foule des disciples, remplie de joie, se mit à louer Dieu à pleine voix pour tous les miracles qu'ils avaient vus, et ils disaient : « Béni soit celui qui vient, le Roi, au nom du Seigneur. Paix dans le ciel et gloire au plus haut des cieux ! » Quelques pharisiens, qui se trouvaient dans la foule, dirent à Jésus : « Maître, réprimande tes disciples ! » Mais il prit la parole en disant : « Je vous le dis : si eux se taisent, les pierres crieront. »

Procession des rameaux

Après l'évangile et avant le départ de la procession,
le prêtre peut prononcer une brève homélie ou dire simplement :

Et maintenant, frères et sœurs bien-aimés, imitons les foules de Jérusalem, heureuses d'acclamer Jésus, et avançons dans la paix.

Ou bien seulement :

Avançons dans la paix.

— Au nom du Christ. Amen.

Tandis que la procession s'avance, on peut chanter l'antienne suivante ou d'autres chants en l'honneur du Christ Roi :

Les enfants des Hébreux, portant des rameaux d'olivier,
allèrent au-devant du Seigneur ; ils l'acclamaient en disant :
Hosanna au plus haut des cieux !

À l'entrée de la procession dans l'église, on chante le répons suivant ou un autre chant semblable :

À l'entrée du Seigneur dans la Ville sainte,
les enfants des Hébreux, portant des palmes et des rameaux d'olivier, annonçaient la résurrection.

℟ ***Avec eux, nous chantons : Hosanna au plus haut des cieux !***

Quand le peuple apprit que Jésus arrivait à Jérusalem,
il sortit à sa rencontre.

℟ ***Avec eux, nous chantons : Hosanna au plus haut des cieux !***

Entrée simple

Acclamé puis injurié, Jésus marchera jusqu'au pied de la Croix en ne faisant que la volonté de son Père. Le Christ Jésus, prenant la condition de serviteur, vient montrer aux hommes la toute-puissance de l'amour de Dieu. Dans nos combats et nos faiblesses, il nous offre la joie du salut et l'espérance de la résurrection.

Chant d'entrée *(Suggestions p. 384)*

OU *Antienne d'ouverture*

Six jours avant la fête de la Pâque, lorsque le Seigneur fit son entrée à Jérusalem, les enfants allèrent à sa rencontre. Ils tenaient en main des branches de palmier, et criaient à pleine voix :

— Hosanna au plus haut des cieux ! Sois béni, toi qui viens dans l'abondance de ta miséricorde !

Portes, levez vos frontons élevez-vous, portes éternelles :
qu'il entre, le roi de gloire !
Qui donc est ce roi de gloire ?
C'est le Seigneur, Dieu de l'univers ; c'est lui, le roi de gloire.

— Hosanna au plus haut des cieux ! Sois béni, toi qui viens dans l'abondance de ta miséricorde !

(cf. Jn 12, 1.12-13 ; Ps 23, 9-10)

Suggestion de préparation pénitentielle *(ou p. 353)*

Frères et sœurs, en ce dimanche des Rameaux, les foules acclament le Seigneur. Bientôt, beaucoup d'hommes et de femmes changeront de camp. Avec foi, tournons-nous vers le Seigneur et reconnaissons que nous sommes pécheurs.

Seigneur Jésus, toi notre Dieu, tu t'es fait homme et tu as revêtu la condition de serviteur. Kyrie, eleison. ***— Kyrie, eleison.***

Ô Christ, toi qui as été acclamé dans les rues de Jérusalem, tu es humilié, conspué et condamné. Christe, eleison. ***— Christe, eleison.***

Seigneur, toi qui es devenu obéissant jusqu'à la mort de la croix, tu accordes ton pardon à tous. Kyrie, eleison.
— Kyrie, eleison.
Que Dieu tout-puissant nous fasse miséricorde ; qu'il nous pardonne nos péchés et nous conduise à la vie éternelle. ***— Amen.***

Pendant le Carême, on omet le Gloire à Dieu.

MESSE DE LA PASSION

Prière

Dieu éternel et tout-puissant, pour donner au genre humain un exemple d'humilité, tu as voulu que notre Sauveur prenne chair et qu'il subisse la croix : accorde-nous, dans ta bonté, d'accueillir le témoignage de sa force dans la souffrance et d'avoir part à sa résurrection. Lui qui… ***— Amen.***

LITURGIE DE LA PAROLE

Lecture du livre du prophète Isaïe (50, 4-7)

« Je n'ai pas caché ma face devant les outrages,
je sais que je ne serai pas confondu »

Le Seigneur mon Dieu m'a donné le langage des disciples, pour que je puisse, d'une parole, soutenir celui qui est épuisé. Chaque matin, il éveille, il éveille mon oreille pour qu'en disciple, j'écoute.

Le Seigneur mon Dieu m'a ouvert l'oreille, et moi, je ne me suis pas révolté, je ne me suis pas dérobé. J'ai présenté mon dos à ceux qui me frappaient, et mes joues à ceux qui m'arrachaient la barbe. Je n'ai pas caché ma face devant les outrages et les crachats. Le Seigneur mon Dieu vient à mon secours; c'est pourquoi je ne suis pas atteint par les outrages, c'est pourquoi j'ai rendu ma face dure comme pierre : je sais que je ne serai pas confondu. – Parole du Seigneur.

Psaume 21 (22)

℟ ***Mon Dieu, mon Dieu, pourquoi m'as-tu abandonné ?***

T. : AELF; M. : G. Previdi; Éd. : ADF.

Tous ceux qui me voient me bafouent,
ils ricanent et hochent la tête :
« Il comptait sur le Seigneur : qu'il le délivre !
Qu'il le sauve, puisqu'il est son ami ! » ℟

Écoutez ce psaume sur www.prionseneglise.fr/messe-du-dimanche

Oui, des chiens me cernent,
une bande de vauriens m'entoure.
Ils me percent les mains et les pieds,
je peux compter tous mes os. ℟

Ils partagent entre eux mes habits
et tirent au sort mon vêtement.
Mais toi, Seigneur, ne sois pas loin :
ô ma force, viens vite à mon aide ! ℟

Tu m'as répondu !
Et je proclame ton nom devant mes frères,
je te loue en pleine assemblée.
Vous qui le craignez, louez le Seigneur. ℟

Lecture de la lettre de saint Paul apôtre aux Philippiens (2, 6-11)

« Il s'est abaissé : c'est pourquoi Dieu l'a exalté »

Le Christ Jésus, ayant la condition de Dieu, ne retint pas jalousement le rang qui l'égalait à Dieu. Mais il s'est anéanti, prenant la condition de serviteur, devenant semblable aux hommes. Reconnu homme à son aspect, il s'est abaissé, devenant obéissant jusqu'à la mort, et la mort de la croix. C'est pourquoi Dieu l'a exalté : il l'a doté du Nom qui est au-dessus de tout nom, afin qu'au nom de Jésus tout genou fléchisse au ciel, sur terre

et aux enfers, et que toute langue proclame : « Jésus Christ est Seigneur » à la gloire de Dieu le Père. – Parole du Seigneur.

Acclamation de l'Évangile

Gloire et louange à toi, Seigneur Jésus! Pour nous, le Christ est devenu obéissant, jusqu'à la mort, et la mort de la croix. C'est pourquoi Dieu l'a exalté : il l'a doté du Nom qui est au-dessus de tout nom. ***Gloire et louange à toi, Seigneur Jésus!***

U77-01; T. : AELF; M. : P. Robert; ADF-Musique.

La lecture de la Passion se fait sans salutation au début.

Refrains suggérés au cours de la lecture de la Passion :

℟ ***Ô croix dressée sur le monde*** *(H30) ou :* ***Victoire, tu régneras*** *(H32) ou :* ***Nous chantons la croix du Seigneur*** *(CNA nº 342).*

Pour lire l'évangile de la Passion à plusieurs voix :
✠ Jésus ; Ⓛ lecteur ; Ⓓ disciples et amis ; Ⓕ foule ; Ⓐ autres personnages.

La Passion de notre Seigneur Jésus Christ

selon saint Luc (22, 14 – 23, 56)

(Si l'on choisit la lecture brève, Luc 23, 1-49, on lit le titre ci-dessus, puis on commence après le filet de la page 109.)

Passion de notre Seigneur Jésus Christ

Ⓛ Quand l'heure fut venue, Jésus prit place à table, et les Apôtres avec lui. Il leur dit : ✠ « J'ai désiré d'un grand désir manger cette Pâque avec vous avant de souffrir ! Car je vous le déclare : jamais plus je ne la mangerai jusqu'à ce qu'elle soit pleinement accomplie dans le royaume de Dieu. » Ⓛ Alors, ayant reçu une coupe et rendu grâce, il dit : ✠ « Prenez ceci et partagez entre vous. Car je vous le déclare : désormais, jamais plus je ne boirai du fruit de la vigne jusqu'à ce que le royaume de Dieu soit venu. »
Ⓛ Puis, ayant pris du pain et rendu grâce, il le rompit et le leur donna, en disant : ✠ « Ceci est mon corps, donné pour vous. Faites cela en mémoire de moi. » Ⓛ Et pour la coupe, après le repas, il fit de même, en disant : ✠ « Cette coupe est la nouvelle Alliance en mon sang répandu pour vous. Et cependant, voici que la main de celui qui me livre est à côté de moi sur la table. En effet, le Fils de l'homme s'en va selon ce qui a été fixé. Mais malheureux cet homme-là par qui il est livré ! » (℟)

Ⓛ Les Apôtres commencèrent à se demander les uns aux autres quel pourrait bien être, parmi eux, celui qui allait faire cela. Ils en arrivèrent à se quereller : lequel d'entre eux, à leur avis, était le plus grand ? Mais il leur dit : ✠ « Les rois des nations les commandent en maîtres, et ceux qui exercent le pouvoir sur elles se font appeler bienfaiteurs. Pour vous, rien de tel ! Au contraire, que le plus grand d'entre vous devienne comme le plus jeune, et le chef, comme celui qui sert. Quel est en effet le plus grand : celui qui est à table, ou celui qui sert ? N'est-ce pas celui qui est à table ? Eh bien moi, je suis au milieu de vous comme celui qui sert. Vous, vous avez tenu bon avec moi dans mes épreuves. Et moi, je dispose pour vous du Royaume, comme mon Père en a disposé pour moi. Ainsi vous mangerez et boirez à ma table dans mon Royaume, et vous siégerez sur des trônes pour juger les douze tribus d'Israël.
Simon, Simon, voici que Satan vous a réclamés pour vous passer au crible comme le blé. Mais j'ai prié pour toi, afin que ta foi ne défaille pas. Toi donc, quand tu seras revenu, affermis tes frères. »
Ⓛ Pierre lui dit : Ⓓ « Seigneur, avec toi, je suis prêt à aller en prison et à la mort. » Ⓛ Jésus reprit : ✠ « Je te le déclare, Pierre : le coq ne chantera pas aujourd'hui avant que toi, par trois fois, tu aies nié me connaître. »
Ⓛ Puis il leur dit : ✠ « Quand je vous ai envoyés sans bourse, ni sac, ni sandales, avez-vous donc manqué de quelque chose ? » Ⓛ Ils lui répondirent : Ⓓ « Non, de rien. » Ⓛ Jésus leur dit : ✠ « Eh bien

maintenant, celui qui a une bourse, qu'il la prenne, de même celui qui a un sac ; et celui qui n'a pas d'épée, qu'il vende son manteau pour en acheter une. Car, je vous le déclare : il faut que s'accomplisse en moi ce texte de l'Écriture : *Il a été compté avec les impies.* De fait, ce qui me concerne va trouver son accomplissement. »
Ⓛ Ils lui dirent : Ⓓ « Seigneur, voici deux épées. » Ⓛ Il leur répondit : ✠ « Cela suffit. »
Ⓛ Jésus sortit pour se rendre, selon son habitude, au mont des Oliviers, et ses disciples le suivirent. Arrivé en ce lieu, il leur dit : ✠ « Priez, pour ne pas entrer en tentation. » Ⓛ Puis il s'écarta à la distance d'un jet de pierre environ. S'étant mis à genoux, il priait en disant : ✠ « Père, si tu le veux, éloigne de moi cette coupe ; cependant, que soit faite non pas ma volonté, mais la tienne. »
Ⓛ Alors, du ciel, lui apparut un ange qui le réconfortait. Entré en agonie, Jésus priait avec plus d'insistance, et sa sueur devint comme des gouttes de sang qui tombaient sur la terre. Puis Jésus se releva de sa prière et rejoignit ses disciples qu'il trouva endormis, accablés de tristesse. Il leur dit : ✠ « Pourquoi dormez-vous ? Relevez-vous et priez, pour ne pas entrer en tentation. »
Ⓛ Il parlait encore, quand parut une foule de gens. Celui qui s'appelait Judas, l'un des Douze, marchait à leur tête. Il s'approcha de Jésus pour lui donner un baiser. Jésus lui dit : ✠ « Judas, c'est par un baiser que tu livres le Fils de l'homme ? » Ⓛ Voyant ce qui allait se passer, ceux qui entouraient Jésus lui dirent : Ⓓ « Seigneur,

et si nous frappions avec l'épée ? » Ⓛ L'un d'eux frappa le serviteur du grand prêtre et lui trancha l'oreille droite. Mais Jésus dit : ✠ « Restez-en là ! » Ⓛ Et, touchant l'oreille de l'homme, il le guérit. Jésus dit alors à ceux qui étaient venus l'arrêter, grands prêtres, chefs des gardes du Temple et anciens : ✠ « Suis-je donc un bandit, pour que vous soyez venus avec des épées et des bâtons ? Chaque jour, j'étais avec vous dans le Temple, et vous n'avez pas porté la main sur moi. Mais c'est maintenant votre heure et le pouvoir des ténèbres. »

Ⓛ S'étant saisis de Jésus, ils l'emmenèrent et le firent entrer dans la résidence du grand prêtre. Pierre suivait à distance. On avait allumé un feu au milieu de la cour, et tous étaient assis là. Pierre vint s'asseoir au milieu d'eux. Une jeune servante le vit assis près du feu ; elle le dévisagea et dit : Ⓐ « Celui-là aussi était avec lui. » Ⓛ Mais il nia : Ⓓ « Non, je ne le connais pas. » Ⓛ Peu après, un autre dit en le voyant : Ⓕ « Toi aussi, tu es l'un d'entre eux. » Ⓛ Pierre répondit : Ⓓ « Non, je ne le suis pas. » Ⓛ Environ une heure plus tard, un autre insistait avec force : Ⓕ « C'est tout à fait sûr ! Celui-là était avec lui, et d'ailleurs il est galiléen. » Ⓛ Pierre répondit : Ⓓ « Je ne sais pas ce que tu veux dire. » Ⓛ Et à l'instant même, comme il parlait encore, un coq chanta. Le Seigneur, se retournant, posa son regard sur Pierre. Alors Pierre se souvint de la parole que le Seigneur lui avait dite : « Avant que le coq chante aujourd'hui, tu m'auras renié trois fois. » Il sortit et, dehors, pleura amèrement. (℟)

Les hommes qui gardaient Jésus se moquaient de lui et le rouaient de coups. Ils lui avaient voilé le visage, et ils l'interrogeaient : Ⓕ « Fais le prophète ! Qui est-ce qui t'a frappé ? » Ⓛ Et ils proféraient contre lui beaucoup d'autres blasphèmes. Lorsqu'il fit jour, se réunit le collège des anciens du peuple, grands prêtres et scribes, et on emmena Jésus devant leur conseil suprême. Ils lui dirent : Ⓕ « Si tu es le Christ, dis-le nous. » Ⓛ Il leur répondit : ✝ « Si je vous le dis, vous ne me croirez pas ; et si j'interroge, vous ne répondrez pas. Mais désormais le Fils de l'homme sera assis à la droite de la Puissance de Dieu. » Ⓛ Tous lui dirent alors : Ⓕ « Tu es donc le Fils de Dieu ? » Ⓛ Il leur répondit : ✝ « Vous dites vous-mêmes que je le suis. » Ⓛ Ils dirent alors : Ⓕ « Pourquoi nous faut-il encore un témoignage ? Nous-mêmes, nous l'avons entendu de sa bouche. »

Début de la lecture brève

(En ce temps-là,) Ⓛ L'assemblée tout entière se leva, et on l'emmena chez Pilate. On se mit alors à l'accuser : Ⓕ « Nous avons trouvé cet homme en train de semer le trouble dans notre nation : il empêche de payer l'impôt à l'empereur, et il dit qu'il est le Christ, le Roi. » Ⓛ Pilate l'interrogea : Ⓐ « Es-tu le roi des Juifs ? » Ⓛ Jésus répondit : ✝ « C'est toi-même qui le dis. » Ⓛ Pilate s'adressa aux grands prêtres et aux foules : Ⓐ « Je ne trouve chez cet homme aucun motif de condamnation. » Ⓛ Mais ils insistaient avec force : Ⓕ « Il soulève le peuple en enseignant dans toute la Judée ; après avoir

commencé en Galilée, il est venu jusqu'ici. » Ⓛ À ces mots, Pilate demanda si l'homme était galiléen. Apprenant qu'il relevait de l'autorité d'Hérode, il le renvoya devant ce dernier, qui se trouvait lui aussi à Jérusalem en ces jours-là.
À la vue de Jésus, Hérode éprouva une joie extrême : en effet, depuis longtemps il désirait le voir à cause de ce qu'il entendait dire de lui, et il espérait lui voir faire un miracle. Il lui posa bon nombre de questions, mais Jésus ne lui répondit rien. Les grands prêtres et les scribes étaient là, et ils l'accusaient avec véhémence. Hérode, ainsi que ses soldats, le traita avec mépris et se moqua de lui : il le revêtit d'un manteau de couleur éclatante et le renvoya à Pilate. Ce jour-là, Hérode et Pilate devinrent des amis, alors qu'auparavant il y avait de l'hostilité entre eux.
Alors Pilate convoqua les grands prêtres, les chefs et le peuple. Il leur dit : Ⓐ « Vous m'avez amené cet homme en l'accusant d'introduire la subversion dans le peuple. Or, j'ai moi-même instruit l'affaire devant vous et, parmi les faits dont vous l'accusez, je n'ai trouvé chez cet homme aucun motif de condamnation. D'ailleurs, Hérode non plus, puisqu'il nous l'a renvoyé. En somme, cet homme n'a rien fait qui mérite la mort. Je vais donc le relâcher après lui avoir fait donner une correction. » Ⓛ Ils se mirent à crier tous ensemble : Ⓕ « Mort à cet homme ! Relâche-nous Barabbas. » Ⓛ Ce Barabbas avait été jeté en prison pour une émeute survenue dans la ville, et pour meurtre. Pilate, dans son désir de relâcher

Jésus, leur adressa de nouveau la parole. Mais ils vociféraient : Ⓕ « Crucifie-le ! Crucifie-le ! » Ⓛ Pour la troisième fois, il leur dit : Ⓐ « Quel mal a donc fait cet homme ? Je n'ai trouvé en lui aucun motif de condamnation à mort. Je vais donc le relâcher après lui avoir fait donner une correction. » Ⓛ Mais ils insistaient à grands cris, réclamant qu'il soit crucifié ; et leurs cris s'amplifiaient. Alors Pilate décida de satisfaire leur requête. Il relâcha celui qu'ils réclamaient, le prisonnier condamné pour émeute et pour meurtre, et il livra Jésus à leur bon plaisir. (℟)

Comme ils l'emmenaient, ils prirent un certain Simon de Cyrène, qui revenait des champs, et ils le chargèrent de la croix pour qu'il la porte derrière Jésus. Le peuple, en grande foule, le suivait, ainsi que des femmes qui se frappaient la poitrine et se lamentaient sur Jésus. Il se retourna et leur dit : ✠ « Filles de Jérusalem, ne pleurez pas sur moi ! Pleurez plutôt sur vous-mêmes et sur vos enfants ! Voici venir des jours où l'on dira : "Heureuses les femmes stériles, celles qui n'ont pas enfanté, celles qui n'ont pas allaité !" Alors on dira aux montagnes : "Tombez sur nous", et aux collines : "Cachez-nous." Car si l'on traite ainsi l'arbre vert, que deviendra l'arbre sec ? »
Ⓛ Ils emmenaient aussi avec Jésus deux autres, des malfaiteurs, pour les exécuter. Lorsqu'ils furent arrivés au lieu dit : Le Crâne (ou Calvaire), là ils crucifièrent Jésus, avec les deux malfaiteurs, l'un à droite et l'autre à gauche. Jésus disait : ✠ « Père, pardonne-leur : ils

ne savent pas ce qu'ils font. » Ⓛ Puis, ils partagèrent ses vêtements et les tirèrent au sort.
Le peuple restait là à observer. Les chefs tournaient Jésus en dérision et disaient : Ⓕ « Il en a sauvé d'autres : qu'il se sauve lui-même, s'il est le Messie de Dieu, l'Élu ! » Ⓛ Les soldats aussi se moquaient de lui ; s'approchant, ils lui présentaient de la boisson vinaigrée, en disant : Ⓕ « Si tu es le roi des Juifs, sauve-toi toi-même ! » Ⓛ Il y avait aussi une inscription au-dessus de lui : « Celui-ci est le roi des Juifs. »
L'un des malfaiteurs suspendus en croix l'injuriait : Ⓐ « N'es-tu pas le Christ ? Sauve-toi toi-même, et nous aussi ! » Ⓛ Mais l'autre lui fit de vifs reproches : Ⓐ « Tu ne crains donc pas Dieu ! Tu es pourtant un condamné, toi aussi ! Et puis, pour nous, c'est juste : après ce que nous avons fait, nous avons ce que nous méritons. Mais lui, il n'a rien fait de mal. » Ⓛ Et il disait : Ⓐ « Jésus, souviens-toi de moi quand tu viendras dans ton Royaume. » Ⓛ Jésus lui déclara : ✝ « Amen, je te le dis : aujourd'hui, avec moi, tu seras dans le Paradis. »
Ⓛ C'était déjà environ la sixième heure (c'est-à-dire : midi) ; l'obscurité se fit sur toute la terre jusqu'à la neuvième heure, car le soleil s'était caché. Le rideau du Sanctuaire se déchira par le milieu. Alors, Jésus poussa un grand cri : ✝ « Père, entre tes mains je remets mon esprit. » Ⓛ Et après avoir dit cela, il expira.

(Ici on fléchit le genou et on s'arrête un instant.)

À la vue de ce qui s'était passé, le centurion rendit gloire à Dieu : Ⓐ « Celui-ci était réellement un homme juste. » Ⓛ Et toute la foule des gens qui s'étaient rassemblés pour ce spectacle, observant ce qui se passait, s'en retournaient en se frappant la poitrine. Tous ses amis, ainsi que les femmes qui le suivaient depuis la Galilée, se tenaient plus loin pour regarder.

Fin de la lecture brève

Alors arriva un membre du Conseil, nommé Joseph ; c'était un homme bon et juste, qui n'avait donné son accord ni à leur délibération, ni à leurs actes. Il était d'Arimathie, ville de Judée, et il attendait le règne de Dieu. Il alla trouver Pilate et demanda le corps de Jésus. Puis il le descendit de la croix, l'enveloppa dans un linceul et le mit dans un tombeau taillé dans le roc, où personne encore n'avait été déposé. C'était le jour de la Préparation de la fête, et déjà brillaient les lumières du sabbat. Les femmes qui avaient accompagné Jésus depuis la Galilée suivirent Joseph. Elles regardèrent le tombeau pour voir comment le corps avait été placé. Puis elles s'en retournèrent et préparèrent aromates et parfums. Et, durant le sabbat, elles observèrent le repos prescrit.

Homélie

Profession de foi *(p. 357)*

Suggestion de prière universelle

Le prêtre :

En ce dimanche des Rameaux, tournons-nous vers le Christ acclamé et calomnié. Prions-le pour notre monde, confions-lui ceux qui souffrent, prions-le pour notre Église et pour tous les baptisés.

℟ ***Fils du Dieu vivant, exauce-nous !***

D. R. ; T. et M. : J. Gelineau.

Le diacre ou un lecteur :

« Priez pour ne pas entrer en tentation. » Pour les baptisés qui traversent de lourdes épreuves, pour ceux qui doutent et désespèrent, ô Christ, Dieu de l'espérance, nous te prions. ℟

« Que le chef devienne comme celui qui sert. » Pour les élus qui commandent en maîtres, pour ceux qui veillent humblement au bien de tous, ô Christ, roi d'humilité, nous te prions. ℟

« Aujourd'hui, avec moi, tu seras dans le Paradis. » Pour les personnes écrasées par la culpabilité et la honte, pour celles qui peinent à croire en la miséricorde, ô Christ, chemin de liberté, nous te prions. ℟

« Père, entre tes mains, je remets mon esprit. » Pour les malades de notre paroisse qui n'ont plus d'espoir de guérison, pour ceux qui ont peur à l'approche du grand passage, ô Christ, Prince de la paix, nous te prions. ℟

(Ces intentions seront adaptées ou modifiées selon les circonstances. On peut aussi s'inspirer de l'intention universelle du Saint-Père, p. 6.)

Le prêtre :

Ô Christ, toi qui as traversé la mort pour nous entraîner vers la vie, en ta bonté, exauce toutes nos prières, toi qui vis et règnes pour les siècles des siècles. **— *Amen.***

LITURGIE EUCHARISTIQUE

Prière sur les offrandes

Par la passion de ton Fils unique, nous te prions, Seigneur : ne tarde pas à nous réconcilier avec toi ; et même si nos œuvres ne méritent pas ton pardon, nous comptons sur ta miséricorde pour le recevoir, grâce à l'unique sacrifice du Christ. Lui qui… **— *Amen.***

Prière eucharistique *(Préface des Rameaux)*

Vraiment, il est juste et bon, pour ta gloire et notre salut, de t'offrir notre action de grâce, toujours et en tout lieu, Seigneur, Père très saint, Dieu éternel et tout-puissant, par le Christ, notre Seigneur. Alors qu'il était innocent, il a voulu souffrir pour les coupables, et, sans avoir commis le mal, il s'est laissé condamner pour les criminels ; sa mort a effacé nos fautes et sa résurrection a fait de nous des justes. C'est pourquoi nous te louons avec tous les anges et, dans la joie, nous te célébrons en proclamant : ***Saint! Saint! Saint...***

Chant de communion *(Suggestions p. 384)*

OU

Antienne de la communion

Mon Père, si cette coupe ne peut passer sans que je la boive,
que ta volonté soit faite !
(Mt 26, 42)

Prière après la communion

Rassasiés par ce don sacré, nous te supplions humblement, Seigneur : toi qui nous as donné, dans la mort de ton Fils, d'espérer les biens auxquels nous croyons, donne-nous, par sa résurrection, de parvenir au but vers lequel nous tendons. Par le Christ, notre Seigneur.
— Amen.

RITE DE CONCLUSION

Prière sur le peuple

Regarde, Seigneur, nous t'en prions, la famille qui t'appartient : c'est pour elle que Jésus, le Christ, notre Seigneur, n'hésita pas à se livrer aux mains des méchants et à subir le supplice de la croix. Lui qui…
— Amen

Bénédiction solennelle

Dieu, Père de toute miséricorde, vous a donné dans la passion de son Fils unique le modèle de la charité ; qu'il vous aide à recevoir, dans le service de Dieu et des hommes, le don incomparable de sa bénédiction.

— Amen.

Dans la foi, vous le savez, par la mort que le Christ a subie dans le temps, vous pouvez échapper à la mort éternelle : puissiez-vous obtenir de lui la grâce de la vie sans déclin.

— Amen.

Vous qui suivez l'exemple de son humilité, puissiez-vous avoir part à sa résurrection.

— Amen.

Et que la bénédiction de Dieu tout-puissant, le Père, et le Fils, ✠ et le Saint-Esprit, descende sur vous et y demeure toujours.

— Amen.

Envoi

COMMENTAIRE DU DIMANCHE

Anne Da, xavière

Un voile se lève

Les textes de la liturgie de ce dimanche des Rameaux et de la Passion du Christ Jésus ouvrent le temps de l'accomplissement de l'envoi du Fils par le Père et l'Esprit pour sauver l'humanité. Cette semaine se donne comme un itinéraire appelant chacun et chacune à méditer l'offrande du Christ Jésus, contemplant la largeur, la hauteur, la longueur et la profondeur de l'amour du Christ. Le dernier repas de Jésus avec ses disciples est précisément ce temps favorable de chaque eucharistie qui nous ouvre au mystère du don radical du Seigneur pour l'humanité entière : « J'ai désiré d'un grand désir manger cette Pâque avec vous avant de souffrir ! »

L'offrande de tout lui-même sans condition à ceux-là mêmes qui le trahiront, le renieront, l'abandonneront, est de l'ordre d'un

dévoilement. Un voile levé sur l'incommensurable miséricorde de Dieu.
L'année jubilaire invite à aller à la rencontre du Seigneur en passant la porte sainte, symbole du Seigneur lui-même qui est la Porte, à s'approcher de lui pour sortir vers nos frères et sœurs, à témoigner d'une espérance qui, dans un monde si bouleversé, requiert de chacun et chacune une décision : croire en la miséricorde infinie du Père exprimée par le Christ au Bon Larron : « Aujourd'hui, avec moi, tu seras dans le Paradis. » Ne serait-ce pas cet amour sans faille qui suscite le cri d'admiration du centurion : « Celui-ci était réellement un homme juste » ?

~

Ai-je entendu l'appel à accueillir la miséricorde du Seigneur pour m'ajuster à lui ? Ai-je répondu ?

Quels gestes trouver pour manifester de l'amour aux personnes blessées et fragiles que je rencontre ? ■

LIRE L'ÉVANGILE AVEC LES ENFANTS

PrionsenÉglise junior

CE QUE JE DÉCOUVRE

Parfois, on est comme la foule. **Quand tout va bien, on acclame Jésus. Quand tout va mal, on l'accuse.** Mais tu es aussi comme Simon de Cyrène, quand tu aides quelqu'un et que tu crois que Jésus est à côté de toi. Tu es aussi comme le bon malfaiteur, quand tu demandes pardon à Jésus, qui te console si tu pleures. **La Passion de Jésus, c'est la vie de Jésus. C'est aussi la tienne.** Dans ta vie, c'est parfois un peu difficile. Mais tu sais que Dieu est toujours là.

CE QUE JE VIS

As-tu déjà voulu du mal à quelqu'un ?
Te souviens-tu pourquoi ?
Relis les évangiles du jour. À quel personnage ressembles-tu le plus ?
Place ton rameau bénit sur la croix dans ta chambre et acclame Jésus : « Hosanna ! »

Texte : Cédric Kuntz. Illustrations : Anne Ardichvili

MÉDITATION BIBLIQUE

DIMANCHE DES RAMEAUX ET DE LA PASSION

Évangile selon saint Luc 19, 28-40; la Passion selon saint Luc 22, 14 – 23, 56

Les pierres crieront

Les deux évangiles lus en ce jour nous invitent à contempler l'entrée triomphale de Jésus à Jérusalem et ce qui semble être l'échec de sa mission. Mais rien ni personne ne peut arrêter le dessein de salut de Dieu tel que porté par Jésus.

Le temps de la préparation

« Béni soit celui qui vient au nom du Seigneur, le Roi d'Israël ! » (cf. Mt 21, 9)

Le temps de l'observation

L'entrée de Jésus dans la ville sainte constitue la dernière étape de la montée à Jérusalem amorcée au chapitre 9 de l'évangile de Luc (cf. Lc 9, 51). Nous retrouvons sa détermination à accomplir ce qu'il a reconnu être sa mission, détermination présente également dans le récit de la Passion. La conscience de « devoir être aux choses de [son] Père » (Lc 2, 49; traduction de sœur Jeanne d'Arc), porte Jésus de bout en bout. Il ne s'agit pas ici de succomber à la quête d'une reconnaissance tout humaine. L'entrée à Jérusalem n'a rien de triomphaliste, elle évoque •••

••• plutôt une procession liturgique destinée à faire comprendre ce qu'exprime Isaïe : « Voici ton Sauveur qui vient; avec lui, le fruit de son travail, et devant lui, son ouvrage » (Is 62, 11). Il n'est pas indifférent que Luc évoque le sacre du roi Salomon (1 R 1, 28-40), avant son entrée dans le Temple et la descente de la gloire divine sur la Demeure (cf. 1 R 8), sachant que le nom de Salomon connote la paix.

Le temps de la méditation

En Christ, Dieu se propose, il ne s'impose pas : il a « besoin » de notre coopération pour entrer dans la Jérusalem de notre cœur, comme Jésus a eu besoin de l'ânon. Libre à nous d'accueillir ou de refuser le salut qui vient – cette plénitude d'être, de vie, qui passe par une mort à nos évidences, à nos sécurités, en bref : par la mort du vieil homme pour qu'advienne l'homme nouveau (cf. Ep 4, 21-24). Quoi qu'il en soit, rien ne peut arrêter le salut de Dieu qui épouse le temps, prend patience, tel le père du prodigue (cf. Lc 15, 11-32). Il est sûr que la parole de Jésus, porteuse de ce salut, s'accomplira et que nous trouverons « tout comme il » l'a dit. Une thématique qui revient à plusieurs reprises dans les récits de la Résurrection. Car nul ne peut arrêter la course de la Parole : l'obstacle même devenant un tremplin, comme en témoignent les Actes, où la persécution en Judée se transforme en opportunité pour annoncer la Bonne Nouvelle jusqu'aux extrémités de la terre.

Le temps de la prière

« Qu'il entre, le roi de gloire. » (Ps 23, 9) ■

Emmanuelle Billoteau, ermite

PARTAGE BIBLIQUE

Environ 45 minutes

Une bible ou Prions en Église, *page 103*

ABAISSEMENT ET GLORIFICATION DE JÉSUS (PH 2, 6-11)

Lire

Pour entrer dans la Semaine sainte, apprécions les paroles de Paul qui mettent en exergue la glorification de Jésus.

Comprendre le texte

Paul vient d'exhorter ses correspondants à vivre unis dans la communauté ecclésiale. Il leur offre ici l'exemple de Jésus dans son existence humaine. La conséquence de l'obéissance de Jésus n'est pas mécanique : « Dieu l'a exalté et lui a conféré par grâce le Nom qui est au-dessus de tout nom. » Ce nom est celui de Seigneur, opposé à celui de serviteur. Mais l'exaltation de Jésus n'est pas non plus présentée comme une récompense postérieure à son obéissance : celui qui est mort sur la Croix est dans le même temps celui qui est élevé dans la gloire. Une liturgie s'ensuit : prosternement et confession de foi universels (tout genou, toute langue), suivie par la doxologie : « à la gloire de Dieu le Père ». Le comportement de •••

PARTAGE BIBLIQUE (SUITE) ABAISSEMENT ET GLORIFICATION DE JÉSUS (PH 2, 6-11)

••• Jésus dans son existence terrestre a abouti à la révélation de la paternité de Dieu. Le mot traduit par « condition » désigne la manifestation externe et visible de l'être; il se différencie d'« aspect » qui peut n'être qu'une silhouette. « Il s'est anéanti » (littéralement : il s'est vidé de lui-même) jusqu'à être cet « homme de douleurs, méprisé par les hommes, n'ayant même plus d'apparence humaine, comme un agneau traîné à l'abattoir il n'ouvre pas la bouche » (cf. Is 53, 2-7).

Partager

- Comment m'a-t-on raconté la Passion du Christ ?
- En quoi le sacrifice de Jésus torturé sur la Croix nourrit-il ma foi ?
- En quoi le don de la vie de Jésus m'incite-t-il à construire la communion autour de moi ?
- Que faudrait-il pour que je me tourne plus facilement vers les autres ?

Prier

Nous écoutons le chant : *Le Christ, hier et aujourd'hui (Cantique des Philippiens Ph2, 6-11)* interprété par les moines d'En Calcat. ■

Sylvain Gasser, prêtre assomptionniste

LUNDI 14 AVRIL 2025

SEMAINE SAINTE COULEUR LITURGIQUE : VIOLET

Lundi de la Semaine sainte

Antienne d'ouverture

Accuse, Seigneur, ceux qui m'accusent,
attaque ceux qui m'attaquent.
Prends une armure, un bouclier,
lève-toi pour me défendre,
Seigneur, force qui me sauve. (cf. Ps 34, 1-2 ; 139, 8)

Prière

Dieu tout-puissant, nous t'en supplions ; dans notre faiblesse, nous ne pouvons tenir ; donne-nous de reprendre souffle, grâce à la passion de ton Fils unique. Lui qui… — ***Amen.***

Lecture

du livre du prophète Isaïe (42, 1-7)

« Il ne criera pas, il ne fera pas entendre sa voix au-dehors »

Ainsi parle le Seigneur : « Voici mon serviteur que je soutiens, mon élu qui a toute ma faveur. J'ai fait reposer sur lui mon esprit ; aux nations, il proclamera le droit. Il ne criera pas, il ne haussera pas le ton, il ne fera pas entendre sa voix au-dehors. Il ne brisera pas le roseau qui fléchit, il n'éteindra pas la mèche qui faiblit, il proclamera le droit en

13 - 19

vérité. Il ne faiblira pas, il ne fléchira pas, jusqu'à ce qu'il établisse le droit sur la terre, et que les îles lointaines aspirent à recevoir ses lois. »
Ainsi parle Dieu, le Seigneur, qui crée les cieux et les déploie, qui affermit la terre et ce qu'elle produit ; il donne le souffle au peuple qui l'habite, et l'esprit à ceux qui la parcourent : « Moi, le Seigneur, je t'ai appelé selon la justice ; je te saisis par la main, je te façonne, je fais de toi l'alliance du peuple, la lumière des nations : tu ouvriras les yeux des aveugles, tu feras sortir les captifs de leur prison, et, de leur cachot, ceux qui habitent les ténèbres. »
– Parole du Seigneur.

Psaume 26 (27)

℟ ***Le Seigneur est ma lumière et mon salut.***

Le Seigneur est ma lumière et mon salut ;
de qui aurais-je crainte ?
Le Seigneur est le rempart de ma vie ;
devant qui tremblerais-je ? ℟

Si des méchants s'avancent contre moi
pour me déchirer,
ce sont eux, mes ennemis,
mes adversaires,
qui perdent pied et succombent. ℟

Qu'une armée se déploie devant moi,
mon cœur est sans crainte ;
que la bataille s'engage contre moi,
je garde confiance. ℟

J'en suis sûr, je verrai les bontés du Seigneur
sur la terre des vivants.
« Espère le Seigneur,
sois fort et prends courage ;
espère le Seigneur. » ℟

Acclamation de l'Évangile

Louange à toi, Seigneur, Roi d'éternelle gloire ! Salut, ô Christ, notre Roi : toi seul as pris en pitié nos égarements. ***Louange à toi, Seigneur, Roi d'éternelle gloire !***

Évangile de Jésus Christ

selon saint Jean (12, 1-11)

« Laisse-la observer cet usage en vue du jour de mon ensevelissement ! »

Six jours avant la Pâque, Jésus vint à Béthanie où habitait Lazare, qu'il avait réveillé d'entre les morts. On donna un repas en l'honneur de Jésus. Marthe faisait le service, Lazare était parmi les convives avec Jésus. Or, Marie avait pris une livre d'un parfum très pur et de très grande valeur ; elle répandit le parfum sur les pieds de Jésus, qu'elle essuya avec ses cheveux ; la maison fut remplie de l'odeur du parfum. Judas Iscariote, l'un de ses disciples, celui qui allait le livrer, dit alors : « Pourquoi n'a-t-on pas vendu ce parfum pour trois cents pièces d'argent, que l'on aurait données à des pauvres ? » Il parla ainsi, non par souci des pauvres, mais parce que c'était un voleur : comme il tenait la bourse commune, il prenait ce que l'on y mettait. Jésus lui dit : « Laisse-la observer cet usage en vue du jour de mon ensevelissement ! Des pauvres, vous en aurez toujours avec vous, mais moi, vous ne m'aurez pas toujours. » Or, une grande foule de Juifs apprit que Jésus était là, et ils arrivèrent, non seulement à cause de Jésus, mais aussi pour voir ce Lazare qu'il avait réveillé d'entre les morts. Les grands prêtres décidèrent alors de tuer aussi Lazare*, parce que beaucoup de Juifs, à cause de lui, s'en allaient, et croyaient en Jésus.

Prière sur les offrandes

Seigneur, tu as prévu, dans ta miséricorde, de réparer les dommages de nos fautes, regarde les saints mystères que nous célébrons ; donne-nous d'en retirer des fruits pour la vie éternelle. Par le Christ, notre Seigneur. — ***Amen.***

2e préface de la Passion, p. 362.

Antienne de la communion

Ne me cache pas ton visage
le jour où je suis en détresse !
Le jour où j'appelle, écoute-moi ;
viens vite, réponds-moi ! (Ps 101, 3)

Prière après la communion

Visite ton peuple, Seigneur ; dans ton amour inlassable, veille sur nos cœurs sanctifiés par les mystères divins ; et puisque tu nous as donné dans ta miséricorde les remèdes du salut éternel, aide-nous, par ta protection, à les garder fidèlement. Par le Christ, notre Seigneur. — ***Amen.***

Prière sur le peuple

Le prêtre peut dire la prière suivante :

Que ton secours, Seigneur, soit accordé aux humbles et ne cesse de protéger ceux qui se confient en ta miséricorde ; ainsi, pour célébrer les fêtes pascales, ils seront préparés par la discipline du corps, et, plus encore, par la pureté de l'esprit. Par le Christ, notre Seigneur.
— ***Amen.***

INVITATION

À plusieurs moments de ma journée, je prends le temps de m'arrêter pour redire à voix haute le début du psaume :
« Le Seigneur est ma lumière et mon salut, de qui aurais-je crainte ? »

COMMENTAIRE

De bonnes odeurs Jean 12, 1-1

Le geste de Marie, fait d'excès et de transgression quant aux codes établis, exprime son amour pour le Christ et le prix qu'elle accorde à leur relation. Elle anticipe : d'une part, l'ensevelissement – ayant compris qu'il n'est pas le Messie triomphant mais celui qui a choisi de se donner pour nous, car nous avons du prix à ses yeux (cf. Is 43, 4) – ; et d'autre part, la Résurrection et le triomphe de la bonne odeur de la vie (cf. 2 Co 2, 15). Une scène à contempler et par laquelle nous laisser interpeller ! ■

***Emmanuelle Billoteau,** ermite*

❊ CLÉ DE LECTURE

« Tuer aussi Lazare » Jean 12, 10 *(p. 127)*

La grande scène du retour à la vie de Lazare en (cf. Jn 11) annonce et anticipe la mort et résurrection de Jésus. Le chapitre 12 s'ouvre sur un repas à Béthanie où Jésus est présent, et qui annonce aussi son dernier repas, puis sa mort et son ensevelissement ; l'onction reçue de Marie prépare la glorification de son corps. Alors joue à plein l'ironie johannique. Les autorités du Temple contre lequel Jésus s'est élevé décident de le tuer, et d'abord, par peur de la foule, ils s'en prennent à Lazare « qu'ils décident de faire mourir » ! Comme si Lazare n'était pas déjà mort et ressuscité ! Ils n'ont rien compris au signe donné et s'enfoncent dans leur projet absurde, déjà voué à l'échec : comment feraient-ils mourir Jésus, le Fils du Dieu vivant ? ■

***Roselyne Dupont-Roc,** bibliste*

Mardi de la Semaine sainte

Antienne d'ouverture

Seigneur, ne me livre pas à la merci de l'adversaire :
contre moi se sont levés de faux témoins qui soufflent la violence.
(Ps 26, 12)

Prière

Accorde-nous, Dieu éternel et tout-puissant, de célébrer les mystères de la passion du Seigneur de telle sorte que nous obtenions le pardon. Par Jésus… — ***Amen.***

Lecture

du livre du prophète Isaïe (49, 1-6)

« Je fais de toi la lumière des nations,
pour que mon salut parvienne jusqu'aux extrémités de la terre »

Écoutez-moi, îles lointaines ! Peuples éloignés, soyez attentifs ! J'étais encore dans le sein maternel quand le Seigneur m'a appelé ; j'étais encore dans les entrailles de ma mère quand il a prononcé mon nom. Il a fait de ma bouche une épée tranchante, il m'a protégé par l'ombre de sa main ; il a fait de moi une flèche acérée, il m'a caché dans son carquois. Il m'a dit : « Tu es mon serviteur, Israël, en toi je manifesterai ma splendeur. » Et moi, je disais : « Je me suis fatigué pour rien, c'est

pour le néant, c'est en pure perte que j'ai usé mes forces. » Et pourtant, mon droit subsistait auprès du Seigneur, ma récompense, auprès de mon Dieu. Maintenant le Seigneur parle, lui qui m'a façonné dès le sein de ma mère pour que je sois son serviteur, que je lui ramène Jacob, que je lui rassemble Israël. Oui, j'ai de la valeur aux yeux du Seigneur, c'est mon Dieu qui est ma force. Et il dit : « C'est trop peu que tu sois mon serviteur pour relever les tribus de Jacob, ramener les rescapés d'Israël : je fais de toi la lumière des nations, pour que mon salut parvienne jusqu'aux extrémités de la terre. »
– Parole du Seigneur.

Psaume 70 (71)

℟ ***Ma bouche annonce ton salut, Seigneur.***

En toi, Seigneur, j'ai mon refuge :
garde-moi d'être humilié pour toujours.
Dans ta justice, défends-moi, libère-moi,
tends l'oreille vers moi, et sauve-moi. ℟

Sois le rocher qui m'accueille,
toujours accessible ;
tu as résolu de me sauver :
ma forteresse et mon roc, c'est toi ! ℟

Seigneur mon Dieu, tu es mon espérance,
Toi, mon soutien dès avant ma naissance,
tu m'as choisi dès le ventre de ma mère ;
tu seras ma louange toujours ! ℟

Ma bouche annonce tout le jour
tes actes de justice et de salut.
Mon Dieu, tu m'as instruit dès ma jeunesse,
jusqu'à présent,
j'ai proclamé tes merveilles. ℟

Acclamation de l'Évangile

Louange à toi, Seigneur, Roi d'éternelle gloire ! Salut, ô Christ, notre Roi : obéissant au Père ; comme l'agneau vers l'abattoir, tu te laisses conduire à la croix. ***Louange à toi, Seigneur, Roi d'éternelle gloire !***

Évangile de Jésus Christ

selon saint Jean (13, 21-33.36-38)

« L'un de vous me livrera… Le coq ne chantera pas avant que tu m'aies renié trois fois »

En ce temps-là, au cours du repas que Jésus prenait avec ses disciples, il fut bouleversé en son esprit, et il rendit ce témoignage : « Amen, amen, je vous le dis : l'un de vous me livrera. » Les disciples se regardaient les uns les autres avec embarras, ne sachant pas de qui Jésus parlait. Il y avait à table, appuyé contre Jésus, l'un de ses disciples, celui que Jésus aimait. Simon-Pierre lui fait signe de demander à Jésus de qui il veut parler. Le disciple se penche donc sur la poitrine de Jésus et lui dit : « Seigneur, qui est-ce ? » Jésus lui répond : « C'est celui à qui je donnerai la bouchée que je vais tremper dans le plat. » Il trempe la bouchée, et la donne à Judas, fils de Simon l'Iscariote. Et, quand Judas eut pris la bouchée, Satan entra en lui. Jésus lui dit alors : « Ce que tu fais, fais-le vite. » Mais aucun des convives ne comprit pourquoi il lui avait dit cela. Comme Judas tenait la bourse commune, certains pensèrent que Jésus voulait lui dire d'acheter ce qu'il fallait pour la fête, ou de donner quelque chose aux pauvres. Judas prit donc la bouchée, et sortit aussitôt. Or il faisait nuit.

Quand il fut sorti, Jésus déclara : « Maintenant le Fils de l'homme est glorifié, et Dieu est glorifié en lui. Si Dieu est glorifié en lui, Dieu aussi le glorifiera ; et il le glorifiera bientôt. Petits enfants, c'est pour peu de temps encore que je suis avec vous. Vous me chercherez, et, comme je l'ai dit aux Juifs : "Là où je vais, vous ne pouvez pas aller", je vous le dis maintenant à vous aussi. » Simon-Pierre lui dit : « Seigneur, où vas-tu ? » Jésus lui répondit : « Là où je vais, tu ne peux pas me suivre maintenant ; tu me suivras plus tard. » Pierre lui dit : « Seigneur, pourquoi ne puis-je pas te suivre à présent ? Je donnerai ma vie pour toi ! » Jésus réplique : « Tu donneras ta vie pour moi ? Amen, amen, je te le dis : le coq ne chantera pas avant que tu m'aies renié trois fois. »

Prière sur les offrandes

Regarde avec bienveillance, Seigneur, le sacrifice offert par ta famille ; toi qui nous fais déjà participer à tes dons sacrés, accorde-nous de les obtenir en plénitude. Par le Christ, notre Seigneur. — ***Amen.*** *2e préface de la Passion, p. 362.*

Antienne de la communion

Dieu n'a pas épargné
son propre Fils,
mais il l'a livré pour nous tous.
(Rm 8, 32)

Prière après la communion

Tu nous as rassasiés, Seigneur, par ce don qui nous sauve, et nous implorons ta miséricorde ; tu as voulu nous fortifier en cette vie par ce même sacrement : qu'il nous rende participants de la vie éternelle. Par le Christ, notre Seigneur. — ***Amen.***

Prière sur le peuple

Le prêtre peut dire la prière suivante:

Par ta miséricorde, Seigneur Dieu, purifie le peuple qui t'appartient de tout ce qui l'entraîne au vieillissement, et rends-le capable de renouveau dans la sainteté. Par le Christ, notre Seigneur.

— Amen

INVITATION

Et si je donnais ou j'envoyais à quelqu'un une branche de rameaux de la célébration de dimanche dernier ?

COMMENTAIRE

Tirer du bien Jean 13, 21-33.36-38

Jean s'applique à montrer que Jésus reste le maître de la situation, même si la trahison et la perspective de sa mort le « bouleversent ». Autant dire que le mal, cette réalité mystérieuse qui aliène les humains, reste sous « contrôle » et que Dieu peut même en « tirer un bien » (cf. Gn 50, 20). Une réalité de foi qui échappe aux disciples dépassés par les événements ou en proie à ce mal, tel Judas. Seul « celui que Jésus aimait » et se trouve nommé par sa seule relation au Christ peut entrevoir un sens. ■

Emmanuelle Billoteau, *ermite*

Mercredi de la Semaine sainte

Antienne d'ouverture

Au nom de Jésus, que tout genou fléchisse au ciel, sur terre et aux enfers. Parce qu'il s'est fait obéissant jusqu'à la mort, et la mort de la croix, Jésus Christ est Seigneur, à la gloire de Dieu le Père. (cf. Ph 2, 10.8.11)

Prière

Seigneur Dieu, tu as voulu que ton Fils soit soumis pour nous au supplice de la croix afin de nous arracher au pouvoir de l'Ennemi ; donne à ceux qui te servent de recevoir la grâce de la résurrection. Par Jésus… — ***Amen.***

Lecture

du livre du prophète Isaïe (50, 4-9a)

« Je n'ai pas caché ma face devant les outrages »

Le Seigneur mon Dieu m'a donné le langage des disciples, pour que je puisse, d'une parole, soutenir celui qui est épuisé. Chaque matin, il éveille, il éveille mon oreille pour qu'en disciple, j'écoute. Le Seigneur mon Dieu m'a ouvert l'oreille, et moi, je ne me suis pas révolté, je ne me suis pas dérobé. J'ai présenté mon dos à ceux qui me frappaient, et mes joues à ceux qui m'arrachaient la barbe. Je n'ai pas caché ma face devant les outrages et les crachats. Le Seigneur mon Dieu vient à mon secours ; c'est

pourquoi je ne suis pas atteint par les outrages, c'est pourquoi j'ai rendu ma face dure comme pierre : je sais que je ne serai pas confondu. Il est proche, Celui qui me justifie. Quelqu'un veut-il plaider contre moi ? Comparaissons ensemble ! Quelqu'un veut-il m'attaquer en justice ? Qu'il s'avance vers moi ! Voilà le Seigneur mon Dieu, il prend ma défense ; qui donc me condamnera ?
– Parole du Seigneur.

Psaume 68 (69)

℟ ***Dans ton grand amour, Dieu, réponds-moi ; c'est l'heure de ta grâce.***

C'est pour toi que j'endure l'insulte,
que la honte me couvre le visage :
je suis un étranger pour mes frères,
un inconnu pour les fils de ma mère.
L'amour de ta maison m'a perdu ;
on t'insulte, et l'insulte retombe sur moi. ℟

L'insulte m'a broyé le cœur,
le mal est incurable ;
j'espérais un secours, mais en vain,
des consolateurs, je n'en ai pas trouvé.

À mon pain, ils ont mêlé du poison ;
quand j'avais soif, ils m'ont donné
du vinaigre. ℟

Mais je louerai le nom de Dieu
par un cantique,
je vais le magnifier, lui rendre grâce.
Les pauvres l'ont vu, ils sont en fête :
« Vie et joie, à vous qui cherchez Dieu ! »
Car le Seigneur écoute les humbles,
il n'oublie pas les siens emprisonnés. ℟

Acclamation de l'Évangile

Louange à toi, Seigneur, Roi d'éternelle gloire ! Salut, ô Christ, notre Roi : toi seul as pris en pitié nos égarements. ***Louange à toi, Seigneur, Roi d'éternelle gloire !***

OU

Louange à toi, Seigneur, Roi d'éternelle gloire ! Salut, ô Christ, notre Roi : obéissant au Père, comme l'agneau vers l'abattoir tu te laisses conduire à la croix. ***Louange à toi, Seigneur, Roi d'éternelle gloire !***

Évangile de Jésus Christ

selon saint Matthieu (26, 14-25)

« Le Fils de l'homme s'en va, comme il est écrit ; mais malheureux celui par qui il est livré ! »

En ce temps-là, l'un des Douze, nommé Judas Iscariote, se rendit chez les grands prêtres et leur dit : « Que voulez-vous me donner, si je vous le livre ? » Ils lui remirent trente pièces d'argent. Et depuis, Judas cherchait une occasion favorable pour le livrer.

Le premier jour de la fête des pains sans levain, les disciples s'approchèrent et dirent à Jésus : « Où veux-tu que nous te fassions les préparatifs pour manger la Pâque ? » Il leur dit : « Allez à la ville, chez untel, et dites-lui : "Le Maître te fait dire : Mon temps est proche ; c'est chez toi que je veux célébrer la Pâque avec mes disciples." » Les disciples firent ce que Jésus leur avait prescrit et ils préparèrent la Pâque.

Le soir venu, Jésus se trouvait à table avec les Douze. Pendant le repas, il déclara : « Amen, je vous le dis : l'un de vous va me livrer. » Profondément

attristés, ils se mirent à lui demander, chacun son tour : « Serait-ce moi, Seigneur ? » Prenant la parole, il dit : « Celui qui s'est servi au plat en même temps que moi, celui-là va me livrer. Le Fils de l'homme s'en va, comme il est écrit à son sujet ; mais malheureux celui par qui le Fils de l'homme est livré ! Il vaudrait mieux pour lui qu'il ne soit pas né, cet homme-là ! » Judas, celui qui le livrait, prit la parole : « Rabbi, serait-ce moi ? » Jésus lui répond : « C'est toi-même qui l'as dit ! »

Prière sur les offrandes

Accueille, Seigneur, le don qui t'est offert et mets en œuvre ta miséricorde : pour qu'en célébrant la passion de ton Fils, nous obtenions de participer à ce mystère en produisant des fruits de sainteté. Par le Christ, notre Seigneur. ***— Amen.***

2e préface de la Passion, p. 362.

Antienne de la communion

Le Fils de l'homme n'est pas venu
pour être servi, mais pour servir,
et donner sa vie en rançon
pour la multitude.
(Mt 20, 28)

Prière après la communion

Dieu tout-puissant, accorde-nous de croire, au plus profond de nous-mêmes, que tu nous as donné la vie éternelle par la mort de ton Fils, subie dans le cours du temps et annoncée par les saints mystères. Par le Christ, notre Seigneur. ***— Amen.***

Prière sur le peuple

Le prêtre peut dire la prière suivante :

Seigneur, nous t'en prions : donne à tes fidèles de recueillir sans cesse les fruits des sacrements de Pâques et d'attendre les biens futurs avec un grand désir, afin qu'ils demeurent attachés aux mystères qui les ont fait renaître et parviennent ainsi à la vie nouvelle. Par le Christ, notre Seigneur. — ***Amen.***

INVITATION

Le triduum pascal commence demain. Je me renseigne sur les horaires des célébrations des jours saints dans ma paroisse et je m'organise pour pouvoir y participer.

COMMENTAIRE

Face à l'absurde Isaïe 50, 4-9a ; Matthieu 26, 14-25

Matthieu nous offre le récit de la préparation du repas pascal, encadré par la mention de la trahison de Judas. L'affrontement à l'absurde et à la mort font partie intégrante de l'aventure humaine de Jésus qui les interprète à la lumière des Écritures d'Israël. Quant à la première lecture, elle nous ouvre au secret de la relation de Jésus avec son Père, laquelle lui permettra de traverser les événements tragiques qui l'attendent dans l'écoute et l'accueil de la force qui vient d'en haut. ■

Emmanuelle Billoteau, *ermite*

Quel est le sens de la messe chrismale ?

Le matin du Jeudi saint, ou un autre jour de Carême qui précède Pâques, chaque diocèse célèbre, autour de son évêque, la messe chrismale. C'est la messe de l'unité de tous ceux qui ont reçu ou recevront la marque du Christ : les prêtres et les diacres, qui redisent leurs engagements ; les futurs baptisés et confirmés, pour qui on consacre l'huile parfumée du saint chrême ; les malades, pour lesquels l'évêque bénit l'huile du sacrement des malades ; ceux qui suivent le chemin de l'initiation chrétienne des adultes et qui seront oints de l'huile des catéchumènes. Cette messe solennelle, que l'évêque concélèbre avec les prêtres et les diacres de son diocèse, doit être tenue, dit le Missel romain, « pour l'une des principales manifestations de la plénitude du sacerdoce de l'évêque et le signe de l'union étroite des prêtres avec lui ». Pour autant, ni l'évêque ni les prêtres ou les diacres n'ont été ordonnés pour eux-mêmes. Ils sont au service du peuple des baptisés et des confirmés, de ceux qui sont en bonne santé comme de ceux qui sont malades. « Chrismale » vient de « chrême » et le saint chrême, s'il est utilisé pour le sacrement de l'ordre, l'est d'abord pour le baptême et la confirmation. ■

Michel Wackenheim,
prêtre du diocèse de Strasbourg

MESSE CHRISMALE

COULEUR LITURGIQUE : BLANC

*L'évêque, entouré des prêtres de son diocèse,
manifeste la prière et l'unité de son presbyterium avec lui.*

*Au cours de cette messe, le saint chrême
qui sera utilisé cette année est consacré.
Il servira à l'accueil des nouveaux baptisés,
au sacrement de la confirmation
et à l'ordination des nouveaux prêtres.*

*L'évêque bénit l'huile des malades, qui manifestera
la proximité de l'Église et la présence de Dieu
auprès des personnes qui recevront le sacrement des malades.*

*L'évêque bénit enfin l'huile des catéchumènes
destinée à soutenir ceux qui recevront le baptême.*

*Cette messe est célébrée normalement le Jeudi saint
au matin, mais elle peut être anticipée
un autre jour au début de la Semaine sainte.*

RITES INITIAUX

Antienne d'ouverture

Jésus Christ a fait de nous un royaume et des prêtres pour Dieu son Père : à lui, la gloire et la souveraineté pour les siècles des siècles. Amen.

(Ap 1, 6)

Suggestion de préparation pénitentielle *(ou p. 353)*

Frères et sœurs, en cette messe chrismale, tournons-nous vers le Seigneur et reconnaissons que nous sommes pécheurs.

Prends pitié de nous, Seigneur, toi qui proposes aux hommes un chemin de vie et de liberté, tu fortifies les baptisés sur le chemin de la foi et de la fidélité.

— *Nous avons péché contre toi.*

Toi qui es lent à la colère et riche en miséricorde, tu viens nous guérir de l'orgueil, de l'égoïsme et de la jalousie, montre-nous, ta miséricorde, ô Christ consacré par l'onction.

— *Et donne-nous ton salut.*

Que Dieu tout-puissant nous fasse miséricorde ; qu'il nous pardonne nos péchés et nous conduise à la vie éternelle. **— *Amen.***

Ensuite, on chante ou on dit le Kyrie (p. 354).

Gloire à Dieu *(p. 356)*

Prière
Seigneur Dieu, tu as donné l'onction de l'Esprit Saint à ton Fils unique et l'as établi Christ et Seigneur ; nous t'en prions : puisque tu nous fais participer à sa consécration, accorde-nous d'être dans le monde les témoins de la rédemption. Par Jésus… **— *Amen.***

LITURGIE DE LA PAROLE

Lecture du livre du prophète Isaïe (61, 1-3a.6a.8b-9)

Le Seigneur m'a consacré par l'onction, il m'a envoyé annoncer la bonne nouvelle aux humbles, et leur donner l'huile de joie

L'esprit du Seigneur Dieu est sur moi parce que le Seigneur m'a consacré par l'onction. Il m'a envoyé annoncer la bonne nouvelle aux humbles, guérir ceux qui ont le cœur brisé, proclamer aux captifs leur délivrance, aux prisonniers leur libération, proclamer une année de bienfaits accordée par le Seigneur, et un jour de vengeance pour notre Dieu, consoler tous ceux qui sont en deuil, ceux qui sont en deuil dans Sion, mettre le diadème sur leur tête au lieu de la cendre, l'huile de joie au lieu du deuil, un habit de fête au lieu d'un esprit abattu. Vous serez appelés « Prêtres du Seigneur » ; on vous dira « Servants de notre Dieu ». Loyalement, je vous donnerai la récompense, je conclurai avec vous une alliance éternelle. Vos descendants seront connus parmi les nations, et votre postérité, au milieu des peuples. Qui les verra pourra reconnaître la descendance bénie du Seigneur. – Parole du Seigneur.

Psaume 88 (89)

℟ ***Ton amour, Seigneur, sans fin je le chante !***

T.: AELF; M.: B. Delattre; Bayard Liturgie.

Autrefois, tu as parlé à tes amis,
dans une vision, tu leur as dit :
« J'ai trouvé David, mon serviteur,
je l'ai sacré avec mon huile sainte. ℟

« Ma main sera pour toujours avec lui,
mon bras fortifiera son courage.
Mon amour et ma fidélité sont avec lui,
mon nom accroît sa vigueur. ℟

« Il me dira : "Tu es mon Père,
mon Dieu, mon roc et mon salut !"
Sans fin je lui garderai mon amour,
mon alliance avec lui sera fidèle. » ℟

Lecture de l'Apocalypse de saint Jean (1, 5-8)

« Il a fait de nous un royaume et des prêtres pour son Dieu et Père »

Que la grâce et la paix vous soient données de la part de Jésus Christ, le témoin fidèle, le premier-né des morts, le prince des rois de la terre. À lui qui nous aime, qui nous a délivrés de nos péchés par son sang, qui a fait de nous un royaume et des prêtres pour son Dieu et Père, à lui, la gloire et la souveraineté pour les siècles des siècles. Amen. Voici qu'il vient avec les nuées, tout œil le verra, ils le verront, ceux qui l'ont transpercé ; et sur lui se lamenteront toutes les tribus de la terre. Oui ! Amen ! Moi, je suis l'Alpha et l'Oméga, dit le Seigneur Dieu, Celui qui est, qui était et qui vient, le Souverain de l'univers. – Parole du Seigneur.

Acclamation de l'Évangile

Gloire et louange à toi, Seigneur Jésus. L'Esprit du Seigneur est sur moi : il m'a envoyé porter la Bonne Nouvelle aux pauvres. ***Gloire et louange à toi, Seigneur Jésus.***

X 10; M.: L. Deiss; SM.

Évangile de Jésus Christ selon saint Luc (4, 16-21)

« L'Esprit du Seigneur est sur moi ; il m'a consacré par l'onction »

En ce temps-là, Jésus vint à Nazareth, où il avait été élevé. Selon son habitude, il entra dans la synagogue le jour du sabbat, et il se leva pour faire la lecture. On lui remit le livre du prophète Isaïe. Il ouvrit le livre et trouva le passage où il est écrit : *L'Esprit du Seigneur est sur moi parce que le Seigneur m'a consacré par l'onction. Il m'a envoyé porter la Bonne Nouvelle aux pauvres, annoncer aux captifs leur libération, et aux aveugles qu'ils retrouveront la vue, remettre en liberté les opprimés, annoncer une année favorable accordée par le Seigneur.*

Jésus referma le livre, le rendit au servant et s'assit. Tous, dans la synagogue, avaient les yeux fixés sur lui. Alors il se mit à leur dire : « Aujourd'hui s'accomplit ce passage de l'Écriture que vous venez d'entendre. »

Homélie

RÉNOVATION DES PROMESSES SACERDOTALES

L'évêque invite les prêtres à renouveler leurs promesses sacerdotales en ces termes ou d'autres semblables :

Fils très chers, en cet anniversaire du jour où le Christ fit participer ses Apôtres et chacun d'entre nous à son sacerdoce, voulez-vous,

Rejoignez
notre communauté
de lecteurs

devant votre évêque et le peuple saint de Dieu, renouveler les engagements que vous avez pris autrefois ?

Les prêtres : ***— Oui, je le veux.***

Voulez-vous vivre toujours plus unis au Seigneur Jésus et chercher à lui ressembler, en renonçant à vous-mêmes, en étant fidèles aux engagements attachés à la charge ministérielle que vous avez reçue avec joie, par amour du Christ et pour le service de son Église, au jour de votre ordination sacerdotale ?

— Oui, je le veux.

Voulez-vous être les fidèles intendants des mystères de Dieu par la sainte eucharistie et les autres célébrations liturgiques, et assurer fidèlement la charge sainte de l'enseignement, à la suite du Christ, notre Tête et notre Pasteur, avec désintéressement et souci des âmes ?

— Oui, je le veux.

Tourné vers le peuple, l'évêque poursuit : Et vous, frères et sœurs bien-aimés, priez pour vos prêtres : que le Seigneur répande sur eux ses dons en abondance, afin qu'ils soient les fidèles ministres du Christ, le Souverain Prêtre, et vous conduisent à lui, la source du salut.

L'assemblée : ***— Ô Christ, écoute-nous ; ô Christ, exauce-nous.***

Priez aussi pour moi, votre évêque : que je sois fidèle à la charge apostolique qui m'a été confiée, malgré ma faiblesse ; que je reflète parmi vous une image vivante et toujours plus parfaite du Christ Prêtre, Bon Pasteur, Maître et Serviteur de tous.

— Ô Christ, écoute-nous ; ô Christ, exauce-nous.

Que le Seigneur nous garde les uns et les autres dans son amour ; que lui-même nous conduise, pasteurs et brebis, jusqu'à la vie éternelle.

Tous : ***— Amen.***

On ne dit pas la profession de foi.

Suggestion de prière universelle

Le prêtre :

La messe chrismale nous rappelle que le Christ est venu fortifier, guérir et consoler. Avec foi, tournons-nous vers son Père. Prions-le pour les intentions de tous les habitants du monde.

℟ ***Accueille au creux de tes mains la prière de tes enfants.***

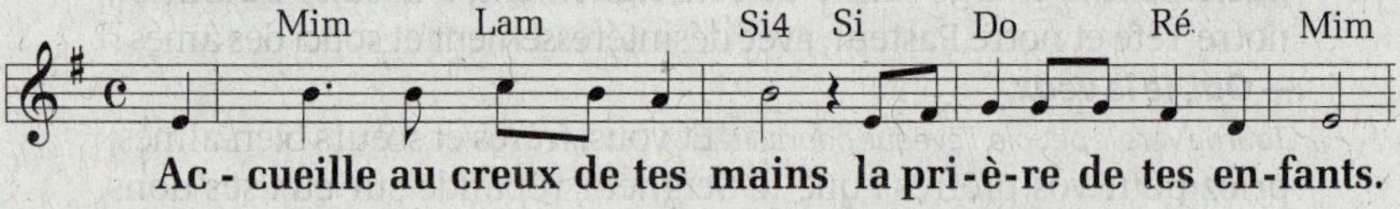

Y24-61 ; P. et M. G. Gafah ; Le Triforium.

Le diacre ou un lecteur :

En cette eucharistie, nos prêtres renouvellent leurs promesses sacerdotales. Prions pour tous les prêtres et spécialement pour ceux qui doutent ou traversent de lourdes épreuves de santé. Dieu notre Père, écoute-nous. ℟

L'huile des malades apporte réconfort et espoir aux hommes et aux femmes qui souffrent. Prions pour les personnes malades.

Prions aussi pour celles et ceux qui passeront bientôt de la mort à la vie. Dieu notre Père, écoute-nous. ℟

L'huile des catéchumènes accompagne les futurs baptisés dans leur chemin de foi. Prions pour les hommes et les femmes qui seront baptisés durant la veillée pascale ou durant le temps de Pâques. Dieu notre Père, écoute-nous. ℟

Le saint chrême est utilisé lors des baptêmes, des confirmations et des ordinations. Prions pour les jeunes qui seront baptisés et confirmés cette année. Prions aussi pour les futurs diacres, prêtres et évêques. Dieu notre Père, écoute-nous. ℟

(Ces intentions seront adaptées ou modifiées selon les circonstances. On peut aussi s'inspirer de l'intention universelle du Saint-Père, *p. 6.)*

Le prêtre: Dieu notre Père, merci pour les sacrements que tu as donnés à ton Église. En cette messe chrismale, entends toutes nos prières et daigne les exaucer, par le Christ, notre Seigneur. — ***Amen.***

BÉNÉDICTION DES HUILES

L'huile des malades

Entouré des prêtres, l'évêque bénit d'abord l'huile des malades:

Dieu notre Père, de qui vient tout réconfort, toi qui as voulu, par ton Fils, guérir nos faiblesses et nos maladies, sois attentif à la prière de notre foi : envoie du ciel ton Esprit Saint Consolateur sur cette huile que ta création nous procure pour rendre vigueur à nos corps.

Qu'elle devienne ✠ par ta bénédiction l'huile sainte que nous recevons de toi pour soulager le corps, l'âme et l'esprit des malades qui en recevront l'onction, pour chasser toute douleur, toute maladie, tout mal physique, moral et spirituel. Que cette huile devienne ainsi l'instrument dont tu te sers pour nous donner ta grâce au nom de Jésus, le Christ, notre Seigneur. (Lui qui vit et règne pour les siècles des siècles.) – ***Amen.***

L'huile des catéchumènes

L'évêque bénit ensuite l'huile des catéchumènes :

Dieu tout-puissant, tu es la force de ton peuple, tu veilles sur lui et tu as créé l'huile, symbole de vigueur ; daigne bénir ✠ cette huile, accorde ta force aux catéchumènes qui en seront marqués : recevant de toi intelligence et énergie, ils comprendront plus profondément la Bonne Nouvelle et s'engageront de grand cœur dans les luttes de la vie chrétienne ; rendus capables de devenir tes fils adoptifs, ils seront heureux de naître à nouveau et de vivre dans ton Église. Par le Christ, notre Seigneur. – ***Amen.***

Consécration du chrême

L'évêque (après avoir versé le parfum dans l'huile destinée au chrême, si le mélange n'a pas été fait auparavant) invite le peuple à la prière :

Prions tous ensemble notre Dieu, le Père tout-puissant, de bénir cette huile parfumée et de la sanctifier, afin que tous ceux qui en recevront l'onction en soient pénétrés au plus profond d'eux-mêmes et deviennent capables d'obtenir le salut.

L'évêque, s'il le juge opportun, souffle sur l'orifice du vase contenant le chrême. Puis il dit cette prière ou une autre :

Dieu qui as institué les sacrements et qui donnes la vie, nous rendons grâce à ton incomparable bonté : tu avais déjà, dans l'ancienne alliance, laissé entrevoir le mystère de l'huile sainte, et, lorsqu'est venue la plénitude des temps, tu lui as donné tout son éclat dans le Christ que tu as présenté comme ton Fils bien-aimé lors de son baptême dans le Jourdain. Tu révélais ainsi en Jésus de Nazareth le prophète envoyé pour annoncer la Bonne Nouvelle aux pauvres, le souverain prêtre qui rachèterait les hommes dans son sang, le pasteur qui les conduirait aux sources de la vie.

En effet, lorsque ton Fils, notre Seigneur, eut sauvé le genre humain dans le mystère de sa Pâque, il remplit ton Église de l'Esprit Saint avec la merveilleuse abondance de ses dons, afin qu'elle puisse achever dans ce monde l'œuvre du salut. Depuis, par le mystère du saint chrême, tu dispenses les richesses de ta grâce : ainsi, tes enfants, après être renés dans l'eau du baptême, sont fortifiés par l'onction de l'Esprit, et, rendus semblables au Christ, ils participent à sa fonction prophétique, sacerdotale et royale.

Tous les concélébrants étendent la main droite vers le chrême jusqu'à la fin de la prière, sans rien dire.

Aussi nous t'en supplions, Seigneur : par la puissance de ta grâce, que ce mélange d'huile et de parfum devienne pour nous le sacrement de ta bénédiction +; répands largement les dons du Saint-Esprit sur nos frères et nos sœurs que cette onction va imprégner; fais resplendir ta sainteté sur les lieux et les objets qui seront marqués de cette huile sainte; mais surtout, par les sacrements où cette huile sera employée, fais progresser encore ton Église jusqu'à ce qu'elle atteigne cette plénitude où toi-même, dans l'éternelle lumière, tu seras totalement présent à tous les êtres avec le Christ, dans l'Esprit Saint, pour les siècles des siècles. ***— Amen.***

LITURGIE EUCHARISTIQUE

Prière sur les offrandes

Dans ta bienveillance, Seigneur, fais que la puissance de ce sacrifice purifie tout ce qui vieillit en nous : qu'elle fasse grandir la vie nouvelle et nous apporte le salut. Par le Christ, notre Seigneur. ***— Amen.***

Prière eucharistique *(Préface de la messe chrismale)*

Vraiment, il est juste et bon, pour ta gloire et notre salut, de t'offrir notre action de grâce, toujours et en tout lieu, Seigneur, Père très saint, Dieu éternel et tout-puissant. Par l'onction de l'Esprit Saint, tu as établi ton Fils unique grand prêtre de l'Alliance nouvelle et éternelle; et, dans ton admirable providence, tu as voulu que son unique sacerdoce demeure à jamais dans l'Église. C'est lui, le Christ, qui donne au peuple racheté la dignité du sacerdoce royal ; et, dans son amour fraternel, il choisit aussi des hommes qui, en recevant l'imposition des mains, auront part à son ministère. En son nom, ils renouvellent le sacrifice rédempteur, ils dressent pour tes fils la table du banquet pascal ; par la charité, ils montrent la voie à ton peuple saint, par la parole, ils le nourrissent, et par les sacrements, ils le fortifient. En livrant leur vie pour toi et pour le salut de leurs frères, ils s'efforceront d'être conformes à l'image du Christ, et te donneront avec constance la preuve de leur foi et de leur amour. C'est pourquoi, avec les anges et tous les saints, nous te louons, Seigneur, et nous exultons de joie en proclamant : ***Saint ! Saint ! Saint...***

Antienne de la communion

L'amour du Seigneur, sans fin je le chante ;
ta fidélité, je l'annonce d'âge en âge. (Ps 88, 2)

Prière après la communion

Nous t'en supplions, Dieu tout-puissant : donne à ceux que tu as fortifiés par tes sacrements d'être au milieu du monde la bonne odeur du Christ. Lui qui… ***— Amen.***

RITE DE CONCLUSION

Bénédiction et envoi

JEUDI 17 AVRIL 2025

JEUDI SAINT

MESSE DU SOIR EN MÉMOIRE DE LA CÈNE DU SEIGNEUR

ANNÉE C – COULEUR LITURGIQUE : BLANC

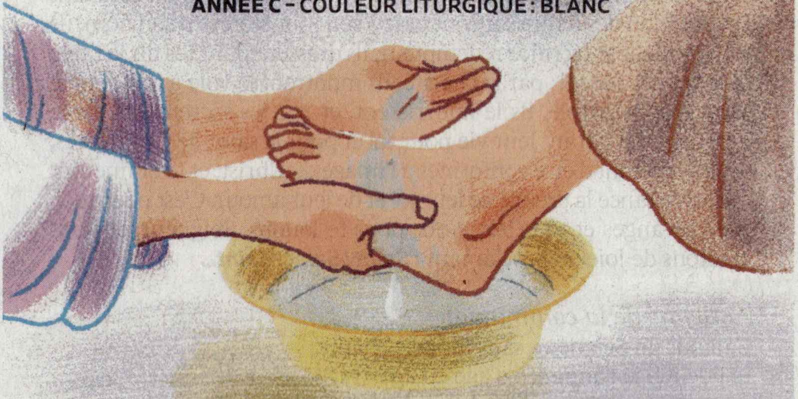

© Claire Perret

« Vous aussi, vous devez vous laver les pieds les uns aux autres. »
Jean 13, 14

Lors de son dernier repas avec les disciples, Jésus ne partage pas seulement des paroles, des conseils. Il se donne tout entier, il fait don de son corps, de son sang, de sa vie. Il se donne entièrement, afin de nous combler de sa vie, de faire alliance avec nous. Avec une grande foi, contemplons le geste de Jésus. Que chacune de nos eucharisties renforce notre alliance avec le Christ.

RITES INITIAUX

Chant d'entrée *(Suggestions p. 384)*

ou

Antienne d'ouverture

Que notre seule fierté soit la croix de notre Seigneur Jésus Christ.
En lui, nous avons le salut, la vie et la résurrection,
par lui, nous sommes sauvés et délivrés. (cf. Ga 6, 14)

Suggestion de préparation pénitentielle *(ou p. 353)*

Frères et sœurs, lors de son dernier repas, Jésus a fait alliance avec chacun de nous. Avec confiance, préparons-nous à célébrer le mystère de l'eucharistie, en reconnaissant que nous sommes pécheurs.

Seigneur Jésus, toi qui nous as fait don de ton corps et de ton sang, tu nous appelles à la générosité et au don de nous-mêmes. Kyrie, eleison. ***— Kyrie, eleison.***

Ô Christ, toi qui fais alliance avec l'humanité, tu nous invites à bannir de nos vies la haine, l'orgueil et l'égoïsme. Christe, eleison. ***— Christe, eleison.***

Seigneur, toi qui te fais le serviteur de tous les hommes, tu nous révèles que servir est un chemin de bonheur. Kyrie, eleison. ***— Kyrie, eleison.***

Que Dieu tout-puissant nous fasse miséricorde ; qu'il nous pardonne nos péchés et nous conduise à la vie éternelle. ***— Amen.***

Gloire à Dieu *(p. 356)*

Prière

Seigneur Dieu, tu nous appelles à célébrer la très sainte Cène où ton Fils unique, avant de se livrer lui-même à la mort, a remis pour toujours à son Église le sacrifice nouveau, le repas qui est le sacrement de son amour ; donne-nous de puiser à ce grand mystère la charité et la vie en plénitude. Par Jésus… — ***Amen.***

Lecture

du livre de l'Exode (12, 1-8.11-14)

Prescriptions concernant le repas pascal

En ces jours-là, dans le pays d'Égypte, le Seigneur dit à Moïse et à son frère Aaron : « Ce mois-ci sera pour vous le premier des mois, il marquera pour vous le commencement de l'année. Parlez ainsi à toute la communauté d'Israël : le dix de ce mois, que l'on prenne un agneau par famille, un agneau par maison. Si la maisonnée est trop peu nombreuse pour un agneau, elle le prendra avec son voisin le plus proche, selon le nombre des personnes. Vous choisirez l'agneau d'après ce que chacun peut manger. Ce sera une bête sans défaut, un mâle, de l'année. Vous prendrez un agneau ou un chevreau. Vous le garderez jusqu'au quatorzième jour du mois. Dans toute l'assemblée de la communauté d'Israël, on l'immolera au coucher du soleil. On prendra du sang, que l'on mettra sur les deux montants et sur le linteau des maisons où on le mangera. On mangera sa chair cette nuit-là, on la mangera rôtie au feu, avec des

pains sans levain et des herbes amères. Vous mangerez ainsi : la ceinture aux reins, les sandales aux pieds, le bâton à la main. Vous mangerez en toute hâte : c'est la Pâque du Seigneur. Je traverserai le pays d'Égypte, cette nuit-là ; je frapperai tout premier-né au pays d'Égypte, depuis les hommes jusqu'au bétail. Contre tous les dieux de l'Égypte j'exercerai mes jugements : Je suis le Seigneur. Le sang sera pour vous un signe, sur les maisons où vous serez. Je verrai le sang, et je passerai : vous ne serez pas atteints par le fléau dont je frapperai le pays d'Égypte. Ce jour-là sera pour vous un mémorial. Vous en ferez pour le Seigneur une fête de pèlerinage. C'est un décret perpétuel : d'âge en âge vous la fêterez. »
– Parole du Seigneur.

Psaume 115 (116B)

℟ ***La coupe de bénédiction est communion au sang du Christ.***

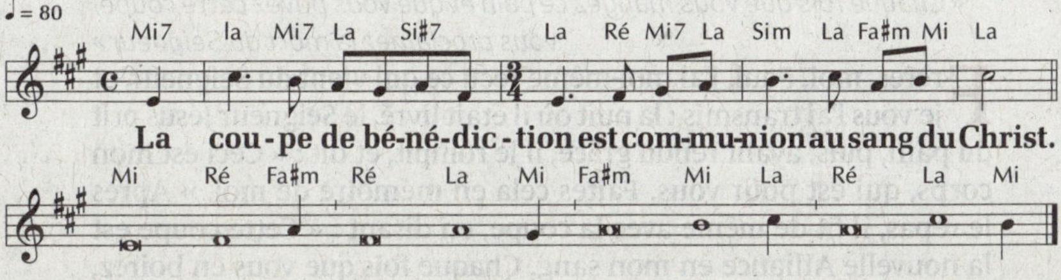

T. : AELF ; M. : J.-P. Lécot ; Éd. : ADF.

Comment rendrai-je au Seigneur
tout le bien qu'il m'a fait ?
J'élèverai la coupe du salut,
j'invoquerai le nom du Seigneur. ℟

Il en coûte au Seigneur
de voir mourir les siens !
Ne suis-je pas, Seigneur, ton serviteur,
moi, dont tu brisas les chaînes ? ℟

Je t'offrirai le sacrifice d'action de grâce,
j'invoquerai le nom du Seigneur.
Je tiendrai mes promesses au Seigneur,
oui, devant tout son peuple. ℟

Écoutez ce psaume sur **www.prionseneglise.fr/messe-du-dimanche**

Lecture de la première lettre de saint Paul apôtre aux Corinthiens (11, 23-26)

« Chaque fois que vous mangez ce pain et que vous buvez cette coupe, vous proclamez la mort du Seigneur »

Frères, moi, Paul, j'ai moi-même reçu ce qui vient du Seigneur, et je vous l'ai transmis : la nuit où il était livré, le Seigneur Jésus prit du pain, puis, ayant rendu grâce, il le rompit, et dit : « Ceci est mon corps, qui est pour vous. Faites cela en mémoire de moi. » Après le repas, il fit de même avec la coupe, en disant : « Cette coupe est la nouvelle Alliance en mon sang. Chaque fois que vous en boirez, faites cela en mémoire de moi. » Ainsi donc, chaque fois que vous

mangez ce pain et que vous buvez cette coupe, vous proclamez la mort du Seigneur, jusqu'à ce qu'il vienne. – Parole du Seigneur.

Acclamation de l'Évangile

Gloire et louange à toi, Seigneur Jésus ! Je vous donne un commandement nouveau, dit le Seigneur : « Aimez-vous les uns les autres comme je vous ai aimés. » ***Gloire et louange à toi, Seigneur Jésus !***

U77-01 ; T. : AELF ; M. : P. Robert ; ADF-Musique.

Évangile de Jésus Christ selon saint Jean (13, 1-15)

« Il les aima jusqu'au bout »

Avant la fête de la Pâque, sachant que l'heure était venue pour lui de passer de ce monde à son Père, Jésus, ayant aimé les siens qui étaient dans le monde, les aima jusqu'au bout. Au cours du repas, alors que le diable a déjà mis dans le cœur de Judas, fils de

Simon l'Iscariote, l'intention de le livrer, Jésus, sachant que le Père a tout remis entre ses mains, qu'il est sorti de Dieu et qu'il s'en va vers Dieu, se lève de table, dépose son vêtement, et prend un linge qu'il se noue à la ceinture ; puis il verse de l'eau dans un bassin. Alors il se mit à laver les pieds des disciples et à les essuyer avec le linge qu'il avait à la ceinture. Il arrive donc à Simon-Pierre, qui lui dit : « C'est toi, Seigneur, qui me laves les pieds ? » Jésus lui répondit : « Ce que je veux faire, tu ne le sais pas maintenant ; plus tard tu comprendras. » Pierre lui dit : « Tu ne me laveras pas les pieds ; non, jamais ! » Jésus lui répondit : « Si je ne te lave pas, tu n'auras pas de part avec moi. » Simon-Pierre lui dit : « Alors, Seigneur, pas seulement les pieds, mais aussi les mains et la tête ! » Jésus lui dit : « Quand on vient de prendre un bain, on n'a pas besoin de se laver, sinon les pieds : on est pur tout entier. Vous-mêmes, vous êtes purs, mais non pas tous. » Il savait bien qui allait le livrer ; et c'est pourquoi il disait : « Vous n'êtes pas tous purs. »
Quand il leur eut lavé les pieds, il reprit son vêtement, se remit à table et leur dit : « Comprenez-vous ce que je viens de faire pour vous ? Vous m'appelez "Maître" et "Seigneur", et vous avez raison, car vraiment je le suis. Si donc moi, le Seigneur et le Maître, je vous ai lavé les pieds, vous aussi, vous devez vous laver les pieds les uns aux autres. C'est un exemple que je vous ai donné afin que vous fassiez, vous aussi, comme j'ai fait pour vous. »

Homélie

LAVEMENT DES PIEDS

Avant de reprendre le geste du Christ partageant le pain et le vin, nous sommes invités à reprendre un autre signe de son amour « jusqu'au bout ». À la manière de Jésus, le président d'assemblée va laver les pieds de douze personnes. Pendant ce rite, entrons dans les sentiments du Christ Serviteur, dans ceux des Apôtres aussi : c'est aux pieds de chacun et chacune de nous que Jésus s'est abaissé. Pendant ce temps, on chante les antiennes suivantes ou d'autres chants qui conviennent.

Antienne

À ceci, tous reconnaîtront que vous êtes mes disciples :
si vous avez de l'amour les uns pour les autres. (Jn 13, 35)
OU
Je vous donne un commandement nouveau :
c'est de vous aimer les uns les autres,
comme je vous ai aimés, dit le Seigneur. (Jn 13, 34)

Suggestion de prière universelle

Le prêtre :
« Ceci est mon corps, qui est pour vous. » Jésus a donné sa vie pour le salut du monde. Avec foi, tournons-nous vers son Père, prions-le pour nos frères et sœurs en humanité.
℟ ***Toi qui nous aimes, écoute-nous, Seigneur.***

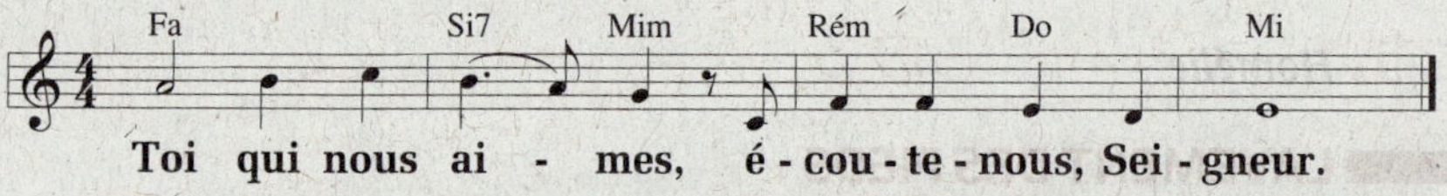

Y55-4 ; T. : M. Scouarnec ; M. : J. Akepsimas ; SM.

Le diacre ou un lecteur :

« Le Seigneur Jésus prit du pain et le rompit. » Pour les évêques et les prêtres qui célèbrent, jour après jour, le mystère de l'eucharistie. Pour les baptisés qui portent le corps du Christ auprès des personnes malades et isolées, prions le Seigneur. ℟

« Vous devez vous laver les pieds les uns aux autres. » Pour les hommes de bonne volonté qui œuvrent pour la paix entre les nations. Pour les décideurs de l'économie qui prennent soin des personnes les plus précaires, prions le Seigneur. ℟

« Faites cela en mémoire de moi. » Pour les bénévoles qui assurent des maraudes auprès des sans-abri. Pour les associations qui leur viennent en aide, prions le Seigneur. ℟

« Vous proclamez la mort du Seigneur jusqu'à ce qu'il vienne. » Pour nos catéchistes et pour les paroissiens qui témoignent de l'espérance aux familles en deuil, prions le Seigneur. ℟

(Ces intentions seront adaptées ou modifiées selon les circonstances. On peut aussi s'inspirer de l'intention universelle du Saint-Père, p. 6.)

Le prêtre : Dieu notre Père, toi dont le Fils a fait don de son corps à l'humanité, daigne exaucer nos prières, par le Christ, notre Seigneur.

— Amen.

LITURGIE EUCHARISTIQUE

Prière sur les offrandes

Accorde-nous, Seigneur, nous t'en prions, de participer dignement à ces mystères, car chaque fois qu'est célébré ce sacrifice en mémorial, c'est l'œuvre de notre rédemption qui s'accomplit. Par le Christ, notre Seigneur. — ***Amen.***

Prière eucharistique *(1re préface de l'eucharistie)*

Vraiment, il est juste et bon, pour ta gloire et notre salut, de t'offrir notre action de grâce, toujours et en tout lieu, Seigneur, Père très saint, Dieu éternel et tout-puissant, par le Christ, notre Seigneur. Il est le Prêtre éternel et véritable, qui institua le sacrement destiné à perpétuer son sacrifice ; il s'est d'abord offert à toi en victime pour notre salut et nous a prescrit de faire cette offrande en mémoire de lui. Quand nous recevons sa chair immolée pour nous, nous sommes fortifiés ; quand nous buvons le sang qu'il a versé pour nous, nous sommes purifiés. C'est pourquoi, avec les anges et les archanges, avec les puissances d'en haut et tous les esprits bienheureux, nous chantons l'hymne de ta gloire et sans fin nous proclamons : ***Saint ! Saint ! Saint…***

Chant de communion

(Suggestions p. 384)

OU

Antienne de la communion

« Ceci est mon corps, livré pour vous, dit le Seigneur.
Faites cela en mémoire de moi. Cette coupe est la nouvelle Alliance en mon sang. Chaque fois que vous en boirez
faites cela en mémoire de moi. » (1 Co 11, 24.25)

La communion achevée, la réserve eucharistique pour la communion du lendemain reste sur l'autel, et on conclut la messe par la prière après la communion.

Prière après la communion

Nous avons repris des forces, Dieu tout-puissant, en célébrant aujourd'hui la Cène de ton Fils ; accorde-nous d'être rassasiés au banquet de l'éternité. Par le Christ, notre Seigneur. **— *Amen.***

TRANSFERT DU SAINT-SACREMENT

À la fin de la célébration, le Saint-Sacrement est retiré de l'église jusqu'à la veillée pascale. Pendant que le président d'assemblée le transporte dans un lieu approprié (chapelle ou autel secondaire), nous vénérons le Christ en chantant (suggestions de chants p. 384).

VEILLÉE EUCHARISTIQUE

Ensuite, on dépouille l'autel et on enlève ou on voile les croix de l'église. On peut voir dans ce dépouillement de l'autel le signe du Christ qui, dans sa Passion et sa mort, est dépouillé de tout. Celles et ceux qui le peuvent sont invités à poursuivre l'adoration devant le Saint-Sacrement avant de se retirer.

COMMENTAIRE DU JEUDI SAINT

Jean-Paul Sagadou, prêtre assomptionniste, rédacteur en chef de *Prions en Église* Afrique

Leçon de service

À la différence des autres évangélistes, autour du dernier repas de Jésus avec ses disciples, saint Jean ne relate que le geste symbolique du lavement des pieds. Faut-il en conclure qu'il a laissé de côté l'institution de l'eucharistie et du sacerdoce ? En réalité, chez Jean, le lavement des pieds n'est pas autre chose que le partage symbolique du pain et du vin. D'un côté comme de l'autre, le Fils de Dieu se donne totalement et réellement pour que nous ayons la vie. Mère Teresa de Calcutta avait raison quand elle écrivait : « Chaque jour, je communie deux fois. D'abord à l'église, en participant à la sainte eucharistie. Ensuite dehors, dans les rues de Calcutta, chaque fois que je touche un pauvre ou un mourant. » Le lavement des pieds et l'institution de l'eucharistie sont intimement liés. Nous sommes appelés à •••

••• manger le corps du Christ pour pouvoir nous laver les pieds les uns aux autres. Le maître-mot donc de la célébration de la Cène du Seigneur, c'est le service. Dieu se met à genoux pour laver les pieds de l'homme, et, ce faisant, il demande à l'homme de faire pareil : « Vous aussi, vous devez vous laver les pieds les uns aux autres. » Avec Jésus, la grandeur ne se situe pas dans la ligne de la domination mais dans celle de la générosité. Saint Augustin avait bien compris cela, lui qui disait que le rôle de l'évêque est « non pas présider, mais servir », et que « celui qui est à la tête d'une communauté doit savoir avant tout se mettre au service de beaucoup ».

Quelle est la portée spirituelle du lavement des pieds ?

Jésus demande : « Vous aussi, vous devez vous laver les pieds les uns aux autres. » Suis-je prêt à le faire ?

Pour moi, que signifie aujourd'hui laver les pieds, les uns des autres ? ■

Prions en Église junior

LIRE L'ÉVANGILE AVEC LES ENFANTS

CE QUE JE DÉCOUVRE

Pierre ne comprend pas le geste de Jésus. **Pourquoi le Maître lave-t-il les pieds de ses disciples ?** Jésus explique à Pierre que, par ce geste, il sera encore plus proche de lui. Pierre aime tellement Jésus qu'il se laisse laver les pieds par lui. Nous avons parfois besoin d'explications pour comprendre certaines attitudes et certaines paroles. **La force de Jésus, c'est d'être serviteur.** Nous aussi, en faisant les mêmes gestes que Jésus, nous devenons serviteurs. Le service est une belle manière de partager son amour.

CE QUE JE VIS

Et toi, comment aurais-tu réagi à la place de Pierre ? Quand tu rends un service qui ne te plaît pas, comment te sens-tu après ?
Comme à la messe du Jeudi saint, mets devant toi un récipient d'eau et une serviette. Prie pour ceux que Jésus te demande de servir.

Texte : Patricia Metzger. Illustrations : Marcelino Truong

DES IMAGES POUR LA FOI
TRIDUUM PASCAL

« Pour vous, qui suis-je ? »

Comme les séquences d'un film, ces quatre scènes appartenant à un retable semblent s'enchaîner et nous invitent à suivre Jésus dans une partie des évènements qui marquent sa Passion.

Le premier acte est celui de l'entrée à Jérusalem. Précédant légèrement ses apôtres qui l'accompagnent, Jésus, monté sur un âne, s'avance vers la porte de la ville. En signe de respect, certaines personnes étendent leur vêtement sur son chemin déjà jonché de différents branchages. Le peintre joue avec les physionomies des habitants de la ville : leurs visages plus ou moins avenants nous font comprendre les dispositions dans lesquelles ils se trouvent pour accueillir le Christ. Jésus bénit cependant cette foule qu'il va traverser, mais son regard …

Scènes de la Passion du Christ,
polyptyque, Caspar Isenmann, XVe siècle, musée Unterlinden, Colmar (68).

... le porte déjà plus loin. Comme un mauvais présage, l'entrée de la ville – qui se présente comme un tunnel obscur – nous laisse imaginer les jours sombres à venir.

LE DERNIER REPAS

De l'agitation extérieure, nous passons au climat plus feutré d'une salle à manger. Jésus occupe la place centrale qui, avec son haut dossier, a des allures de trône. Il a rassemblé ses disciples autour de lui pour son dernier repas. Pierre et Jean, déjà présents sur la scène précédente, sont au plus proche du Maître. Mais Jésus, dont les yeux sont déjà tournés vers le ciel, étend la main vers un autre Apôtre, placé de l'autre côté de la table. On reconnaît facilement Judas que le peintre veille à bien différencier de ses condisciples : il n'a pas d'auréole, sa barbe et ses cheveux sont roux, il porte une tunique jaune (une couleur souvent attribuée aux traîtres) et sa bourse, qui évoque sa cupidité, est bien visible dans son dos. Par son geste, et sans pour autant le condamner, Jésus révèle à Judas stupéfait qu'il connaît son intention de le trahir.

L'HOMME DES DOULEURS

Sur le panneau inférieur, Jésus a perdu la compagnie de ses disciples et se retrouve seul face à ses bourreaux. Il y a les chefs et les dignitaires (Pilate ou Hérode et leurs proches) que l'on reconnaît à leurs habits précieux : satisfaits d'eux-mêmes, ils pensent avoir la sagesse, mais sont pourtant incapables de reconnaître la sagesse de Dieu (cf. 1 Co 2, 7) dans cet « homme des douleurs » « méprisé » et « abandonné des hommes » (Is 53, 3). Ils ne se salissent pas les mains mais laissent faire leurs sbires qui se déchaînent sur Jésus. Le peintre donne

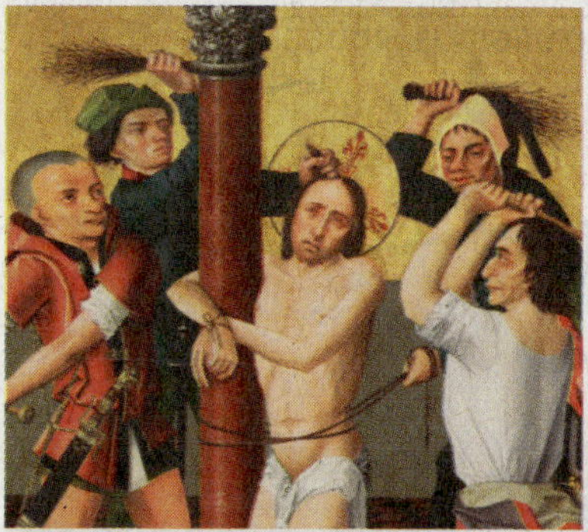

à ces hommes de main des visages qui reflètent la brutalité, la bêtise, la violence : Jésus fait face aux plus bas instincts de l'humanité. Dévêtu et attaché à la colonne de la flagellation ou assis sur le trône de dérision, Jésus apparaît faible, fragile et sans défense. Par contraste, le nombre de ses bourreaux et les moyens mis en œuvre pour le torturer semblent totalement disproportionnés : ils sont à quatre avec des manches de bois et même un banc pour lui enfoncer la couronne d'épines sur la tête. À droite, un petit groupe de cinq hommes, qui n'ont pas les visages caricaturaux des bourreaux, assistent à la scène et s'interpellent du regard. Comme eux, devant le silence du Juste condamné, nous sommes appelés à nous prononcer : « Et vous, que dites-vous ? Pour vous, qui suis-je ? » (Mt 16, 15). ■

Dominique Pierre

VENDREDI 18 AVRIL 2025

VENDREDI SAINT – LA PASSION DU SEIGNEUR

ANNÉE C – COULEUR LITURGIQUE : ROUGE

© Claire Perret

Jésus gît là, sur la Croix. Il subit le mépris, le rejet, l'humiliation. Lui, l'innocent, lui qui a guéri les malades et veut la vie pour tous les hommes, le voilà condamné à une mort infâme. Perclus de douleur, il sait que sa mort n'aura pas le dernier mot. À travers elle, tout s'accomplit. Devant le Crucifié, demeurons en silence et contemplons celui qui a tout donné pour notre salut.

Prière
Souviens-toi, Seigneur, de ta miséricorde, sanctifie ceux qui veulent te servir et protège-les toujours, car c'est pour eux que ton Fils Jésus Christ a institué par son sang répandu le sacrement pascal. Lui qui…
— Amen.
OU
Seigneur Dieu, par la passion du Christ, ton Fils, notre Seigneur, tu as détruit la mort héritée du premier péché, elle qui tenait l'humanité sous sa loi ; accorde-nous de ressembler à ton Fils : du fait de notre nature, nous sommes à l'image de l'homme pétri d'argile ; de même, que ta grâce nous sanctifie pour que nous soyons à l'image de celui qui vient du ciel. Par le Christ, notre Seigneur. ***— Amen.***

LITURGIE DE LA PAROLE

Lecture

du livre du prophète Isaïe (52, 13 – 53, 12)

« C'est à cause de nos fautes qu'il a été broyé »

Mon serviteur réussira, dit le Seigneur ; il montera, il s'élèvera, il sera exalté ! La multitude avait été consternée en le voyant, car il était si défiguré qu'il ne ressemblait plus à un homme ; il n'avait plus l'apparence d'un fils d'homme. Il étonnera de même une multitude de nations ; devant lui les rois resteront bouche bée, car ils verront ce que, jamais, on ne leur avait dit, ils découvriront

ce dont ils n'avaient jamais entendu parler. Qui aurait cru ce que nous avons entendu ? Le bras puissant du Seigneur, à qui s'est-il révélé ? Devant lui, le serviteur a poussé comme une plante chétive, une racine dans une terre aride ; il était sans apparence ni beauté qui attire nos regards, son aspect n'avait rien pour nous plaire. Méprisé, abandonné des hommes, homme de douleurs, familier de la souffrance, il était pareil à celui devant qui on se voile la face ; et nous l'avons méprisé, compté pour rien. En fait, c'étaient nos souffrances qu'il portait, nos douleurs dont il était chargé. Et nous, nous pensions qu'il était frappé, meurtri par Dieu, humilié. Or, c'est à cause de nos révoltes qu'il a été transpercé, à cause de nos fautes qu'il a été broyé. Le châtiment qui nous donne la paix a pesé sur lui : par ses blessures, nous sommes guéris. Nous étions tous errants comme des brebis, chacun suivait son propre chemin. Mais le Seigneur a fait retomber sur lui nos fautes à nous tous.
Maltraité, il s'humilie, il n'ouvre pas la bouche : comme un agneau conduit à l'abattoir, comme une brebis muette devant les tondeurs, il n'ouvre pas la bouche. Arrêté, puis jugé, il a été supprimé. Qui donc s'est inquiété de son sort ? Il a été retranché de la terre des vivants, frappé à mort pour les révoltes de son peuple. On a placé sa tombe avec les méchants, son tombeau avec les riches ; et pourtant il n'avait pas commis de violence, on ne trouvait pas de tromperie dans sa bouche. Broyé par la souffrance, il a plu au Seigneur. S'il remet sa vie en sacrifice de réparation,

il verra une descendance, il prolongera ses jours : par lui, ce qui plaît au Seigneur réussira. Par suite de ses tourments, il verra la lumière, la connaissance le comblera. Le juste, mon serviteur, justifiera les multitudes, il se chargera de leurs fautes. C'est pourquoi, parmi les grands, je lui donnerai sa part, avec les puissants il partagera le butin, car il s'est dépouillé lui-même jusqu'à la mort, et il a été compté avec les pécheurs, alors qu'il portait le péché des multitudes et qu'il intercédait pour les pécheurs.
– Parole du Seigneur.

Psaume 30 (31)

℟ ***Ô Père, en tes mains je remets mon esprit.***

T. : AELF; M.: B. Delattre; Éd. : ADF.

Écoutez ce psaume sur **www.prionseneglise.fr/messe-du-dimanche**

℟ ***Ô Père, en tes mains je remets mon esprit.***

En toi, Seigneur, j'ai mon refuge ;
garde-moi d'être humilié pour toujours.
En tes mains je remets mon esprit ;
tu me rachètes, Seigneur, Dieu de vérité. ℟

Je suis la risée de mes adversaires
et même de mes voisins ;
je fais peur à mes amis,
s'ils me voient dans la rue, ils me fuient. ℟

On m'ignore comme un mort oublié,
comme une chose qu'on jette.
J'entends les calomnies de la foule :
ils s'accordent pour m'ôter la vie. ℟

Moi, je suis sûr de toi, Seigneur,
je dis : « Tu es mon Dieu ! »
Mes jours sont dans ta main : délivre-moi
des mains hostiles qui s'acharnent. ℟

Sur ton serviteur, que s'illumine ta face ;
sauve-moi par ton amour.
Soyez forts, prenez courage,
vous tous qui espérez le Seigneur ! ℟

Lecture de la lettre aux Hébreux (4, 14-16 ; 5, 7-9)

Il apprit l'obéissance et il est devenu pour tous ceux qui lui obéissent la cause du salut éternel

Frères, en Jésus, le Fils de Dieu, nous avons le grand prêtre par excellence, celui qui a traversé les cieux ; tenons donc ferme l'affirmation de notre foi. En effet, nous n'avons pas un grand prêtre incapable de compatir à nos faiblesses, mais un grand prêtre éprouvé en toutes choses, à notre ressemblance, excepté le péché. Avançons-nous donc avec assurance vers le Trône de la grâce, pour obtenir miséricorde et recevoir, en temps voulu, la grâce de son secours. Le Christ, pendant les jours de sa vie dans la chair, offrit, avec un grand cri et dans les larmes, des prières et des supplications à Dieu qui pouvait le sauver de la mort, et il fut exaucé en raison de son grand respect. Bien qu'il soit le Fils, il apprit par ses souffrances l'obéissance et, conduit à sa perfection, il est devenu pour tous ceux qui lui obéissent la cause du salut éternel.

– Parole du Seigneur.

Acclamation de l'Évangile

Le Christ s'est anéanti, prenant la condition de serviteur. Pour nous, le Christ est devenu obéissant, jusqu'à la mort, et la mort de la croix. C'est pourquoi Dieu l'a exalté : il l'a doté du Nom qui est au-dessus de tout nom. ***Le Christ s'est anéanti, prenant la condition de serviteur.***

U77-01 ; T. : AELF ; M. : P. Robert ; Bayard liturgie.

La lecture de la Passion se fait sans salutation au début.

Pour lire l'évangile de la Passion à plusieurs voix :

✢ *Jésus ;* Ⓛ *lecteur ;* Ⓓ *disciples et amis ;* Ⓕ *foule ;* Ⓐ *autres personnages.*

La Passion de notre Seigneur Jésus Christ

selon saint Jean (18, 1 – 19, 42)

Passion de notre Seigneur Jésus Christ

Ⓛ En ce temps-là, après le repas, Jésus sortit avec ses disciples et traversa le torrent du Cédron ; il y avait là un jardin, dans lequel il entra avec ses disciples. Judas, qui le livrait, connaissait l'endroit, lui aussi, car Jésus et ses disciples s'y étaient souvent réunis. Judas, avec un détachement de soldats ainsi que des gardes envoyés par les grands prêtres et les pharisiens, arrive à cet endroit. Ils avaient des lanternes, des torches et des armes. Alors Jésus, sachant tout ce qui allait lui arriver, s'avança et leur dit : ✠ « Qui cherchez-vous ? » Ⓛ Ils lui répondirent : Ⓕ « Jésus le Nazaréen. » Ⓛ Il leur dit : ✠ « C'est moi, je le suis. » Ⓛ Judas, qui le livrait, se tenait avec eux. Quand Jésus leur répondit : « C'est moi, je le suis », ils reculèrent, et ils tombèrent à terre. Il leur demanda de nouveau : ✠ « Qui cherchez-vous ? » Ⓛ Ils dirent : Ⓕ « Jésus le Nazaréen. » Ⓛ Jésus répondit : ✠ « Je vous l'ai dit : c'est moi, je le suis. Si c'est bien moi que vous cherchez, ceux-là, laissez-les partir. » Ⓛ Ainsi s'accomplissait la parole qu'il avait dite : « Je n'ai perdu aucun de ceux que tu m'as donnés. » Or Simon-Pierre avait une épée ; il la tira, frappa le serviteur du grand prêtre et lui coupa l'oreille droite. Le nom de ce serviteur était Malcus. Jésus dit à Pierre : ✠ « Remets ton épée au fourreau. La coupe que m'a donnée le Père, vais-je refuser de la boire ? » Ⓛ Alors la troupe, le commandant et les gardes juifs se

saisirent de Jésus et le ligotèrent. Ils l'emmenèrent d'abord chez Hanne, beau-père de Caïphe, qui était grand prêtre cette année-là. Caïphe était celui qui avait donné aux Juifs ce conseil : « Il vaut mieux qu'un seul homme meure pour le peuple. »
Or Simon-Pierre, ainsi qu'un autre disciple, suivait Jésus. Comme ce disciple était connu du grand prêtre, il entra avec Jésus dans le palais du grand prêtre. Pierre se tenait près de la porte, dehors. Alors l'autre disciple – celui qui était connu du grand prêtre – sortit, dit un mot à la servante qui gardait la porte, et fit entrer Pierre. Cette jeune servante dit alors à Pierre : Ⓐ « N'es-tu pas, toi aussi, l'un des disciples de cet homme ? » Ⓛ Il répondit : Ⓓ « Non, je ne le suis pas ! » Ⓛ Les serviteurs et les gardes se tenaient là ; comme il faisait froid, ils avaient fait un feu de braise pour se réchauffer. Pierre était avec eux, en train de se chauffer. Le grand prêtre interrogea Jésus sur ses disciples et sur son enseignement. Jésus lui répondit : ✝ « Moi, j'ai parlé au monde ouvertement. J'ai toujours enseigné à la synagogue et dans le Temple, là où tous les Juifs se réunissent, et je n'ai jamais parlé en cachette. Pourquoi m'interroges-tu ? Ce que je leur ai dit, demande-le à ceux qui m'ont entendu. Eux savent ce que j'ai dit. » Ⓛ À ces mots, un des gardes, qui était à côté de Jésus, lui donna une gifle en disant : Ⓐ « C'est ainsi que tu réponds au grand prêtre ! » Ⓛ Jésus lui répliqua : ✝ « Si j'ai mal parlé, montre ce que j'ai dit de mal. Mais si j'ai bien parlé, pourquoi me frappes-tu ? » Ⓛ Hanne l'envoya, toujours ligoté, au grand prêtre Caïphe.

Simon-Pierre était donc en train de se chauffer. On lui dit : Ⓐ « N'es-tu pas, toi aussi, l'un de ses disciples ? » Ⓛ Pierre le nia et dit : Ⓓ « Non, je ne le suis pas ! » Ⓛ Un des serviteurs du grand prêtre, parent de celui à qui Pierre avait coupé l'oreille, insista : Ⓐ « Est-ce que moi, je ne t'ai pas vu dans le jardin avec lui ? » Ⓛ Encore une fois, Pierre le nia. Et aussitôt un coq chanta.
Alors on emmène Jésus de chez Caïphe au Prétoire. C'était le matin. Ceux qui l'avaient amené n'entrèrent pas dans le Prétoire, pour éviter une souillure et pouvoir manger l'agneau pascal. Pilate sortit donc à leur rencontre et demanda : Ⓐ « Quelle accusation portez-vous contre cet homme ? » Ⓛ Ils lui répondirent : Ⓕ « S'il n'était pas un malfaiteur, nous ne t'aurions pas livré cet homme. » Ⓛ Pilate leur dit : Ⓐ « Prenez-le vous-mêmes et jugez-le suivant votre loi. » Ⓛ Les Juifs lui dirent : Ⓕ « Nous n'avons pas le droit de mettre quelqu'un à mort. » Ⓛ Ainsi s'accomplissait la parole que Jésus avait dite pour signifier de quel genre de mort il allait mourir. Alors Pilate rentra dans le Prétoire ; il appela Jésus et lui dit : Ⓐ « Es-tu le roi des Juifs ? » Ⓛ Jésus lui demanda : ✠ « Dis-tu cela de toi-même, ou bien d'autres te l'ont dit à mon sujet ? » Ⓛ Pilate répondit : Ⓐ « Est-ce que je suis juif, moi ? Ta nation et les grands prêtres t'ont livré à moi : qu'as-tu donc fait ? » Ⓛ Jésus déclara : ✠ « Ma royauté n'est pas de ce monde ; si ma royauté était de ce monde, j'aurais des gardes qui se seraient battus pour que je ne sois pas livré aux Juifs. En fait, ma royauté n'est pas d'ici. » Ⓛ Pilate lui dit : Ⓐ « Alors, tu es roi ? » Ⓛ Jésus

13 - 19

répondit : ✝ « C'est toi-même qui dis que je suis roi. Moi, je suis né, je suis venu dans le monde pour ceci : rendre témoignage à la vérité. Quiconque appartient à la vérité écoute ma voix. » Ⓛ Pilate lui dit : Ⓐ « Qu'est-ce que la vérité ? » Ⓛ Ayant dit cela, il sortit de nouveau à la rencontre des Juifs, et il leur déclara : Ⓐ « Moi, je ne trouve en lui aucun motif de condamnation. Mais, chez vous, c'est la coutume que je vous relâche quelqu'un pour la Pâque : voulez-vous donc que je vous relâche le roi des Juifs ? » Ⓛ Alors ils répliquèrent en criant : Ⓕ « Pas lui ! Mais Barabbas ! » Ⓛ Or ce Barabbas était un bandit.
Alors Pilate fit saisir Jésus pour qu'il soit flagellé. Les soldats tressèrent avec des épines une couronne qu'ils lui posèrent sur la tête ; puis ils le revêtirent d'un manteau pourpre. Ils s'avançaient vers lui et ils disaient : Ⓕ « Salut à toi, roi des Juifs ! » Ⓛ Et ils le giflaient.
Pilate, de nouveau, sortit dehors et leur dit : Ⓐ « Voyez, je vous l'amène dehors pour que vous sachiez que je ne trouve en lui aucun motif de condamnation. » Ⓛ Jésus donc sortit dehors, portant la couronne d'épines et le manteau pourpre. Et Pilate leur déclara : Ⓐ « Voici l'homme. » Ⓛ Quand ils le virent, les grands prêtres et les gardes se mirent à crier : Ⓕ « Crucifie-le ! Crucifie-le ! » Ⓛ Pilate leur dit : Ⓐ « Prenez-le vous-mêmes, et crucifiez-le ; moi, je ne trouve en lui aucun motif de condamnation. » Ⓛ Ils lui répondirent : Ⓕ « Nous avons une Loi, et suivant la Loi il doit mourir, parce qu'il s'est fait Fils de Dieu. » Ⓛ Quand Pilate entendit ces paroles, il redoubla de crainte. Il rentra dans le Prétoire, et dit à Jésus : Ⓐ « D'où es-tu ? »

Ⓛ Jésus ne lui fit aucune réponse. Pilate lui dit alors : Ⓐ « Tu refuses de me parler, à moi ? Ne sais-tu pas que j'ai pouvoir de te relâcher, et pouvoir de te crucifier ? » Ⓛ Jésus répondit : ✠ « Tu n'aurais aucun pouvoir sur moi si tu ne l'avais reçu d'en haut ; c'est pourquoi celui qui m'a livré à toi porte un péché plus grand. » Ⓛ Dès lors, Pilate cherchait à le relâcher ; mais des Juifs se mirent à crier : Ⓕ « Si tu le relâches, tu n'es pas un ami de l'empereur. Quiconque se fait roi s'oppose à l'empereur. » Ⓛ En entendant ces paroles, Pilate amena Jésus au-dehors ; il le fit asseoir sur une estrade au lieu dit le Dallage – en hébreu : Gabbatha. C'était le jour de la Préparation de la Pâque, vers la sixième heure, environ midi. Pilate dit aux Juifs : Ⓐ « Voici votre roi. » Ⓛ Alors ils crièrent : Ⓕ « À mort ! À mort ! Crucifie-le ! » Ⓛ Pilate leur dit : Ⓐ « Vais-je crucifier votre roi ? » Ⓛ Les grands prêtres répondirent : Ⓕ « Nous n'avons pas d'autre roi que l'empereur. » Ⓛ Alors, il leur livra Jésus pour qu'il soit crucifié.

Ils se saisirent de Jésus. Et lui-même, portant sa croix, sortit en direction du lieu dit Le Crâne (ou Calvaire), qui se dit en hébreu Golgotha. C'est là qu'ils le crucifièrent, et deux autres avec lui, un de chaque côté, et Jésus au milieu. Pilate avait rédigé un écriteau qu'il fit placer sur la croix ; il était écrit : « Jésus le Nazaréen, roi des Juifs. » Beaucoup de Juifs lurent cet écriteau, parce que l'endroit où l'on avait crucifié Jésus était proche de la ville, et que c'était écrit en hébreu, en latin et en grec. Alors les grands prêtres des Juifs dirent à Pilate : Ⓕ « N'écris pas : "Roi des Juifs" ; mais : "Cet homme a dit :

Je suis le roi des Juifs." » Ⓛ Pilate répondit : Ⓐ « Ce que j'ai écrit, je l'ai écrit. » Ⓛ Quand les soldats eurent crucifié Jésus, ils prirent ses habits ; ils en firent quatre parts, une pour chaque soldat. Ils prirent aussi la tunique ; c'était une tunique sans couture, tissée tout d'une pièce de haut en bas. Alors ils se dirent entre eux : Ⓐ « Ne la déchirons pas, désignons par le sort celui qui l'aura. » Ⓛ Ainsi s'accomplissait la parole de l'Écriture : *Ils se sont partagé mes habits ; ils ont tiré au sort mon vêtement.* C'est bien ce que firent les soldats.
Or, près de la croix de Jésus se tenaient sa mère et la sœur de sa mère, Marie, femme de Cléophas, et Marie Madeleine. Jésus, voyant sa mère, et près d'elle le disciple qu'il aimait, dit à sa mère : ✠ « Femme, voici ton fils. » Ⓛ Puis il dit au disciple : ✠ « Voici ta mère. » Ⓛ Et à partir de cette heure-là, le disciple la prit chez lui. Après cela, sachant que tout, désormais, était achevé pour que l'Écriture s'accomplisse jusqu'au bout, Jésus dit : ✠ « J'ai soif. » Ⓛ Il y avait là un récipient plein d'une boisson vinaigrée. On fixa donc une éponge remplie de ce vinaigre à une branche d'hysope, et on l'approcha de sa bouche. Quand il eut pris le vinaigre, Jésus dit : ✠ « Tout est accompli. » Ⓛ Puis, inclinant la tête, il remit l'esprit.

(Ici on fléchit le genou, et on s'arrête un instant.)

Comme c'était le jour de la Préparation (c'est-à-dire le vendredi), il ne fallait pas laisser les corps en croix durant le sabbat, d'autant plus que ce sabbat était le grand jour de la Pâque. Aussi les Juifs demandèrent à Pilate qu'on enlève les corps après leur avoir brisé les jambes. Les soldats allèrent donc briser les jambes du premier, puis de l'autre homme crucifié avec Jésus. Quand ils arrivèrent à Jésus, voyant qu'il était déjà mort, ils ne lui brisèrent pas les jambes, mais un des soldats avec sa lance lui perça le côté ; et aussitôt, il en sortit du sang et de l'eau. Celui qui a vu rend témoignage, et son témoignage est véridique ; et celui-là sait qu'il dit vrai afin que vous aussi, vous croyiez. Cela, en effet, arriva pour que s'accomplisse l'Écriture : *Aucun de ses os ne sera brisé.* Un autre passage de l'Écriture dit encore : *Ils lèveront les yeux vers celui qu'ils ont transpercé.*

Après cela, Joseph d'Arimathie, qui était disciple de Jésus, mais en secret par crainte des Juifs, demanda à Pilate de pouvoir enlever le corps de Jésus. Et Pilate le permit. Joseph vint donc enlever le corps de Jésus. Nicodème – celui qui, au début, était venu trouver Jésus pendant la nuit – vint lui aussi ; il apportait un mélange de myrrhe et d'aloès pesant environ cent livres. Ils prirent donc le corps de Jésus, qu'ils lièrent de linges, en employant les aromates selon la coutume juive d'ensevelir les morts.

À l'endroit où Jésus avait été crucifié, il y avait un jardin et, dans ce jardin, un tombeau neuf dans lequel on n'avait encore déposé personne. À cause de la Préparation de la Pâque juive, et comme ce tombeau était proche, c'est là qu'ils déposèrent Jésus.

Homélie

Prière universelle

Le prêtre :

À travers la Passion et la mort de son Fils, Dieu nous a longuement parlé. Il nous a dit son immense amour, son pardon total, sa tendresse fidèle. À nous maintenant de prendre la parole. Prenons le temps de lui dire nos pauvretés et notre confiance filiale. Faisons place à l'humanité entière dans notre prière.

1. Pour la sainte Église

Le diacre (ou un lecteur) :

Prions, frères et sœurs bien-aimés, pour la sainte Église de Dieu : que notre Dieu et Seigneur lui donne la paix, la rassemble dans l'unité et la garde par toute la terre ; qu'il nous accorde une vie calme et paisible, pour glorifier Dieu le Père tout-puissant.

Prière en silence. Puis le prêtre dit ou chante l'oraison :

Dieu éternel et tout-puissant, dans le Christ, tu as révélé ta gloire à tous les peuples ; protège l'œuvre de ta miséricorde, afin que ton Église répandue par tout l'univers demeure inébranlable dans la foi pour proclamer ton nom. Par le Christ, notre Seigneur.

— Amen.

2. Pour le pape

Le diacre :

Prions pour notre saint Père le pape N., choisi par Dieu notre Seigneur dans le collège des évêques : qu'il le garde sain et sauf au service de son Église pour gouverner le peuple saint de Dieu.

Prière en silence. Puis le prêtre dit ou chante l'oraison :

Dieu éternel et tout-puissant dont la sagesse organise toutes choses, écoute en ta bonté notre prière : protège avec amour l'évêque de Rome que tu nous as choisi, afin que, sous la conduite de ce pasteur suprême, le peuple chrétien que tu gouvernes progresse toujours dans la foi. Par le Christ, notre Seigneur.

— Amen.

3. Pour le clergé et le peuple fidèle

Le diacre :

Prions pour notre évêque N., pour tous les évêques, les prêtres, les diacres de l'Église et pour l'ensemble du peuple des fidèles.

Prière en silence. Puis le prêtre dit ou chante l'oraison :

Dieu éternel et tout-puissant dont l'Esprit sanctifie et gouverne le corps entier de l'Église, exauce les prières que nous t'adressons pour tes ministres : afin que, par le don de ta grâce, tout ton peuple te serve avec fidélité. Par le Christ, notre Seigneur.

— Amen.

4. Pour les catéchumènes

Le diacre: Prions pour les (nos) catéchumènes : que Dieu notre Seigneur ouvre leur cœur à sa parole et les accueille dans sa miséricorde; après avoir reçu le pardon de tous leurs péchés par le bain de la naissance nouvelle, qu'ils soient reconnus comme appartenant au Christ Jésus notre Seigneur.

Prière en silence. Puis le prêtre dit ou chante l'oraison:

Dieu éternel et tout-puissant, toi qui assures la fécondité de ton Église en lui donnant toujours de nouveaux enfants, augmente en nos catéchumènes la foi et l'intelligence de la foi : qu'ils renaissent à la source du baptême et prennent place parmi tes enfants d'adoption. Par le Christ, notre Seigneur. ***—Amen.***

5. Pour l'unité des chrétiens

Le diacre: Prions pour tous nos frères et sœurs qui croient au Christ et cherchent à faire la vérité : que le Seigneur notre Dieu les rassemble et les garde dans son unique Église.

Prière en silence. Puis le prêtre dit ou chante l'oraison:

Dieu éternel et tout-puissant, toi qui rassembles ce qui est dispersé et qui gardes ce que tu as rassemblé, jette un regard de paix sur le troupeau conduit par ton Fils : accorde à ceux qu'un même baptême a consacrés d'être unis dans la plénitude de la foi et de demeurer en communion par le lien de la charité. Par le Christ, notre Seigneur.
—Amen.

6. Pour le peuple juif

Le diacre : Prions pour les juifs, à qui le Seigneur notre Dieu a parlé en premier : qu'il leur donne de progresser dans l'amour de son nom et dans la fidélité à son alliance.

Prière en silence. Puis le prêtre dit ou chante l'oraison :

Dieu éternel et tout-puissant, toi qui as confié tes promesses à Abraham et à sa descendance, écoute avec bonté les prières de ton Église : donne au peuple que tu as choisi en premier de parvenir à la plénitude de la rédemption. Par le Christ, notre Seigneur.

— Amen.

7. Pour les autres croyants

Le diacre :

Prions pour ceux qui ne croient pas au Christ : demandons qu'à la lumière de l'Esprit Saint, ils puissent s'engager, eux aussi, sur le chemin du salut.

Prière en silence. Puis le prêtre dit ou chante l'oraison :

Dieu éternel et tout-puissant, donne à ceux qui ne reconnaissent pas le Christ de marcher en ta présence d'un cœur sincère, afin de découvrir la vérité ; et donne-nous de progresser sans cesse dans l'amour mutuel, attentifs à percevoir plus pleinement le mystère de ta vie, pour être dans le monde des témoins plus parfaits de ton amour. Par le Christ, notre Seigneur.

— Amen.

8. Pour celles et ceux qui ne connaissent pas Dieu
Le diacre : Prions pour ceux qui ne connaissent pas Dieu : demandons qu'en recherchant d'un cœur sincère ce qui est droit ils puissent parvenir jusqu'à Dieu lui-même.
Prière en silence. Puis le prêtre dit ou chante l'oraison :
Dieu éternel et tout-puissant, tu as créé l'être humain pour qu'il te cherche dans un désir inlassable et que son cœur s'apaise en te trouvant ; nous t'en prions, fais que tous, au milieu des difficultés qui leur font obstacle, discernent les signes de ta tendresse et perçoivent le témoignage des œuvres bonnes de ceux qui croient en toi, afin d'avoir le bonheur de te reconnaître, toi, le seul vrai Dieu et notre Père. Par le Christ, notre Seigneur. ***— Amen.***

9. Pour les responsables des pouvoirs publics
Le diacre : Prions pour les chefs d'État et tous les responsables des affaires publiques : que le Seigneur notre Dieu dirige leur esprit et leur cœur selon sa volonté pour la paix véritable et la liberté de tous.
Prière en silence. Puis le prêtre dit ou chante l'oraison :
Dieu éternel et tout-puissant, le cœur humain et les droits des peuples sont dans ta main ; regarde avec bienveillance ceux qui exercent le pouvoir sur nous ; que par ta grâce s'affermissent partout sur la terre la sécurité et la paix, la prospérité des nations et la liberté religieuse. Par le Christ, notre Seigneur.
— Amen.

10. Pour nos frères et sœurs dans l'épreuve

Le diacre : Frères et sœurs bien-aimés, prions Dieu le Père tout-puissant, pour qu'il purifie le monde de toute erreur, chasse les maladies et repousse la famine, ouvre les prisons et brise les chaînes, protège ceux qui voyagent, ramène chez eux les exilés, donne la force aux malades, et, aux mourants, accorde le salut.

Prière en silence. Puis le prêtre dit ou chante l'oraison :

Dieu éternel et tout-puissant, consolation des affligés, force de ceux qui peinent, entends les prières de ceux qui crient vers toi, quelles que soient leurs souffrances : que tous aient la joie de trouver dans leurs détresses le secours de ta miséricorde. Par le Christ, notre Seigneur.

— Amen.

ADORATION DE LA SAINTE CROIX

À l'époque du Christ, la croix évoquait l'horreur et l'humiliation. On l'appelait « le supplice honteux » et il était défendu de crucifier un citoyen romain. La mort sur la croix était réservée aux esclaves et aux bandits d'origine étrangère. Mais en faisant de sa mort un geste d'amour « jusqu'au bout », Jésus en a fait l'instrument de notre salut.

Présentation de la sainte Croix

Le prêtre, le diacre ou un autre ministre présente la Croix en chantant à trois reprises : Voici le bois de la Croix, qui a porté le salut du monde.

— Venez, adorons !

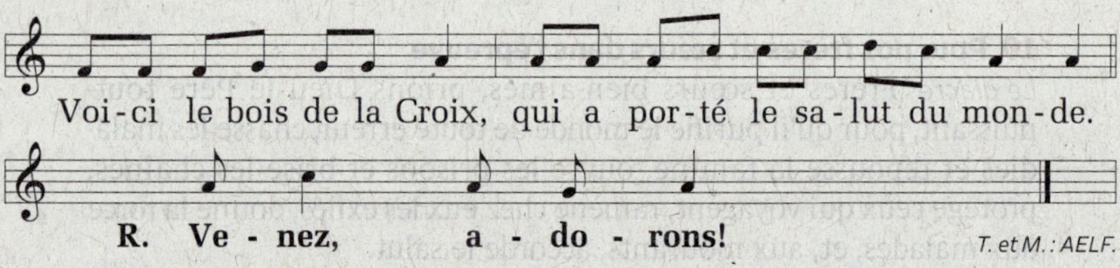

T. et M. : AELF.

Ceux qui le peuvent s'agenouillent et adorent en silence pendant quelques instants.

Adoration de la sainte Croix

SAINTE COMMUNION

On communie au corps du Christ consacré la veille.

Notre Père

Comme nous l'avons appris du Sauveur, et selon son commandement, nous osons dire :

OU

Unis dans le même Esprit, nous pouvons dire avec confiance la prière que nous avons reçue du Sauveur :

Notre Père qui es aux cieux, que ton nom soit sanctifié,
que ton règne vienne, que ta volonté soit faite
sur la terre comme au ciel.

Donne-nous aujourd'hui notre pain de ce jour.
Pardonne-nous nos offenses,
comme nous pardonnons aussi à ceux qui nous ont offensés.
Et ne nous laisse pas entrer en tentation, mais délivre-nous du Mal.
Délivre-nous de tout mal, Seigneur, et donne la paix à notre temps : soutenus par ta miséricorde, nous serons libérés de tout péché, à l'abri de toute épreuve, nous qui attendons que se réalise cette bienheureuse espérance : l'avènement de Jésus Christ, notre Sauveur.
Car c'est à toi qu'appartiennent le règne,
la puissance et la gloire pour les siècles des siècles !

Montrant aux fidèles le pain eucharistique, le prêtre invite à la communion en ces termes :
Voici l'Agneau de Dieu, voici celui qui enlève les péchés du monde.
Heureux les invités au repas des noces de l'Agneau !
— Seigneur, je ne suis pas digne de te recevoir ;
mais dis seulement une parole et je serai guéri.

Prière après la communion

Dieu éternel et tout-puissant, tu nous as renouvelés par la mort et la résurrection bienheureuse de ton Christ ; entretiens en nous l'œuvre de ta miséricorde : que notre communion à ce mystère consacre à ton service notre vie tout entière. Par le Christ, notre Seigneur.
— Amen.

RITE DE CONCLUSION

Prière sur le peuple

Que ta bénédiction, nous t'en prions, Seigneur, descende en abondance sur ton peuple qui a célébré la mort de ton Fils dans l'espérance de sa propre résurrection : accorde-lui pardon et réconfort, augmente sa foi, assure son éternelle rédemption. Par le Christ, notre Seigneur. **— *Amen.***

COMMENTAIRE DU VENDREDI SAINT

Marie-Caroline Bustarret, théologienne, enseignante aux facultés Loyola Paris

Un jour pour pleurer

Les textes du Vendredi saint sont douloureux à lire, de part en part. Ils nous confrontent à la souffrance qui accable l'humanité depuis la nuit des temps. Du livre d'Isaïe à l'évangile de la Passion en passant par le psaume et la lettre aux Hébreux, il est question de violence, d'injustice et de mort. Et nous, hommes et femmes du XXIe siècle, sommes bien placés pour savoir que cette histoire sombre ne s'est pas arrêtée à la Croix. Or, en ce jour, il nous est précisément proposé de nous arrêter là, de ne pas chercher trop vite la consolation de la Résurrection. Exerçons notre compassion devant ces histoires anciennes racontées chaque année à Pâques afin d'apprendre à nous laisser toucher par celles, nouvelles, qui inondent notre actualité. Aujourd'hui donc, il nous est demandé de pleurer pour le serviteur méprisé et souffrant •••

••• évoqué par Isaïe. Aujourd'hui, nous sommes invités à joindre nos cris à ceux du psalmiste, un homme accablé qui, en ses heures de détresse, n'a d'autre recours que Dieu. Aujourd'hui, il nous est demandé de demeurer au pied de la Croix pour contempler le Christ crucifié dont la mort injuste n'a pas mis fin à nos souffrances mais a révélé le visage inouï d'un Dieu qui partage notre sort. Un Dieu qui jamais ne se tient à l'écart des maux du monde et répète sans relâche : « Sois fort et prends courage, je suis avec toi. » Un Dieu à qui nous pouvons répondre en toute confiance à la suite du psalmiste : « Moi, je suis sûr de toi, Seigneur. »

Dans le récit de la Passion relaté en ce jour, des attitudes ou paroles du Christ me touchent-elles plus particulièrement ? Lesquelles ?
À la lecture des textes de ce jour, quel visage de Dieu prend corps pour moi aujourd'hui ? ■

Prions en Église
Junior

LIRE L'ÉVANGILE AVEC LES ENFANTS

CE QUE JE DÉCOUVRE

L'histoire du procès de Jésus est bouleversante. **Jésus est condamné à mort alors qu'il n'avait jamais cessé de faire le bien.** Toute sa vie, il a guéri les malades et dit de tellement belles paroles que beaucoup l'écoutaient et le suivaient. Mais Jésus gênait aussi ceux qui ne voulaient pas changer de vie et devenir meilleurs. Ils ont décidé de le faire disparaître. Vraiment, cet homme était le Fils de Dieu !

CE QUE JE VIS

Regarde la croix de Jésus.
As-tu découvert à quel point Dieu t'aime ?
Quelle parole de la vie de Jésus aimes-tu le plus ?

Dis merci à Jésus pour tout ce qu'il a fait pour que les hommes se tournent vers son Père. Souviens-toi de cette belle prière qu'il nous a donnée pour parler à Dieu : « Notre Père... »

Texte : Benoît Gschwind. Illustrations : Jérôme Brasseur

CHEMIN DE CROIX

Les pierres crieront-elles ?

Avec Marie, Symon de Cyrène, Véronique et les femmes de Jérusalem, accompagnons le Christ sur le chemin du calvaire. Confions le monde à sa prière.

1 Jésus est condamné à mort

Hier, palmes à la main, la foule t'acclamait. Aujourd'hui, poings levés, elle exige ta mort. Tu n'as cessé de remettre les égarés sur le chemin de la vie. Pourquoi t'envoie-t-on à la fosse ? Tes paroles de vie fascinent, mais t'attirent l'inimitié. Pardon, Seigneur, de rêver un christianisme confortable où, lovés dans un fauteuil, nous serions à l'abri des cris du monde. Pardon de préférer, quelquefois, la médiocrité à la sainteté.

2 Jésus est chargé de sa croix

À la suite de ton père adoptif, Joseph le charpentier, tu chérissais le bois, son odeur, ses lignes, tandis que tu le taillais, le ponçais, lui donnais les plus belles formes. Ironie du sort, une grossière poutre sera l'instrument de ton supplice. Comme nos péchés, qui chargent tes épaules. Pardon, Seigneur. Change-nous en madriers robustes, en voliges résistantes, en chevrons fiables, précieux pour l'édification de ton Église.

3 **Jésus tombe une première fois**

Épuisé, affamé, accablé par le poids du dédain et des sarcasmes, tu aurais pu rester cloué à terre, au milieu des femmes et des hommes terrassés par les humiliations, par l'injustice, par la misère. Soutenu par une invincible espérance, tu te relèves, entraînant avec toi ceux qui se noient dans leur désespoir. Jésus, quand nous sommes accablés, que ta vaillance nous revigore.

4 **Jésus rencontre sa mère**

Trente ans plus tôt, immense était ta joie, Marie, alors que tu gambadais dans la campagne, à la rencontre d'Élisabeth. Ton sein abritait celui dont le « règne n'aura pas de fin » (Lc 1, 33). Aujourd'hui, te voilà impuissante à le protéger, solidaire de bien des mères désemparées pour leurs enfants en péril. Désarmée et néanmoins resplendissante. Noble dans ce désastre. Avec toutes les fibres de ton être, tu pressens que tu le reverras bientôt.

5 **Simon de Cyrène porte la Croix derrière Jésus**

Simon de Cyrène, pensais-tu rentrer tôt des champs, pour la joie de ta femme et de tes enfants ? Te voilà réquisitionné. Le condamné a besoin d'aide. Soulager un supplicié te procure-t-il sérénité ? Ressens-tu la gratitude et l'innocence de l'homme de douleurs ? La charité n'attend pas. Elle nous presse. Seigneur, ne nous permets pas de résister aux cris des malades, des écorchés vifs.

6 Véronique essuie le visage de Jésus

Tous ne t'ont pas abandonné. Spontanément, bravant les soldats, Véronique essuie d'un linge ton sang, ta sueur, tes larmes, et adoucit ton martyre. Toi, la générosité incarnée, le dégoût naturel pour l'homme avili ne l'arrête pas. Toi aussi, quelques semaines plus tôt, sans reculer, tu secourais les lépreux, laissés-pour-compte de Palestine. Donne-nous, Seigneur, de chercher ton visage et de te consoler dans les parias allongés à nos portes.

7 Jésus tombe une deuxième fois

Malgré l'aide de Simon de Cyrène, tu gis à nouveau, à même le sol. Resteras-tu immobile et prostré, dans l'attente d'un miracle ? C'eût été fuir ta mission : tracer un sillon d'espérance pour nous tous. Douloureusement, tu te relèves. Pour nous, paralysés à bien des reprises. Dépression et angoisse nous terrassent. Les addictions nous engluent. À ta suite, donne-nous, Seigneur, d'avancer boiteux au lieu de demeurer enlisés.

8 Jésus rencontre les femmes de Jérusalem

Quelle tragédie ! En te croisant, des femmes de Jérusalem pleurent de désolation. Comme nous tous. Tes paroles étaient un baume sur nos plaies, tes miracles le présage d'un monde meilleur. « Versez des larmes, murmures-tu, des larmes néanmoins différentes. Torrents versés en souvenir de vos péchés. Vos yeux ruisselants vous mèneront à la joie, joie de vous retrouver un jour avec moi, dans le jardin de la vie. »

9 Jésus tombe une troisième fois

Un coq chante. Simon le passionné, épris de sainteté, prêt à te suivre jusqu'aux confins, t'a renié. À trois reprises. À chacune de ses chutes, tu échoues dans la terre rocailleuse souillée de sang… aux côtés de Pierre l'inconsolable, forgé au creuset de l'humilité. À l'oreille, tu lui chuchotes : « Je sais que tu m'aimes. Allons. Debout. Comme un enfant, sois prompt à te relever. Jamais ma main ne te lâchera. Crois seulement. Espère toujours. »

10 Jésus est dépouillé de ses vêtements

Des soldats jouent aux dés les lambeaux qui voilent ton intimité. Te voilà nu, la dignité dérobée. Comme au jour de ton premier cri. Au berceau, les uns croulent sous les barboteuses. Les autres se voient ravir leur unique chemise. Comme toi, gravissant le Golgotha. Pourtant, ta peau lacérée abrite une dignité imprenable, notre dignité commune, qui nous permet de traverser la vie, tête haute : nous sommes enfants de Dieu, fils et filles de Roi.

11 Jésus est cloué sur la Croix

Les hommes se jouent-ils de toi ? Ils t'ont laissé charrier une poutre trop lourde. Ils t'ont raillé quand tu avalais la poussière du sol. Maintenant, muni de son marteau, le bourreau cloue tes membres. Lorsque nous ignorons ton visage de mendiant nauséabond, d'alcoolique débraillé ou de fou repoussant, ne lui ressemblons-nous pas ? Cependant, tes bras demeurent assidûment étendus, en une attitude de pardon ininterrompue.

12 Jésus meurt sur la Croix

Tu ne joues pas la comédie. Ta soif est extrême, ton corps est une plaie vive, ton sentiment d'abandon est incommensurable : « Mon Dieu, mon Dieu, pourquoi m'as-tu abandonné ? » Ton cri rejoint celui de Job, astreint à se gratter dans la cendre. Ou de Rachel, qui pleure ses enfants disparus. Motivée par l'amour, ta souffrance d'homme-Dieu fait écho à celle du cancéreux en phase terminale, du prisonnier condamné à perpétuité, de l'enfant battu, violé, inconsolable.

13 Jésus, détaché de la Croix, est remis à sa mère

La dépouille de ton fils gît sur tes genoux, Marie. Tes bras l'entourent en un geste de protection. Quelles pensées te traversent l'esprit ? Te rappelles-tu ta joie à bercer le nourrisson ? Te remémores-tu la beauté de sa vie, son extrême fécondité ? Tout ça pour en arriver là… Dans la douleur que les mots ne peuvent décrire, tu restes digne. Ton fils, ton chéri dont tu étreins le cadavre, est vraiment le Fils de Dieu !

14 Jésus est déposé au tombeau

Tout est accompli. De la crèche à la Croix, il n'y a qu'un pas. Nourrisson, Joseph t'avait déposé dans une mangeoire garnie de paille. Aujourd'hui, un autre Joseph, venu d'Arimathie, t'offre son tombeau, neuf. Les bandelettes enveloppent ton corps. Myrrhe et aloès exhalent leur parfum. La pierre referme le sépulcre. La Bonne Nouvelle est emmurée, étouffée, censurée. Tout est fini. Vraiment ? Pour venger pareille injustice, les pierres crieront-elles ? ■

Thibault Van Den Driessche, journaliste

« *Obscure est la nuit du tombeau, et pourtant l'éclat des plaies sacrées traverse l'épaisseur de la pierre, la soulève et la met de côté comme une plume ; de l'obscurité du tombeau se lève le corps ressuscité du Fils de l'homme, éblouissant de lumière, rayonnant de clarté.* » **(Extrait d'une poésie d'Edith Stein)**

SAMEDI 19 AVRIL 2025

SAMEDI SAINT

« Ils ont fait descendre aux enfers le soleil de tous les soleils : La porte est sur lui verrouillée… Qui pourrait dormir ? »

Hymne de l'Office des Lectures

Lors de ton entrée à Jérusalem, beaucoup étendaient leurs manteaux et t'acclamaient : « Béni soit celui qui vient, le Roi, au nom du Seigneur. » Quelques pharisiens voulaient te faire taire. Mais on ne muselle pas la Bonne Nouvelle : « Si eux se taisent, les pierres crieront » (Lc 19, 40). Restons en éveil. Tout n'est pas fini. En ce grand samedi où l'attente creuse nos cœurs, notre joie se mêle à nos larmes. Bientôt, l'éclat de tes plaies sacrées traversera l'épaisseur de la pierre.

DANS LA NUIT DU 19 AU 20 AVRIL 2025

VEILLÉE PASCALE

ANNÉE C – COULEUR LITURGIQUE : BLANC

« Elles trouvèrent la pierre roulée sur le côté du tombeau. » Luc 24, 2

« Que la terre soit heureuse, illuminée de la splendeur du Roi éternel. » Allumé au feu bénit, le cierge pascal brille dans la nuit obscure. Peu à peu, la lumière se répand parmi les fidèles. Christ est lumière. Par sa résurrection, il chasse de nos cœurs les ténèbres du désespoir. Ce soir, le Ressuscité nous promet la vie en abondance. Exultons. Christ vivant est au milieu de nous !

OFFICE DE LA LUMIÈRE

À l'endroit qui convient, un feu a été préparé. Lorsque le peuple est rassemblé, le prêtre s'y rend avec le diacre et les autres ministres, dont l'un porte le cierge pascal. Le prêtre salue l'assemblée et lui explique brièvement le sens de la veillée par les paroles suivantes, ou en des termes semblables :

Frères et sœurs bien-aimés, en cette nuit très sainte où notre Seigneur Jésus Christ est passé de la mort à la vie, l'Église invite tous ses enfants disséminés de par le monde à se réunir pour veiller et prier.

Nous allons donc commémorer la Pâque du Seigneur en écoutant sa parole et en célébrant ses mystères ; ainsi nous aurons l'espérance d'avoir part à son triomphe sur la mort et de vivre avec lui en Dieu.

Puis le prêtre bénit le feu :

Seigneur Dieu, par ton Fils tu as apporté à tes fidèles le feu de ta splendeur ; sanctifie ce feu ✠ nouveau ; accorde-nous, durant ces fêtes pascales, d'être enflammés d'un si grand désir du ciel que nous puissions parvenir, avec un cœur pur, aux fêtes de l'éternelle lumière. Par le Christ, notre Seigneur. – ***Amen.***

Le prêtre peut à ce moment souligner les symboles inscrits sur le cierge pascal : la croix, les lettres grecques alpha et oméga, et les quatre chiffres du millésime de l'année en cours.

Il prononce en même temps les paroles suivantes :

Le Christ, hier et aujourd'hui, commencement et fin de toutes choses, Alpha et Oméga ; à lui, le temps et l'éternité, à lui, la gloire et la puissance pour les siècles sans fin. Amen.

Le prêtre allume alors le cierge pascal au feu nouveau, en disant :

Que la lumière du Christ, ressuscitant dans la gloire, dissipe les ténèbres de notre cœur et de notre esprit. Amen.

La procession commence. Dans l'église obscurcie, seule brille la clarté du cierge pascal. Le diacre (à défaut, le prêtre) chante cette acclamation :

T. et M. : AELF.

On répète trois fois sur un ton de plus en plus élevé. Les fidèles allument leur cierge au cierge pascal ou bien s'en communiquent la flamme.

Annonce de Pâques

L'annonce de la Pâque est chantée par le diacre ou, à défaut, par un prêtre ou par un chantre. Tous se tiennent debout, portant leur cierge allumé.

Forme longue

Des acclamations du peuple peuvent être insérées dans le cours de ce chant.

Exultez dans le ciel, multitude des anges ! Exultez, célébrez les mystères divins ! Résonne, trompette du salut, pour la victoire d'un si grand Roi ! Que la terre, elle aussi, soit heureuse, irradiée de tant de feux : illuminée de la splendeur du Roi éternel, qu'elle voie s'en aller l'obscurité qui recouvrait le monde entier ! Réjouis-toi, Église notre mère, parée d'une lumière si éclatante ! Que retentisse dans ce lieu saint l'acclamation de tous les peuples !

Si l'annonce est chantée par un laïc, il omet les paroles entre parenthèses jusqu'à « Et avec votre esprit ». (Et vous, mes frères et sœurs bien-aimés, qui vous tenez ici dans l'admirable clarté de cette lumière sainte, invoquez avec moi, je vous prie, la miséricorde de Dieu tout-puissant. Il m'a choisi dans mon indignité pour être à son service : qu'il répande la clarté de sa lumière, pour que je puisse chanter la louange du cierge pascal.)

(Le Seigneur soit avec vous. **— *Et avec votre esprit.***)

Élevons notre cœur. **— *Nous le tournons vers le Seigneur.***

Rendons grâce au Seigneur notre Dieu. **— *Cela est juste et bon.***

Vraiment, il est juste et bon de chanter à pleine voix, dans tout l'élan du cœur et de l'esprit, le Père tout-puissant, Dieu invisible, et son

Fils unique, Jésus Christ, notre Seigneur. C'est lui qui a remis pour nous au Père éternel le prix de la dette encourue par Adam ; c'est lui qui répandit son sang par amour pour effacer la condamnation du premier péché.

Car voici la fête de la Pâque dans laquelle est mis à mort l'Agneau véritable dont le sang consacre les portes des croyants. Voici la nuit où tu as tiré d'Égypte les enfants d'Israël, nos pères, et leur as fait passer la mer Rouge à pied sec. Voici la nuit où le feu d'une colonne lumineuse a dissipé les ténèbres du péché. Voici la nuit qui arrache au monde corrompu, aveuglé par le mal, ceux qui, aujourd'hui et dans tout l'univers, ont mis leur foi dans le Christ : nuit qui les rend à la grâce et leur ouvre la communion des saints. Voici la nuit où le Christ, brisant les liens de la mort, s'est relevé, victorieux, du séjour des morts.

À quoi nous servirait-il de naître sans le bonheur d'être sauvés ? Ô merveilleuse condescendance de ta tendresse envers nous ! Inestimable choix de ton amour : pour racheter l'esclave, tu as livré le Fils ! Il fallait le péché d'Adam que la mort du Christ abolit. Ô bienheureuse faute qui nous valut pareil Rédempteur !

Ô nuit de vrai bonheur, qui seule mérita de connaître le temps et l'heure où le Christ a surgi du séjour des morts ! Voici la nuit dont il est écrit : « La nuit resplendira comme le jour ; la nuit même est lumière pour ma joie. » Car le pouvoir sanctifiant de cette nuit chasse les crimes et lave les fautes, rend l'innocence aux coupables et l'allégresse aux affligés, dissipe la haine, dispose à la concorde et soumet toute puissance. Dans la grâce de cette nuit, accueille, Père très saint, en sacrifice du soir (la flamme montant de) cette colonne de cire (œuvre des abeilles) que la sainte Église t'offre par nos mains. Mais déjà nous savons ce que proclame cette colonne qui brûle avec éclat en l'honneur de Dieu : quand on en transmet la flamme, sa clarté ne diminue pas. (Car elle se nourrit de la cire produite par l'abeille, comme par une mère, pour former la substance de ce précieux luminaire.)

Ô nuit de vrai bonheur, nuit où le ciel s'unit à la terre, où l'homme rencontre Dieu. Aussi nous t'en prions, Seigneur : permets que ce cierge consacré en l'honneur de ton nom brûle sans déclin pour dissiper les ténèbres de cette nuit. Qu'il te soit d'un parfum agréable et joigne sa clarté à celle des étoiles. Qu'il brûle encore quand se lèvera l'astre du matin, cet astre sans pareil qui ne connaît pas de couchant, le Christ, ton Fils, revenu du séjour des morts, qui répand sur le genre humain sa lumière et sa paix, lui qui vit et règne pour les siècles des siècles.

— *Amen.*

LITURGIE DE LA PAROLE

La Bible fait le récit des grands gestes de l'amour de Dieu. Le prêtre nous invite à écouter ces témoignages en disant, par exemple :

Frères et sœurs bien-aimés, nous voici entrés dans la vigile solennelle : écoutons maintenant d'un cœur paisible la parole de Dieu. Méditons, et voyons comment, dans les temps passés, Dieu a sauvé son peuple, et comment dans ces temps qui sont les derniers, il nous a envoyé son Fils comme Rédempteur.

Demandons à notre Dieu de conduire jusqu'à son plein achèvement cette œuvre de salut inaugurée dans le mystère de Pâques.

Lectures

Lecture du livre de la Genèse (1, 1 – 2, 2)

(Lecture brève : 1, 1.26-31a)

« Dieu vit tout ce qu'il avait fait : cela était très bon »

Au commencement, Dieu créa le ciel et la terre.

La suite de la lecture brève reprend p. 214

La terre était informe et vide, les ténèbres étaient au-dessus de l'abîme et le souffle de Dieu planait au-dessus des eaux.

Dieu dit : « Que la lumière soit. » Et la lumière fut. Dieu vit que la lumière était bonne, et Dieu sépara la lumière des ténèbres. Dieu appela la lumière « jour », il appela les ténèbres « nuit ». Il y eut un soir, il y eut un matin : premier jour.

Et Dieu dit : « Qu'il y ait un firmament au milieu des eaux, et qu'il sépare les eaux. » Dieu fit le firmament, il sépara les eaux qui sont au-dessous du firmament et les eaux qui sont au-dessus. Et ce fut ainsi. Dieu appela le firmament « ciel ». Il y eut un soir, il y eut un matin : deuxième jour.

Et Dieu dit : « Les eaux qui sont au-dessous du ciel, qu'elles se rassemblent en un seul lieu, et que paraisse la terre ferme. » Et ce fut ainsi. Dieu appela la terre ferme « terre », et il appela la masse des eaux « mer ». Et Dieu vit que cela était bon.

Dieu dit : « Que la terre produise l'herbe, la plante qui porte sa semence, et que, sur la terre, l'arbre à fruit donne, selon son espèce, le fruit qui porte sa semence. » Et ce fut ainsi. La terre produisit l'herbe, la plante qui porte sa semence, selon son espèce, et l'arbre

qui donne, selon son espèce, le fruit qui porte sa semence. Et Dieu vit que cela était bon. Il y eut un soir, il y eut un matin : troisième jour.
Et Dieu dit : « Qu'il y ait des luminaires au firmament du ciel, pour séparer le jour de la nuit ; qu'ils servent de signes pour marquer les fêtes, les jours et les années ; et qu'ils soient, au firmament du ciel, des luminaires pour éclairer la terre. » Et ce fut ainsi. Dieu fit les deux grands luminaires : le plus grand pour commander au jour, le plus petit pour commander à la nuit ; il fit aussi les étoiles. Dieu les plaça au firmament du ciel pour éclairer la terre, pour commander au jour et à la nuit, pour séparer la lumière des ténèbres. Et Dieu vit que cela était bon. Il y eut un soir, il y eut un matin : quatrième jour.
Et Dieu dit : « Que les eaux foisonnent d'une profusion d'êtres vivants, et que les oiseaux volent au-dessus de la terre, sous le firmament du ciel. » Dieu créa, selon leur espèce, les grands monstres marins, tous les êtres vivants qui vont et viennent et foisonnent dans les eaux, et aussi, selon leur espèce, tous les oiseaux qui volent. Et Dieu vit que cela était bon. Dieu les bénit par ces paroles : « Soyez féconds et multipliez-vous, remplissez les mers, que les oiseaux se multiplient sur la terre. » Il y eut un soir, il y eut un matin : cinquième jour.
Et Dieu dit : « Que la terre produise des êtres vivants selon leur espèce, bestiaux, bestioles et bêtes sauvages selon leur espèce. » Et ce fut ainsi. Dieu fit les bêtes sauvages selon leur espèce, les

bestiaux selon leur espèce, et toutes les bestioles de la terre selon leur espèce. Et Dieu vit que cela était bon.

Reprise de la lecture brève

Dieu dit : « Faisons l'homme à notre image, selon notre ressemblance. Qu'il soit le maître des poissons de la mer, des oiseaux du ciel, des bestiaux, de toutes les bêtes sauvages, et de toutes les bestioles qui vont et viennent sur la terre. » Dieu créa l'homme à son image, à l'image de Dieu il le créa, il les créa homme et femme. Dieu les bénit et leur dit : « Soyez féconds et multipliez-vous, remplissez la terre et soumettez-la. Soyez les maîtres des poissons de la mer, des oiseaux du ciel, et de tous les animaux qui vont et viennent sur la terre. » Dieu dit encore : « Je vous donne toute plante qui porte sa semence sur toute la surface de la terre, et tout arbre dont le fruit porte sa semence : telle sera votre nourriture. À tous les animaux de la terre, à tous les oiseaux du ciel, à tout ce qui va et vient sur la terre et qui a souffle de vie, je donne comme nourriture toute herbe verte. » Et ce fut ainsi. Et Dieu vit tout ce qu'il avait fait; et voici : cela était très bon. Il y eut un soir, il y eut un matin : sixième jour.

Fin de la lecture brève

Ainsi furent achevés le ciel et la terre, et tout leur déploiement. Le septième jour, Dieu avait achevé l'œuvre qu'il avait faite. Il se reposa, le septième jour, de toute l'œuvre qu'il avait faite.
– Parole du Seigneur.

Psaume 103 (104)

℟ ***Ô Seigneur, envoie ton Esprit qui renouvelle la face de la terre !***

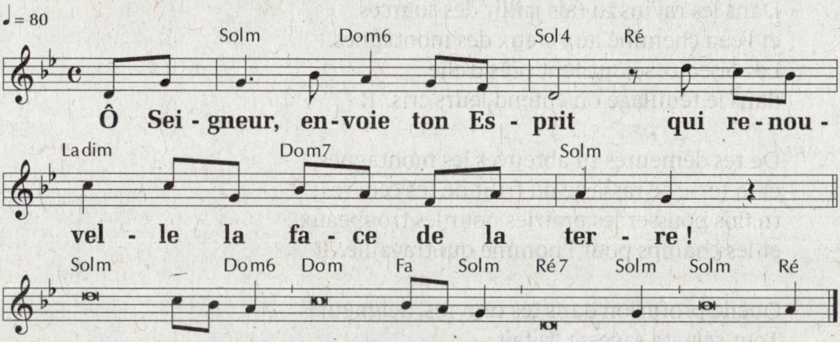

T. : AELF ; M. : M. Wackenheim ; Éd. : ADF.

Bénis le Seigneur, ô mon âme ;
Seigneur mon Dieu, tu es si grand !
Revêtu de magnificence,
tu as pour manteau la lumière ! ℟

Tu as donné son assise à la terre :
qu'elle reste inébranlable au cours des temps.
Tu l'as vêtue de l'abîme des mers :
les eaux couvraient même les montagnes. ℟

Écoutez ce psaume sur
www.prionseneglise.fr/
messe-du-dimanche

℟ ***Ô Seigneur, envoie ton Esprit qui renouvelle la face de la terre !***

Dans les ravins tu fais jaillir des sources
et l'eau chemine aux creux des montagnes.
Les oiseaux séjournent près d'elle :
dans le feuillage on entend leurs cris. ℟

De tes demeures tu abreuves les montagnes,
et la terre se rassasie du fruit de tes œuvres ;
tu fais pousser les prairies pour les troupeaux,
et les champs pour l'homme qui travaille. ℟

Quelle profusion dans tes œuvres, Seigneur !
Tout cela, ta sagesse l'a fait ;
la terre s'emplit de tes biens.
Bénis le Seigneur, ô mon âme ! ℟

On peut aussi prendre le psaume 32 (33).

Prière

Dieu éternel et tout-puissant, toi qui es admirable dans la réalisation de toutes tes œuvres, donne à ceux que tu as rachetés de comprendre que le sacrifice du Christ, notre Pâque, à la plénitude des temps, est une œuvre plus merveilleuse encore que la création au commencement du monde. Lui qui… — ***Amen.***

OU

Seigneur Dieu, tu as créé l'être humain d'une manière admirable et tu l'as racheté d'une manière plus admirable encore ; nous t'en prions, donne-nous de résister aux attraits du péché par un esprit de sagesse, et de parvenir ainsi aux joies éternelles. Par le Christ, notre Seigneur.

— Amen.

Lecture du livre de la Genèse (22, 1-18)

(Lecture brève : 22, 1-2.9a.10-13.15-18)

Sacrifice et délivrance d'Isaac, le fils bien-aimé

En ces jours-là, Dieu mit Abraham à l'épreuve. Il lui dit : « Abraham ! » Celui-ci répondit : « Me voici ! » Dieu dit : « Prends ton fils, ton unique, celui que tu aimes, Isaac, va au pays de Moriah, et là tu l'offriras en holocauste sur la montagne que je t'indiquerai. »

Interruption de la lecture brève

Abraham se leva de bon matin, sella son âne, et prit avec lui deux de ses serviteurs et son fils Isaac. Il fendit le bois pour l'holocauste, et se mit en route vers l'endroit que Dieu lui avait indiqué. Le troisième jour, Abraham, levant les yeux, vit l'endroit de loin. Abraham dit à ses serviteurs : « Restez ici avec l'âne. Moi et le garçon, nous irons jusque là-bas pour adorer, puis nous reviendrons vers vous. » Abraham prit le bois pour l'holocauste et le chargea sur son fils Isaac ; il prit le feu et le couteau, et tous deux s'en allèrent ensemble.

Isaac dit à son père Abraham : « Mon père ! – Eh bien, mon fils ? » Isaac reprit : « Voilà le feu et le bois, mais où est l'agneau pour l'holocauste ? » Abraham répondit : « Dieu saura bien trouver l'agneau pour l'holocauste, mon fils. » Et ils s'en allaient tous les deux ensemble.
Ils arrivèrent à l'endroit que Dieu avait indiqué. Abraham y bâtit l'autel et disposa le bois, puis il lia son fils Isaac et le mit sur l'autel, par-dessus le bois ;

Reprise de la lecture brève

(Lecture brève : Quand ils furent arrivés à l'endroit que Dieu avait indiqué, *)* Abraham étendit la main et saisit le couteau pour immoler son fils. Mais l'ange du Seigneur l'appela du haut du ciel et dit : « Abraham ! Abraham ! » Il répondit : « Me voici ! » L'ange lui dit : « Ne porte pas la main sur le garçon ! Ne lui fais aucun mal ! Je sais maintenant que tu crains Dieu : tu ne m'as pas refusé ton fils, ton unique. » Abraham leva les yeux et vit un bélier retenu par les cornes dans un buisson. Il alla prendre le bélier et l'offrit en holocauste à la place de son fils.

Interruption de la lecture brève

Abraham donna à ce lieu le nom de « Le-Seigneur-voit ». On l'appelle aujourd'hui : « Sur-le-mont-le-Seigneur-est-vu. »

Reprise de la lecture brève

Du ciel, l'ange du Seigneur appela une seconde fois Abraham. Il déclara : « Je le jure par moi-même, oracle du Seigneur : parce que

tu as fait cela, parce que tu ne m'as pas refusé ton fils, ton unique, je te comblerai de bénédictions, je rendrai ta descendance aussi nombreuse que les étoiles du ciel et que le sable au bord de la mer, et ta descendance occupera les places fortes de ses ennemis. Puisque tu as écouté ma voix, toutes les nations de la terre s'adresseront l'une à l'autre la bénédiction par le nom de ta descendance. »
– Parole du Seigneur.

Psaume 15 (16)

℟ ***Garde-moi, mon Dieu : j'ai fait de toi mon refuge.***

T. : AELF; M. : G. Previdi; Éd. : ADF.

Seigneur, mon partage et ma coupe :
de toi dépend mon sort.
Je garde le Seigneur devant moi sans relâche ;
il est à ma droite : je suis inébranlable. ℟

Écoutez ce psaume sur **www.prionseneglise.fr/messe-du-dimanche**

℟ ***Garde-moi, mon Dieu : j'ai fait de toi mon refuge.***

Mon cœur exulte, mon âme est en fête,
ma chair elle-même repose en confiance :
tu ne peux m'abandonner à la mort
ni laisser ton ami voir la corruption. ℟

Tu m'apprends le chemin de la vie :
devant ta face, débordement de joie !
À ta droite, éternité de délices ! ℟

Prière

Dieu très-haut, Père des croyants, en répandant la grâce de l'adoption, tu multiplies sur toute la terre les fils de ta promesse ; par le mystère pascal, tu établis ton serviteur Abraham père de toutes les nations, comme tu en as fait le serment ; accorde aux peuples qui t'appartiennent la grâce d'entrer dignement dans cet appel. Par le Christ, notre Seigneur. – ***Amen.***

Lecture du livre de l'Exode (14, 15 – 15, 1a)

« Les fils d'Israël avaient marché à pied sec au milieu de la mer »

En ces jours-là, le Seigneur dit à Moïse : « Pourquoi crier vers moi ? Ordonne aux fils d'Israël de se mettre en route ! Toi, lève ton bâton, étends le bras sur la mer, fends-la en deux, et que les fils d'Israël entrent au milieu de la mer à pied sec. Et moi, je

ferai en sorte que les Égyptiens s'obstinent : ils y entreront derrière eux ; je me glorifierai aux dépens de Pharaon et de toute son armée, de ses chars et de ses guerriers. Les Égyptiens sauront que je suis le Seigneur, quand je me serai glorifié aux dépens de Pharaon, de ses chars et de ses guerriers. »

L'ange de Dieu, qui marchait en avant d'Israël, se déplaça et marcha à l'arrière. La colonne de nuée se déplaça depuis l'avant-garde et vint se tenir à l'arrière, entre le camp des Égyptiens et le camp d'Israël. Cette nuée était à la fois ténèbres et lumière dans la nuit, si bien que, de toute la nuit, ils ne purent se rencontrer.

Moïse étendit le bras sur la mer. Le Seigneur chassa la mer toute la nuit par un fort vent d'est ; il mit la mer à sec, et les eaux se fendirent. Les fils d'Israël entrèrent au milieu de la mer à pied sec, les eaux formant une muraille à leur droite et à leur gauche. Les Égyptiens les poursuivirent ; tous les chevaux de Pharaon, ses chars et ses guerriers entrèrent derrière eux jusqu'au milieu de la mer.

Aux dernières heures de la nuit, le Seigneur observa, depuis la colonne de feu et de nuée, l'armée des Égyptiens, et il la frappa de panique. Il faussa les roues de leurs chars, et ils eurent beaucoup de peine à les conduire. Les Égyptiens s'écrièrent : « Fuyons devant Israël, car c'est le Seigneur qui combat pour eux contre nous ! »

Le Seigneur dit à Moïse : « Étends le bras sur la mer : que les eaux reviennent sur les Égyptiens, leurs chars et leurs guerriers ! » Moïse étendit le bras sur la mer. Au point du jour, la mer reprit sa place ;

dans leur fuite, les Égyptiens s'y heurtèrent, et le Seigneur les précipita au milieu de la mer. Les eaux refluèrent et recouvrirent les chars et les guerriers, toute l'armée de Pharaon qui était entrée dans la mer à la poursuite d'Israël. Il n'en resta pas un seul. Mais les fils d'Israël avaient marché à pied sec au milieu de la mer, les eaux formant une muraille à leur droite et à leur gauche.
Ce jour-là, le Seigneur sauva Israël de la main de l'Égypte, et Israël vit les Égyptiens morts sur le bord de la mer. Israël vit avec quelle main puissante le Seigneur avait agi contre l'Égypte. Le peuple craignit le Seigneur, il mit sa foi dans le Seigneur et dans son serviteur Moïse. Alors Moïse et les fils d'Israël chantèrent ce cantique au Seigneur :

Cantique Exode 15, 1b, 2, 3-4, 5-6. 17-18

℟ ***Chantons pour le Seigneur ! Éclatante est sa gloire !***

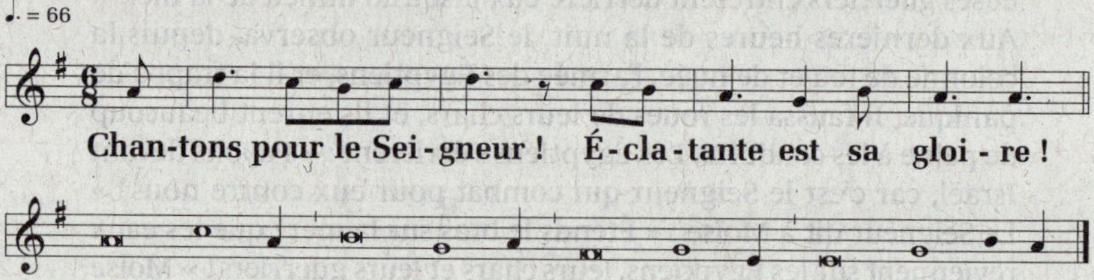

T. : AELF ; M. : T. Ospital ; Éd. : ADF.

Écoutez ce psaume sur
www.prionseneglise.fr/messe-du-dimanche

Je chanterai pour le Seigneur !
Éclatante est sa gloire :
il a jeté dans la mer
cheval et cavalier. ℟

Ma force et mon chant, c'est le Seigneur :
il est pour moi le salut.
Il est mon Dieu, je le célèbre ;
j'exalte le Dieu de mon père. ℟

Le Seigneur est le guerrier des combats :
son nom est « Le Seigneur ».
Les chars du Pharaon et ses armées, il les lance dans la mer.
L'élite de leurs chefs a sombré dans la mer Rouge. ℟

L'abîme les recouvre :
ils descendent, comme la pierre, au fond des eaux.
Ta droite, Seigneur, magnifique en sa force,
ta droite, Seigneur, écrase l'ennemi. ℟

Tu les amènes, tu les plantes sur la montagne, ton héritage,
le lieu que tu as fait, Seigneur, pour l'habiter,
le sanctuaire, Seigneur, fondé par tes mains.
Le Seigneur régnera pour les siècles des siècles. ℟

Prière

Maintenant encore, Seigneur Dieu, nous voyons resplendir tes merveilles d'autrefois : alors que jadis, par ta main puissante, tu as délivré un seul peuple de la poursuite de Pharaon, tu assures désormais le salut de toutes les nations en les faisant renaître par les eaux du baptême ; fais que tous, de par le monde, deviennent des fils d'Abraham et accèdent à la dignité des enfants d'Israël. Par le Christ, notre Seigneur. **– *Amen.***

OU

Seigneur Dieu, dans la lumière de la nouvelle Alliance, tu as donné leur sens aux merveilles accomplies autrefois : on reconnaît dans la mer Rouge l'image de la fontaine baptismale, et le peuple délivré de la servitude préfigure les sacrements du peuple chrétien ; fais que toutes les nations, grâce à la foi, participent au privilège d'Israël, et soient régénérées en recevant ton Esprit. Par le Christ, notre Seigneur. **– *Amen.***

Lecture du livre d'Isaïe (54, 5-14)

Dans sa miséricorde éternelle,
le Seigneur, ton rédempteur, a pitié de toi

Parole du Seigneur adressée à Jérusalem : Ton époux, c'est Celui qui t'a faite, son nom est « Le Seigneur de l'univers ». Ton rédempteur, c'est le Saint d'Israël, il s'appelle « Dieu de toute la terre ». Oui, comme une femme abandonnée, accablée,

le Seigneur te rappelle. Est-ce que l'on rejette la femme de sa jeunesse ? – dit ton Dieu. Un court instant, je t'avais abandonnée, mais dans ma grande tendresse, je te ramènerai. Quand ma colère a débordé, un instant, je t'avais caché ma face. Mais dans mon éternelle fidélité, je te montre ma tendresse, – dit le Seigneur, ton rédempteur.

Je ferai comme au temps de Noé, quand j'ai juré que les eaux ne submergeraient plus la terre : de même, je jure de ne plus m'irriter contre toi, et de ne plus te menacer. Même si les montagnes s'écartaient, si les collines s'ébranlaient, ma fidélité ne s'écarterait pas de toi, mon alliance de paix ne serait pas ébranlée, – dit le Seigneur, qui te montre sa tendresse.

Jérusalem, malheureuse, battue par la tempête, inconsolée, voici que je vais sertir tes pierres et poser tes fondations sur des saphirs. Je ferai tes créneaux avec des rubis, tes portes en cristal de roche, et toute ton enceinte avec des pierres précieuses. Tes fils seront tous disciples du Seigneur, et grande sera leur paix. Tu seras établie sur la justice : loin de toi l'oppression, tu n'auras plus à craindre ; loin de toi la terreur, elle ne t'approchera plus.

– Parole du Seigneur.

Psaume 29 (30)

℟ *Je t'exalte, Seigneur : tu m'as relevé.*

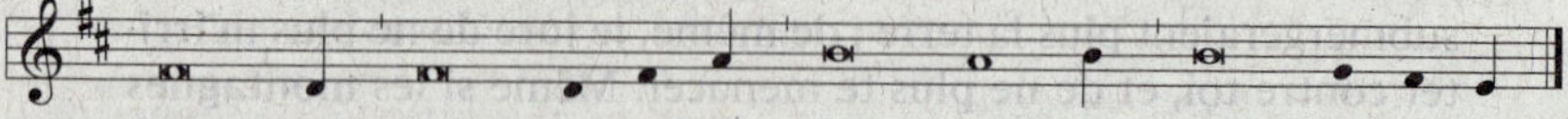

T. : AELF; M. : L. Groslambert; Éd. : ADF.

Quand j'ai crié vers toi, Seigneur,
mon Dieu, tu m'as guéri ;
Seigneur, tu m'as fait remonter de l'abîme
et revivre quand je descendais à la fosse. ℟

Fêtez le Seigneur, vous, ses fidèles,
rendez grâce en rappelant son nom très saint.
Sa colère ne dure qu'un instant,
sa bonté, toute la vie. ℟

Avec le soir, viennent les larmes,
mais au matin, les cris de joie.
Tu as changé mon deuil en une danse,
mes habits funèbres en parure de joie. ℟

Écoutez ce psaume sur
**www.prionseneglise.fr/
messe-du-dimanche**

Que mon cœur ne se taise pas,
qu'il soit en fête pour toi,
et que sans fin, Seigneur, mon Dieu,
je te rende grâce ! ℟

Prière

Dieu éternel et tout-puissant, pour l'honneur de ton nom, multiplie la postérité promise à nos pères à cause de leur foi ; augmente, selon ta promesse, le nombre de tes enfants d'adoption, afin que l'Église reconnaisse à quel point s'accomplit déjà ce que les saints patriarches avaient vu d'avance. Par le Christ, notre Seigneur.
— *Amen.*

Lecture du livre du prophète Isaïe (55, 1-11)

Venez à moi, et vous vivrez ;
je m'engagerai envers vous par une alliance éternelle

Ainsi parle le Seigneur : Vous tous qui avez soif, venez, voici de l'eau ! Même si vous n'avez pas d'argent, venez acheter et consommer, venez acheter du vin et du lait sans argent, sans rien payer. Pourquoi dépenser votre argent pour ce qui ne nourrit pas, vous fatiguer pour ce qui ne rassasie pas ? Écoutez-moi bien, et vous mangerez de bonnes choses, vous vous régalerez de viandes savoureuses ! Prêtez l'oreille ! Venez à moi ! Écoutez, et vous vivrez. Je m'engagerai envers vous par une alliance éternelle : ce sont

les bienfaits garantis à David. Lui, j'en ai fait un témoin pour les peuples, pour les peuples, un guide et un chef. Toi, tu appelleras une nation inconnue de toi ; une nation qui ne te connaît pas accourra vers toi, à cause du Seigneur ton Dieu, à cause du Saint d'Israël, car il fait ta splendeur.
Cherchez le Seigneur tant qu'il se laisse trouver ; invoquez-le tant qu'il est proche. Que le méchant abandonne son chemin, et l'homme perfide, ses pensées ! Qu'il revienne vers le Seigneur qui lui montrera sa miséricorde, vers notre Dieu qui est riche en pardon. Car mes pensées ne sont pas vos pensées, et vos chemins ne sont pas mes chemins, – oracle du Seigneur. Autant le ciel est élevé au-dessus de la terre, autant mes chemins sont élevés au-dessus de vos chemins, et mes pensées, au-dessus de vos pensées.
La pluie et la neige qui descendent des cieux n'y retournent pas sans avoir abreuvé la terre, sans l'avoir fécondée et l'avoir fait germer, donnant la semence au semeur et le pain à celui qui doit manger ; ainsi ma parole, qui sort de ma bouche, ne me reviendra pas sans résultat, sans avoir fait ce qui me plaît, sans avoir accompli sa mission.
– Parole du Seigneur.

Cantique Isaïe 12, 2, 4bcd, 5-6

℟ ***Exultant de joie, vous puiserez les eaux aux sources du salut !***

T. : AELF; M. : B. Delattre; Éd. : ADF.

Voici le Dieu qui me sauve :
j'ai confiance, je n'ai plus de crainte.
Ma force et mon chant, c'est le Seigneur ;
il est pour moi le salut. ℟

Rendez grâce au Seigneur,
proclamez son nom,
annoncez parmi les peuples ses hauts faits !
Redites-le : « Sublime est son nom ! » ℟

Jouez pour le Seigneur, il montre sa magnificence,
et toute la terre le sait.
Jubilez, criez de joie, habitants de Sion,
car il est grand au milieu de toi, le Saint d'Israël ! ℟

Écoutez ce psaume sur
www.prionseneglise.fr/messe-du-dimanche

Prière

Dieu éternel et tout-puissant, unique espoir du monde, toi qui annonçais par la voix des prophètes les mystères qui s'accomplissent en ce temps présent, dans ta bonté, fais grandir les désirs de ton peuple, car, sans ton inspiration, aucun de tes fidèles ne peut progresser en vertu. Par le Christ, notre Seigneur.
—*Amen*.

Lecture du livre du prophète Baruc (3, 9-15.32 – 4, 4)

Marche vers la splendeur du Seigneur

Écoute, Israël, les commandements de vie, prête l'oreille pour acquérir la connaissance. Pourquoi donc, Israël, pourquoi es-tu exilé chez tes ennemis, vieillissant sur une terre étrangère, souillé par le contact des cadavres, inscrit parmi les habitants du séjour des morts ? – Parce que tu as abandonné la Source de la Sagesse ! Si tu avais suivi les chemins de Dieu, tu vivrais dans la paix pour toujours. Apprends où se trouvent et la connaissance, et la force, et l'intelligence ; pour savoir en même temps où se trouvent de longues années de vie, la lumière des yeux et la paix.
Mais qui donc a découvert la demeure de la Sagesse, qui a pénétré jusqu'à ses trésors ? Celui qui sait tout en connaît le chemin, il l'a découvert par son intelligence. Il a pour toujours aménagé la terre, et l'a peuplée de troupeaux. Il lance la lumière, et elle prend sa course ; il la rappelle, et elle obéit en tremblant. Les étoiles brillent,

joyeuses, à leur poste de veille ; il les appelle, et elles répondent : « Nous voici ! » Elles brillent avec joie pour celui qui les a faites. C'est lui qui est notre Dieu : aucun autre ne lui est comparable. Il a découvert les chemins du savoir, et il les a confiés à Jacob, son serviteur, à Israël, son bien-aimé.
Ainsi, la Sagesse est apparue sur la terre, elle a vécu parmi les hommes. Elle est le livre des préceptes de Dieu, la Loi qui demeure éternellement : tous ceux qui l'observent vivront, ceux qui l'abandonnent mourront. Reviens, Jacob, saisis-la de nouveau ; à sa lumière, marche vers la splendeur : ne laisse pas ta gloire à un autre, tes privilèges à un peuple étranger. Heureux sommes-nous, Israël ! Car ce qui plaît à Dieu, nous le connaissons.
– Parole du Seigneur.

Psaume 18B (19)

« Seigneur, tu as les paroles de la vie éternelle. »

Psaume 18B (19)

℟ *Seigneur, tu as les paroles de la vie éternelle.*

T. : AELF; M. : M. Wackenheim; Éd. : ADF.

La loi du Seigneur est parfaite,
qui redonne vie ;
la charte du Seigneur est sûre,
qui rend sages les simples. ℟

Les préceptes du Seigneur sont droits,
ils réjouissent le cœur ;
le commandement du Seigneur est limpide,
il clarifie le regard. ℟

La crainte qu'il inspire est pure,
elle est là pour toujours ;
les décisions du Seigneur sont justes
et vraiment équitables : ℟

Écoutez ce psaume sur
www.prionseneglise.fr/
messe-du-dimanche

plus désir<u>a</u>bles que l'or,
qu'une m<u>a</u>sse d'or fin,
plus savoure<u>u</u>ses que le miel
qui co<u>u</u>le des rayons. ℟

Prière

Seigneur Dieu, tu ne cesses de faire grandir ton Église en appelant à elle toutes les nations ; dans ta bonté, nous te le demandons : garde sous ta constante protection ceux que tu purifies dans l'eau du baptême. Par le Christ, notre Seigneur. — ***Amen.***

Lecture du livre du prophète Ézékiel (36, 16-17a.18-28)

« Je répandrai sur vous une eau pure
et je vous donnerai un cœur nouveau »

La parole du Seigneur me fut adressée : « Fils d'homme, lorsque les gens d'Israël habitaient leur pays, ils le rendaient impur par leur conduite et leurs actes. Alors j'ai déversé sur eux ma fureur, à cause du sang qu'ils avaient versé dans le pays, à cause des idoles immondes qui l'avaient rendu impur. Je les ai dispersés parmi les nations, ils ont été disséminés dans les pays étrangers. Selon leur conduite et leurs actes, je les ai jugés. Dans les nations où ils sont allés, ils ont profané mon saint nom, car on disait : "C'est le peuple du Seigneur, et ils sont sortis de son pays !" Mais j'ai voulu épargner mon saint nom, que les gens d'Israël avaient profané dans

les nations où ils sont allés. Eh bien ! tu diras à la maison d'Israël : Ainsi parle le Seigneur Dieu : Ce n'est pas pour vous que je vais agir, maison d'Israël, mais c'est pour mon saint nom que vous avez profané dans les nations où vous êtes allés. Je sanctifierai mon grand nom, profané parmi les nations, mon nom que vous avez profané au milieu d'elles. Alors les nations sauront que Je suis le Seigneur – oracle du Seigneur Dieu – quand par vous je manifesterai ma sainteté à leurs yeux. Je vous prendrai du milieu des nations, je vous rassemblerai de tous les pays, je vous conduirai dans votre terre. Je répandrai sur vous une eau pure, et vous serez purifiés ; de toutes vos souillures, de toutes vos idoles, je vous purifierai. Je vous donnerai un cœur nouveau, je mettrai en vous un esprit nouveau. J'ôterai de votre chair le cœur de pierre, je vous donnerai un cœur de chair. Je mettrai en vous mon esprit, je ferai que vous marchiez selon mes lois, que vous gardiez mes préceptes et leur soyez fidèles. Vous habiterez le pays que j'ai donné à vos pères : vous, vous serez mon peuple, et moi, je serai votre Dieu. »
– Parole du Seigneur.

S'il y a un baptême, on prend le psaume 50 (51), ci-contre, ou le cantique d'Isaïe (Is 12), p. 229. Sinon on prend le psaume 41 (42), p. 236.

Psaume 50 (51)

℟ *Crée en moi un cœur pur, ô mon Dieu.*

T. : AELF ; M. : G. Previdi ; Éd. : ADF.

Crée en moi un cœur pur, ô mon Dieu,
renouvelle et raffermis au fond de moi mon esprit.
Ne me chasse pas loin de ta face.
ne me reprends pas ton esprit saint. ℟

Rends-moi la joie d'être sauvé ;
que l'esprit généreux me soutienne.
Aux pécheurs, j'enseignerai tes chemins :
vers toi, reviendront les égarés. ℟

Écoutez ce psaume sur **www.prionseneglise.fr/messe-du-dimanche**

Si j'offre un sacrifice, tu n'en veux pas,
tu n'acceptes pas d'holocauste.
Le sacrifice qui plaît à Dieu, c'est un esprit brisé :
tu ne repousses pas, ô mon Dieu, un cœur brisé et broyé. ℟

OU, s'il n'y a pas de baptême :

Psaume 41 (42)

℟ ***Comme un cerf altéré cherche l'eau vive,***
ainsi mon âme te cherche, toi, mon Dieu.

T. : AELF ; M. : J.-P. Hervy ; Éd. : ADF.

Mon âme a soif de Dieu,
le Dieu vivant ;
quand pourrai-je m'avancer,
paraître face à Dieu ? ℟

Écoutez ce psaume sur www.prionseneglise.fr/messe-du-dimanche

Je conduisais vers la maison de mon Dieu
la multitude en fête,
parmi les cris de joie
et les actions de grâce. ℟

Envoie ta lumière et ta vérité :
qu'elles guident mes pas
et me conduisent à ta montagne sainte,
jusqu'en ta demeure. ℟

J'avancerai jusqu'à l'autel de Dieu,
vers Dieu qui est toute ma joie ;
je te rendrai grâce avec ma harpe,
Dieu, mon Dieu ! ℟

Prière

Seigneur Dieu, puissance inaltérable et lumière sans déclin, regarde avec bonté le sacrement que constitue l'Église entière. Comme tu l'as prévu de toute éternité, poursuis dans la paix l'œuvre du salut de l'humanité ; que le monde entier éprouve et reconnaisse la merveille : ce qui était abattu est relevé, ce qui avait vieilli est rénové, et tout retrouve son intégrité première en celui qui est le principe de tout : le Christ. Lui qui… ***— Amen.***

OU
Seigneur Dieu, tu veux nous former à célébrer le mystère pascal en nous faisant écouter l'Ancien et le Nouveau Testament ; ouvre-nous à l'intelligence de ta miséricorde : ainsi la conscience des grâces déjà reçues affermira en nous l'espérance des biens à venir. Par le Christ, notre Seigneur. ***– Amen.***

Hymne pascale

Le prêtre entonne le « Gloire à Dieu » (voir p. 356) que tous chantent debout tandis qu'on sonne les cloches, si les conditions locales le permettent.

Prière

Seigneur Dieu, tu fais resplendir cette nuit très sainte par la gloire de la résurrection du Seigneur ; ravive en ton Église l'esprit qui fait de nous des fils, afin que, renouvelés dans notre corps et notre âme, nous te rendions le culte véritable. Par Jésus Christ, ton Fils, notre Seigneur, qui vit et règne avec toi dans l'unité du Saint-Esprit, Dieu, pour les siècles des siècles. ***– Amen.***

Lecture de la lettre de saint Paul apôtre aux Romains (6, 3b-11)

« Ressuscité d'entre les morts, le Christ ne meurt plus »

Frères, nous tous qui par le baptême avons été unis au Christ Jésus, c'est à sa mort que nous avons été unis par le baptême. Si donc, par le baptême qui nous unit à sa mort, nous avons été mis au tombeau avec lui, c'est pour que nous menions une vie nouvelle, nous aussi, comme le Christ qui, par la toute-puissance du Père, est ressuscité d'entre les morts. Car, si nous avons été unis à lui par une mort qui ressemble à la sienne, nous le serons aussi par une résurrection qui ressemblera à la sienne. Nous le savons : l'homme ancien qui est en nous a été fixé à la croix avec lui pour que le corps du péché soit réduit à rien, et qu'ainsi nous ne soyons plus esclaves du péché. Car celui qui est mort est affranchi du péché.

Et si nous sommes passés par la mort avec le Christ, nous croyons que nous vivrons aussi avec lui. Nous le savons en effet : ressuscité d'entre les morts, le Christ ne meurt plus ; la mort n'a plus de pouvoir sur lui. Car lui qui est mort, c'est au péché qu'il est mort une fois pour toutes ; lui qui est vivant, c'est pour Dieu qu'il est vivant. De même, vous aussi, pensez que vous êtes morts au péché, mais vivants pour Dieu en Jésus Christ.

– Parole du Seigneur.

Psaume 117 (118)

℟ ***Alléluia, alléluia, alléluia !***

T. : AELF ; M. : J.-P. Lécot ; Éd. : ADF.

Rendez grâce au Seigneur : Il est bon !
Éternel est son amour !
Oui, que le dise Israël :
Éternel est son amour ! ℟

Le bras du Seigneur se lève,
le bras du Seigneur est fort !
Non, je ne mourrai pas, je vivrai
pour annoncer les actions du Seigneur. ℟

La pierre qu'ont rejetée les bâtisseurs
est devenue la pierre d'angle :
c'est là l'œuvre du Seigneur,
la merveille devant nos yeux. ℟

Écoutez ce psaume sur
www.prionseneglise.fr/
messe-du-dimanche

Évangile de Jésus Christ selon saint Luc (24, 1-12)

« Pourquoi chercher le Vivant parmi les morts ? »

Le premier jour de la semaine, à la pointe de l'aurore, les femmes se rendirent au tombeau, portant les aromates qu'elles avaient préparés. Elles trouvèrent la pierre roulée sur le côté du tombeau. Elles entrèrent, mais ne trouvèrent pas le corps du Seigneur Jésus. Alors qu'elles étaient désemparées, voici que deux hommes se tinrent devant elles en habit éblouissant. Saisies de crainte, elles gardaient leur visage incliné vers le sol. Ils leur dirent : « Pourquoi cherchez-vous le Vivant parmi les morts ? Il n'est pas ici, il est ressuscité. Rappelez-vous ce qu'il vous a dit quand il était encore en Galilée : "Il faut que le Fils de l'homme soit livré aux mains des pécheurs, qu'il soit crucifié et que, le troisième jour, il ressuscite." » Alors elles se rappelèrent les paroles qu'il avait dites. Revenues du tombeau, elles rapportèrent tout cela aux Onze et à tous les autres. C'étaient Marie Madeleine, Jeanne, et Marie mère de Jacques ; les autres femmes qui les accompagnaient disaient la même chose aux Apôtres. Mais ces propos leur semblèrent délirants, et ils ne les croyaient pas. Alors Pierre se leva et courut au tombeau ; mais en se penchant, il vit les linges, et eux seuls. Il s'en retourna chez lui, tout étonné de ce qui était arrivé.

Homélie

LITURGIE BAPTISMALE

En cette veillée pascale, nous bénissons de nouveau l'eau qui donne vie et dont nous serons aspergés en rappel de notre baptême. Le prêtre explique le sens du baptême, cette nouvelle naissance dans le Christ, en disant par exemple :

Frères et sœurs bien-aimés, en priant tous ensemble pour ceux d'entre nous qui vont être baptisés, soutenons leur espérance. Tandis qu'ils s'approchent de la fontaine baptismale où ils vont naître à la vie nouvelle, demandons au Père tout-puissant de les entourer de toute sa miséricorde.

Quand il n'y a pas de baptême, le prêtre adapte son exhortation aux circonstances. Il pourra dire :

Frères et sœurs bien-aimés, supplions Dieu, le Père tout-puissant, de sanctifier par sa grâce cette fontaine baptismale, et de compter au nombre de ses enfants d'adoption dans le Christ ceux qui renaîtront par le baptême.

Litanies des saints

S'il n'y a pas de baptême, on peut omettre les litanies et passer immédiatement à la bénédiction de l'eau (p. 247).

Seigneur, prends pitié. – ***Seigneur, prends pitié.***
Ô Christ, prends pitié. – ***Ô Christ, prends pitié.***
Seigneur, prends pitié. – ***Seigneur, prends pitié.***
Sainte Marie, Mère de Dieu, ℟ – ***priez pour nous.***
Saint Michel, ℟

Saints Anges de Dieu, ℟
Saint Jean Baptiste, ℟
Saint Joseph, ℟
Saint Pierre et saint Paul, ℟
Saint André, ℟
Saint Jean, ℟
Sainte Marie Madeleine, ℟
Saint Étienne, ℟
Saint Ignace d'Antioche, ℟
Saint Laurent, ℟
Sainte Perpétue et sainte Félicité, ℟
Sainte Agnès, ℟
Saint Grégoire, ℟
Saint Augustin, ℟
Saint Athanase, ℟
Saint Basile, ℟
Saint Martin, ℟
Saint Benoît, ℟
Saint François et saint Dominique, ℟
Saint François Xavier, ℟
Saint Jean-Marie Vianney, ℟
Sainte Catherine de Sienne, ℟
Sainte Thérèse de Jésus, ℟
Vous tous, saints et saintes de Dieu, ***— priez pour nous.***

Montre-toi favorable, ℟ **— *délivre-nous, Seigneur.***
De tout mal, ℟
De tout péché, ℟
De la mort éternelle, ℟
Par ton incarnation, ℟
Par ta mort et ta résurrection, ℟
Par le don de l'Esprit Saint, ℟
Nous qui sommes pécheurs, **— *de grâce, écoute-nous.***

S'il y a des baptêmes :
Pour qu'il te plaise d'accorder à ceux que tu as choisis la vie nouvelle par la grâce du baptême, **— *de grâce, écoute-nous.***

S'il n'y a pas de baptême :
Pour qu'il te plaise de sanctifier par ta grâce cette eau d'où renaîtront pour toi de nouveaux enfants, **— *de grâce, écoute-nous.***
On continue :
Jésus, Fils du Dieu vivant, **— *de grâce, écoute-nous.***
Ô Christ, écoute-nous, **— *Ô Christ, écoute-nous***
Ô Christ, exauce-nous, **— *Ô Christ, exauce-nous.***

À la fin des litanies, le prêtre dit :
Dieu éternel et tout-puissant, viens agir dans les sacrements qui révèlent ta grande tendresse ; envoie ton Esprit d'adoption pour

recréer des peuples nouveaux qui naissent pour toi de la fontaine baptismale : rends efficaces par ta puissance les gestes de notre humble ministère. Par le Christ, notre Seigneur. — ***Amen.***

Bénédiction de l'eau baptismale

S'il n'y a pas de baptême et si l'on ne doit pas non plus bénir de l'eau baptismale pour les baptêmes à venir pendant le temps pascal, on passe à la bénédiction de l'eau *(p. 247)**. Le prêtre bénit l'eau baptismale en disant la prière suivante :*

Seigneur Dieu, par ta puissance invisible, tu accomplis des merveilles dans tes sacrements et, de bien des manières, tu as préparé l'eau, ta créature, à devenir un signe de la grâce baptismale.

Aux origines du monde, ton Esprit planait sur les eaux pour qu'elles reçoivent déjà la force qui sanctifie.

Par les flots du déluge, tu annonçais le baptême qui fait revivre, puisque, dans un seul et même mystère, l'eau marquait la fin du péché et le commencement de la sainteté.

Aux enfants d'Abraham, tu as donné de traverser la mer Rouge à pied sec pour que cette multitude, libérée de l'esclavage de Pharaon, préfigure le peuple des baptisés.

Ton Fils bien-aimé, baptisé par Jean dans les eaux du Jourdain, a reçu l'onction du Saint-Esprit ; suspendu à la croix, il laissa couler de son côté ouvert du sang et de l'eau ; et quand il fut ressuscité, il donna cet ordre à ses disciples : « Allez ! Enseignez toutes les nations : baptisez-les au nom du Père, et du Fils, et du Saint-Esprit. »

Maintenant, Seigneur Dieu, regarde le visage de ton Église et fais jaillir en elle la source du baptême. Que cette eau reçoive de l'Esprit Saint la grâce de ton Fils unique, afin que, par le sacrement du baptême, l'homme, créé à ton image, soit lavé de toutes les souillures de sa condition ancienne et renaisse de l'eau et de l'Esprit Saint pour la vie nouvelle d'enfant de Dieu.

Le prêtre peut aussi, s'il le désire, plonger le cierge pascal dans l'eau en disant (une ou trois fois) : Nous t'en prions, Seigneur : par ton Fils, que la puissance de l'Esprit Saint descende dans l'eau qui remplit cette fontaine *(il peut maintenir le cierge dans l'eau)* afin que, par le baptême, tous ceux qui seront ensevelis dans la mort avec le Christ ressuscitent avec lui pour la vie. Lui qui vit et règne avec toi dans l'unité du Saint-Esprit, Dieu, pour les siècles des siècles. ***— Amen.***

Il retire alors le cierge de l'eau, tandis que l'on chante :

℟ Fontaines du Seigneur, bénissez le Seigneur !
À lui, haute gloire, louange éternelle !

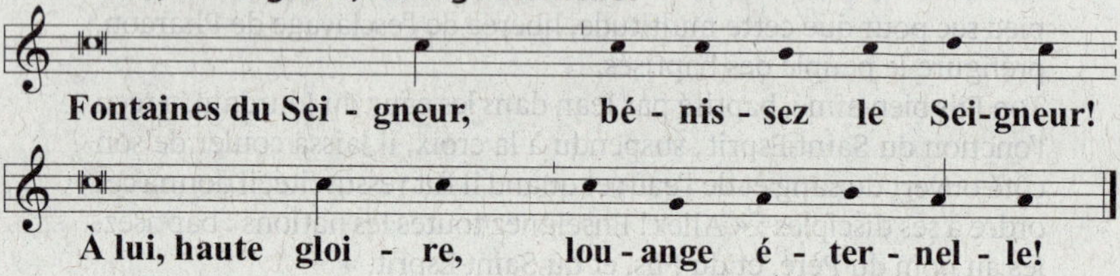

T. : et M. : AELF.

Baptême et confirmation

La bénédiction de l'eau baptismale achevée, chacun des catéchumènes adultes, ou les parents et les parrains pour les enfants, font la renonciation au démon puis la profession de foi. Le baptême est ensuite célébré selon le rituel du baptême des adultes, celui des enfants d'âge scolaire ou celui des petits enfants. La confirmation des nouveaux baptisés peut être célébrée maintenant ou ultérieurement.

Bénédiction de l'eau

S'il n'y a pas de baptême, le prêtre bénit l'eau dont il aspergera le peuple à la fin de la rénovation de la profession de foi baptismale, en disant :

Frères et sœurs bien-aimés, supplions humblement Dieu notre Seigneur de bénir cette eau qu'il a créée ; nous allons en être aspergés en souvenir de notre baptême ; que Dieu lui-même nous renouvelle afin que nous demeurions fidèles à l'Esprit que nous avons reçu.

(Silence.)

Seigneur notre Dieu, sois favorable aux prières de ton peuple qui veille en cette nuit très sainte ; alors que nous célébrons la merveille de notre création et la merveille plus grande encore de notre rédemption, daigne bénir cette eau.

Tu l'as créée pour féconder la terre et donner à nos corps fraîcheur et pureté. Tu en as fait aussi l'instrument de ta miséricorde : par elle tu as libéré ton peuple de la servitude et tu as étanché sa soif dans le désert ; par elle les prophètes ont annoncé la nouvelle Alliance que tu voulais sceller avec les hommes ; par elle enfin, eau sanctifiée

quand le Christ fut baptisé au Jourdain, tu as renouvelé notre nature pécheresse dans le bain de la nouvelle naissance.
Que cette eau, maintenant, nous rappelle notre baptême, et nous fasse participer à la joie de nos frères et sœurs, les baptisés de Pâques.
Par le Christ, notre Seigneur. — ***Amen.***

Renouvellement des promesses du baptême

La célébration du baptême (et de la confirmation) achevée, ou immédiatement après la bénédiction de l'eau s'il n'y a pas eu de baptême, tout le peuple renouvelle sa profession de foi baptismale. Tous, debout, tiennent leur cierge qui a été allumé à partir du cierge pascal. Le prêtre s'adresse aux fidèles en ces termes ou d'autres semblables :

Frères et sœurs bien-aimés, par le mystère pascal nous avons été mis au tombeau avec le Christ dans le baptême, afin que nous menions avec lui une vie nouvelle. C'est pourquoi, après avoir terminé l'entraînement du Carême, renouvelons les promesses faites au moment de notre baptême, quand nous avons renoncé à Satan et à ses œuvres, et promis de servir Dieu dans la sainte Église catholique. Ainsi donc :

Le prêtre propose au choix l'une des deux formulations de la renonciation à Satan qui suivent :

Renoncez-vous à Satan ? — ***J'y renonce.***
Renoncez-vous à toutes ses œuvres, c'est-à-dire au péché ?
— ***J'y renonce.***

Renoncez-vous à toutes ses séductions, qui conduisent au péché ?
— J'y renonce.

Ou bien :
Pour vivre dans la liberté des enfants de Dieu,
renoncez-vous au péché ?
— J'y renonce.
Pour échapper au pouvoir du péché,
renoncez-vous à ce qui conduit au mal ?
— J'y renonce.
Pour suivre Jésus Christ, renoncez-vous à Satan,
auteur et instigateur du péché ?
— J'y renonce.
Le cas échéant, cette seconde formule peut être adaptée par les Conférences épiscopales, selon les nécessités locales.

Ensuite, le prêtre poursuit :
Croyez-vous en Dieu le Père tout-puissant,
créateur du ciel et de la terre ?
— Je crois.
Croyez-vous en Jésus Christ, son Fils unique, notre Seigneur, qui est né de la Vierge Marie, a souffert la passion, a été enseveli, est ressuscité d'entre les morts, et qui est assis à la droite du Père ?
— Je crois.

Croyez-vous en l'Esprit Saint, à la sainte Église catholique, à la communion des saints, au pardon des péchés, à la résurrection de la chair, et à la vie éternelle ?

— Je crois.

Le prêtre conclut :

Que Dieu tout-puissant, Père de notre Seigneur Jésus Christ, qui nous a fait renaître par l'eau et l'Esprit Saint, et qui nous a accordé le pardon des péchés, nous garde encore par sa grâce dans le Christ Jésus notre Seigneur pour la vie éternelle.

— Amen.

Le prêtre asperge le peuple d'eau bénite. Pendant ce temps, on chante l'antienne « J'ai vu l'eau vive » ou un autre chant baptismal. On ne dit pas le Credo.

Suggestion de prière universelle

Le prêtre :

Alléluia ! Christ est ressuscité ! Il vient dissiper toutes nos obscurités et apporter la joie à notre humanité. Avec foi, présentons-lui la prière du monde entier.

℟ ***Ô Christ ressuscité, exauce-nous.***

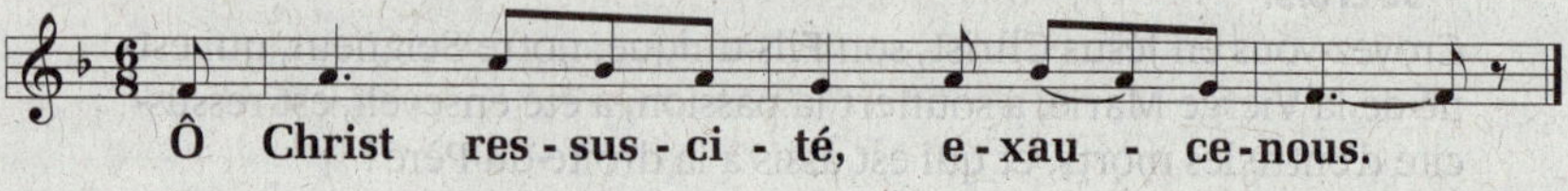

Missel noté de l'assemblée 35.32.

Le diacre ou un lecteur :

Prions le Ressuscité pour ceux qui, en cette nuit très sainte, sont devenus des créatures nouvelles par le baptême. Que la lumière du Christ les fortifie sur ce chemin de vie qui s'ouvre devant eux. ℟

Prions le Ressuscité pour les personnes obligées de fuir leur pays en raison de la misère, de la guerre, de la persécution. Que la lumière du Christ les guide vers un nouvel avenir plein de promesses et de bonheur. ℟

Prions le Ressuscité pour les hommes et les femmes rongés par la haine, par la rancœur, par le désir de vengeance. Que la lumière du Christ réchauffe leur cœur et leur montre que la vie a vaincu la mort. ℟

Prions le Ressuscité pour nos familles marquées par la division, par la séparation, par la violence. Que la lumière du Christ apporte la consolation, l'espérance, la confiance en l'avenir dont elles ont besoin. ℟

(Ces intentions seront adaptées ou modifiées selon les circonstances. On peut aussi s'inspirer de l'intention universelle du Saint-Père, p. 6.)

Le prêtre :

Ô Christ Ressuscité, en cette nuit très sainte, nous sommes dans la joie car la vie a vaincu la mort. Daigne exaucer toutes nos prières, toi qui vis et règnes pour les siècles des siècles. — ***Amen.***

LITURGIE EUCHARISTIQUE

Prière sur les offrandes

Accueille, nous t'en supplions, Seigneur, les prières de ton peuple qui t'offre ce sacrifice ; fais que les mystères inaugurés dans la célébration pascale nous procurent, avec l'aide de ta grâce, la guérison éternelle. Par le Christ, notre Seigneur. – ***Amen.***

Prière eucharistique *(1re préface de Pâques, p. 363)*

Chant de communion *(Suggestions p. 384)*

OU

Antienne de la communion

Le Christ, notre agneau pascal, a été immolé.
Célébrons la fête en partageant un pain non fermenté,
signe de droiture et de vérité, alléluia.
(cf. 1 Co 5, 7-8)

Prière après la communion

Répands en nous, Seigneur, ton Esprit de charité, afin que soient unis par ta tendresse ceux que tu as nourris des sacrements de Pâques. Par le Christ, notre Seigneur. – ***Amen.***

RITE DE CONCLUSION

Bénédiction solennelle

Que Dieu tout-puissant vous bénisse, en ce jour où nous célébrons la solennité de Pâques et, dans sa bonté, qu'il vous protège des assauts du péché.

— Amen.

Il vous régénère pour la vie éternelle par la résurrection de son Fils unique : qu'il vous comble de la vie sans fin.

— Amen.

Ils sont finis, les jours de la passion du Seigneur : vous qui célébrez avec allégresse la fête de Pâques, venez, avec son aide, prendre part en exultant aux fêtes qui s'accomplissent dans la joie de l'éternité.

— Amen.

Et que la bénédiction de Dieu tout-puissant, le Père, et le Fils, ✠ et le Saint-Esprit, descende sur vous et y demeure toujours.

— Amen.

Envoi

Le diacre ou le prêtre dit :

Allez, dans la paix du Christ, alléluia, alléluia.

— Nous rendons grâce à Dieu, alléluia, alléluia.

COMMENTAIRE DE LA VEILLÉE PASCALE

Benoît Gschwind, évêque de Pamiers

Témoins du Vivant !

Dans la nuit, la communauté se retrouve au seuil de l'église paroissiale, près du feu qui déchire l'obscurité. Plus rien ne sera comme avant ! Célébrer Pâques, c'est nous retrouver au seuil du tombeau vide. Christ est ressuscité ! Il est vivant, avec nous jusqu'à la fin des temps.

Lorsque les femmes, au petit matin, s'en vont au tombeau, elles sont bien loin d'imaginer ce qui les attend. La pierre est roulée et le tombeau vide ! Frayeur du premier instant. Frayeur du premier jour, où commence quelque chose qui va à jamais transfigurer notre vie. La Parole s'accomplit. Victoire de la vie sur la mort. Alors, pourquoi chercher le Vivant parmi les morts ? Il faut ce temps à nul autre pareil pour comprendre ce qui avait été dit, pour cheminer avec les mots de l'Écriture et du Fils, et accueillir

enfin le salut donné à toutes les nations. Il n'est pas ici ! Il est ressuscité !
Après le grand silence du Samedi saint, la nuit pascale nous replonge dans l'histoire de notre baptême. Dans la mort avec le Christ, nous sommes appelés à une vie nouvelle au jour de notre baptême. Pâques nous rappelle que notre résurrection est déjà commencée et que dans tous ces passages de la mort à la vie que nous vivons, le Ressuscité se tient debout et fait de nous des vivants. Au seuil du tombeau vide, l'Église vient au monde pour dire Dieu à tous les âges. Pèlerins de l'espérance, nous sommes les témoins du Vivant !

Il n'est pas ici ! Il est ressuscité ! Ne m'arrive-t-il jamais de chercher Dieu là où il n'est pas, et de passer à côté de lui ?

Faut-il voir pour croire ? Le témoignage de ceux qui m'entourent n'est-il pas suffisant ?

Comment vais-je pouvoir à mon tour porter l'Évangile à mes proches ? ■

LEXIQUE DE PÂQUES

Les mots pour dire la Résurrection

Comment parler de la Résurrection ? Quels mots utiliser pour signifier cette réalité qui nous dépasse et qui, pourtant, nous touche ?

Mourir

Affirmer la Résurrection, c'est d'abord prendre acte sans détour de la mort de Jésus, une mort brutale, même, qu'affirme le Credo. L'Ancien Testament utilise des mots simples pour parler de la mort, par exemple : « Se coucher avec ses pères. » À la mort, le corps rejoint « la poussière » ou le « Shéol », lieu de silence au creux de la terre. Aucune vision de tourment, seulement le silence infini (cf. Ps 113B [115], 17). Mourir « comblé » ou « rassasié » de jours est signe de bénédiction. Mais des justes meurent, emportés par la violence ! Aussi, peu à peu, vers le IIe siècle av. J.-C., apparaît en Israël la conviction de la résurrection. Tous n'y adhèrent pas. C'est la résurrection de Jésus qui a entraîné les disciples à affirmer avec force, et même à entrevoir plus vivement, que la mort du juste peut porter un fruit de vie pour tous (cf. Is 53). Jésus, annonçant sa Passion, affirme qu'il doit souffrir et

« être tué », car Jérusalem « tue » et « lapide » les prophètes (Lc 13, 34). C'est le terme grec évoquant une mort violente qu'utilise Jésus pour parler de sa mort, tandis qu'il en est un autre plus commun, pour dire seulement « mourir », comme l'arbre meurt.

Se lever

« *Talitha koum !* » « Jeune fille, lève-toi », dit Jésus à la fille de Jaïre (Mc 5, 41), qu'il « éveille » ou « fait se lever » de la mort. Et ces mots, dits en araméen – la langue de Jésus –, ont été gardés comme tels dans l'évangile de Marc, pourtant écrit en grec. Jésus « fait se lever » (en grec : « *anisthémi* », qui a donné « *anasthasis* » : résurrection). Il est un second terme dans la Bible pour dire la résurrection : « s'éveiller » (en grec : « *egeiro* », qui signifie aussi « se lever »). Il figure dans toutes les professions de foi des disciples, lorsqu'ils affirment que Jésus est ressuscité d'entre les morts (Lc 24, 34; Ac 3, 15). C'est le mot que Jésus emploie lorsqu'il dit à une personne accablée : « (Re)lève-toi ! » et que les disciples eux-mêmes utiliseront pour guérir en son nom. Ainsi, chaque fois que les évangiles recourent au verbe « se lever », c'est pour laisser entendre, comme en filigrane, que la résurrection de Jésus est déjà à l'œuvre.

Chaque fois que les évangiles utilisent le verbe « se lever », la résurrection de Jésus est déjà à l'œuvre.

Le corps

Le corps (« *sôma* » en grec) est cet ensemble de chair et d'os qui nous constitue et à travers lequel nous sommes en relation avec les •••

13 - 19

••• autres et avec le monde. Ce corps est friable et connaîtra la mort. Mais aussi, affirme la foi chrétienne, la résurrection. Lorsque Jésus partage le pain et la coupe avec ses disciples, la veille de sa mort, il leur dit : « Ceci est mon corps » (Mt 26, 26). C'est sa vie, c'est tout lui-même qui est donné. Et des femmes venues de Galilée seront présentes au pied de la Croix, présentes aussi lors de son ensevelissement. Lorsqu'elles reviennent au tombeau, le matin de Pâques, elles découvrent « la pierre roulée [...] Elles entrèrent, mais ne trouvèrent pas le corps du Seigneur Jésus » (Lc 24, 2-3). L'ange leur dit qu'il est ressuscité des morts (cf. Lc 24, 6). Elles-mêmes, puis les disciples, le rencontreront : non pas un esprit, mais véritablement présent en son corps ressuscité. Thomas en sait quelque chose, lui qui mit sa main là où les clous avaient transpercé les mains de Jésus et où la lance avait percé son côté (cf. Jn 20, 25-27). Le cœur de la foi chrétienne est là : la vie de Jésus donnée pour tous, sa mort sur la Croix, son corps mis au tombeau et sa résurrection, attestée par les témoins qui l'ont rencontré, qui l'ont vu.

De grand matin

« De grand matin, le premier jour de la semaine... » (Mc 16, 2), ainsi commence le récit de la Résurrection. Jésus a été mis en croix et il est mort la veille du sabbat (cf. Mc 15, 42), ce vendredi que nous appelons « saint ». Le jour du sabbat, la Loi prescrit de ne réaliser aucune activité, aucun travail. Les femmes se rendent donc au tombeau le lendemain, empressées, dans leur affection, d'aller poser les gestes du respect et « embaumer le corps de Jésus » (Mc 16, 1). En grec, le terme traduit par « de grand matin », désigne non pas la matinée, mais la fin de la nuit, entre 3 et 6 heures, quand le jour commence tout juste à poindre. Cet entre-deux où la nuit laisse place au jour. « Grand matin […] premier jour » : plus que les autres, le récit de Marc insiste sur la nouveauté radicale du jour qui se lève. C'est donc une nouvelle création qui est évoquée ici, comme au premier jour où le Créateur sépara la lumière des ténèbres (cf. Gn 1). Avec la Résurrection, le dimanche devient le « huitième jour » des temps nouveaux.

Avec la Résurrection, le dimanche devient le « huitième jour » des temps nouveaux.

Reconnaître

L'Apôtre Thomas demande à voir les signes de la Passion sur le corps de Jésus lorsqu'il le rencontre vivant, après sa résurrection (cf. Jn 20, 25). Discrètement, l'évangéliste Jean rappelle que la passion et la résurrection de Jésus sont inséparables. L'Apôtre Pierre l'affirme aussi, le jour de la Pentecôte : « Que toute la maison d'Israël le sache donc avec certitude : Dieu l'a fait Seigneur et Christ, ce Jésus que vous aviez crucifié » (Ac 2, 36).

Jésus est mort sur la Croix et notre compréhension de Dieu est transformée par cet événement. Car c'est ce « Jésus crucifié » que Dieu a ressuscité d'entre les morts, rappelle saint Paul (cf. 1 Co 15). Ainsi, les disciples ont dû apprendre à reconnaître Jésus après sa résurrection, à la fois le même et tout autre. « Et ils le reconnurent » sur la route d'Emmaüs, « à la fraction du pain » (Lc 24, 31-35). •••

... Voir et croire

On pense souvent que l'idéal de la foi est de « croire sans avoir vu ». L'évangile de Jean insiste cependant sur les « signes » qu'opère Jésus. Un mot qu'il préfère à celui de « miracles », car les « signes » révèlent profondément qui est Jésus. Ils invitent à croire. À la résurrection de Jésus, le « disciple que Jésus aimait » (cf. Jn 20, 2) court avec Pierre jusqu'au tombeau, qui est vide, « les linges sont posés à plat » (Jn 20, 6). Jean dit alors sobrement : « Il vit, et il crut » (Jn 20, 8). L'Apôtre Thomas, lui, demande à voir sur le corps de Jésus les marques de la Passion. « Parce que tu m'as vu, tu crois, dit Jésus. Heureux ceux qui croient sans avoir vu » (Jn 20, 29). C'est notre cas ! Nous croyons sur parole, sur le témoignage des disciples, mais sans avoir vu. Chez Jean, l'évangile rapporte les « signes que Jésus a faits en présence des disciples [...] pour que vous croyiez que Jésus est le Christ, le Fils de Dieu » (Jn 20, 30-31).

Témoigner

Le témoignage tient une place essentielle dans la foi. Celui qui croit devient témoin, mais il croit aussi grâce à la parole des témoins dont la source est Jésus lui-même : il est « le témoin fidèle », dit le livre de l'Apocalypse (Ap 1, 5; 3, 14). L'évangéliste Jean insiste : Jésus est le témoin par excellence de « la vérité » (Jn 18, 37). Il témoigne de ce qu'il a « vu et entendu » auprès du Père (cf. Jn 3, 11.32). Au cœur du croyant, l'Esprit rend témoignage à Jésus (cf. Jn 15, 26), ainsi les disciples seront témoins (cf. Jn 21, 24; cf. Ac 1). Jean Baptiste ouvre lumineusement cette voie, dès le début de l'Évangile (cf. Jn 1, 19-37). Puis il s'efface devant celui qu'il annonce. « Tout ce que Jean a dit de celui-ci était vrai », affirme sobrement l'évangéliste (Jn 10, 41). L'Évangile est ce « témoignage ». Dès ses premiers mots, Jean le disait : « Le Verbe s'est fait chair et a demeuré parmi nous » (cf. Jn 1, 14). L'Évangile déploie cette révélation, appelée à se poursuivre dans la vie des disciples. (cf. Jn 20, 30-31).

L'Ascension ne parle pas de géographie dans l'espace, elle dit l'identité de Jésus : il vient de Dieu.

Ciel

« Il était emporté au ciel », dit Luc à la fin de son évangile, en parlant de l'Ascension du Christ (Lc 24, 51). L'esprit moderne et de nombreux peintres regardent les nuages et la stratosphère comme ce lieu où Jésus est emporté. Dans la Bible, la Terre est comme une galette, posée sur la mer, et celle-ci est vue comme le lieu des démons et des forces du Mal. Au-dessus, comme un arc, est tendue la voûte céleste, à laquelle sont accrochés les astres comme des luminaires. Sous la terre, le Shéol, le séjour des morts, lieu du silence. Il est donc évident que Dieu habite le haut, c'est-à-dire le ciel. Ainsi, l'Ascension ne parle pas de géographie dans l'espace, elle dit l'identité de Jésus : il vient de Dieu. « Emporté au ciel », il retourne vers le Père, qu'il nous a appris à prier comme le « Père qui es[t] aux cieux » (Mt 6, 9). C'est pourquoi la montagne est également un lieu important dans la Bible : puisque ciel et terre s'y rejoignent, elle est par excellence lieu de manifestation de Dieu et de révélation, lieu de la rencontre avec Dieu. ■

Jacques Nieuviarts,
prêtre assomptionniste

DIMANCHE 20 AVRIL 2025

DIMANCHE DE PÂQUES

ANNÉE C – COULEUR LITURGIQUE : BLANC

« Il vit, et il crut. » Jean 20, 8

Aujourd'hui, jubilons, exultons, soyons dans la joie ! Non pas une joie superficielle, mais un élan de vie, de foi, un tourbillon d'allégresse, de courage et d'audace. Car le Christ est ressuscité, il a vaincu la mort. Quel bonheur ! Il dissipe l'obscurité de la mort. Il nous invite à croire avec force que la vie a le dernier mot. De tout cœur, chantons le Seigneur. Alléluia !

RITES INITIAUX

Chant d'entrée *(Suggestions p. 384)*

OU

Antienne d'ouverture

Je suis ressuscité, et je suis avec toi, alléluia.
Ta main s'est posée sur moi, alléluia, ta sagesse s'est montrée admirable, alléluia, alléluia. (cf. Ps 138, 18.5-6)

OU

Le Christ est vraiment ressuscité, alléluia.
À lui, la gloire et la souveraineté pour les siècles des siècles, alléluia, alléluia.
(Lc 24, 34; cf. Ap 1, 6)

Suggestion de préparation pénitentielle *(ou p. 353)*

Frères et sœurs, Christ est ressuscité, il nous sauve du mal et de la mort. Avec une foi renouvelée, préparons-nous à célébrer le mystère de l'eucharistie en reconnaissant notre péché.

Prends pitié de nous, Seigneur, toi la Victime pascale, toi l'Innocent, tu as réconcilié l'homme pécheur avec le Père.
— Nous avons péché contre toi.

Montre-nous ta miséricorde, ô Christ, toi qui as abattu les murs de haine et de violence, tu es devenu pierre d'angle pour le monde.
— Et donne-nous ton salut.

Que Dieu tout-puissant nous fasse miséricorde ; qu'il nous pardonne nos péchés et nous conduise à la vie éternelle. **— *Amen.***

Ensuite, on chante ou on dit le Kyrie (p. 354).

Gloire à Dieu *(p. 356)*

Prière

Aujourd'hui, Seigneur Dieu, par ton Fils unique, vainqueur de la mort, tu nous as ouvert les portes de l'éternité ; tandis que nous fêtons solennellement la résurrection du Seigneur, nous t'en prions : accorde-nous d'être renouvelés par ton Esprit pour que nous ressuscitions dans la lumière de la vie. Par Jésus… **— *Amen.***

LITURGIE DE LA PAROLE

Lecture du livre des Actes des Apôtres (10, 34a.37-43)

« Nous avons mangé et bu avec lui après sa résurrection d'entre les morts »

En ces jours-là, quand Pierre arriva à Césarée chez un centurion de l'armée romaine, il prit la parole et dit : « Vous savez ce qui s'est passé à travers tout le pays des Juifs, depuis les commencements en Galilée, après le baptême proclamé par Jean : Jésus de Nazareth, Dieu lui a donné l'onction d'Esprit Saint et de puissance. Là où il passait, il faisait le bien et guérissait tous ceux qui étaient

sous le pouvoir du diable, car Dieu était avec lui. Et nous, nous sommes témoins de tout ce qu'il a fait dans le pays des Juifs et à Jérusalem. Celui qu'ils ont supprimé en le suspendant au bois du supplice, Dieu l'a ressuscité le troisième jour. Il lui a donné de se manifester, non pas à tout le peuple, mais à des témoins que Dieu avait choisis d'avance, à nous qui avons mangé et bu avec lui après sa résurrection d'entre les morts. Dieu nous a chargés d'annoncer au peuple et de témoigner que lui-même l'a établi Juge des vivants et des morts. C'est à Jésus que tous les prophètes rendent ce témoignage : Quiconque croit en lui reçoit par son nom le pardon de ses péchés. »

– Parole du Seigneur.

Psaume 117 (118)

« Voici le jour que fit le Seigneur, qu'il soit pour nous jour de fête et de joie ! »

Psaume 117 (118)

℟ ***Voici le jour que fit le Seigneur,***
qu'il soit pour nous jour de fête et de joie !

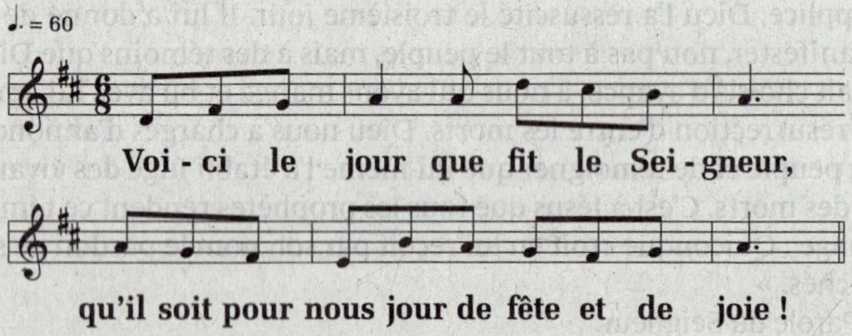

T. : AELF; M. : T. Ospital; Éd. : ADF.

Rendez grâce au Seigneur : Il est bon !
Éternel est son amour !
Oui, que le dise Israël :
Éternel est son amour ! ℟

Le bras du Seigneur se lève,
le bras du Seigneur est fort !
Non, je ne mourrai pas, je vivrai
pour annoncer les actions du Seigneur. ℟

Écoutez ce psaume sur **www.prionseneglise.fr/ messe-du-dimanche**

La pierre qu'ont rejetée les bâtisseurs
est devenue la pierre d'angle :
c'est là l'œuvre du Seigneur,
la merveille devant nos yeux. ℟

Lecture de la première lettre de saint Paul apôtre aux Corinthiens (5, 6b-8)

« Purifiez-vous des vieux ferments,
et vous serez une Pâque nouvelle »

Frères, ne savez-vous pas qu'un peu de levain suffit pour que fermente toute la pâte ? Purifiez-vous donc des vieux ferments, et vous serez une pâte nouvelle, vous qui êtes le pain de la Pâque, celui qui n'a pas fermenté. Car notre agneau pascal a été immolé : c'est le Christ.
Ainsi, célébrons la Fête, non pas avec de vieux ferments, non pas avec ceux de la perversité et du vice, mais avec du pain non fermenté, celui de la droiture et de la vérité.
– Parole du Seigneur.

On peut aussi lire Colossiens 3, 1-4.

Séquence

À la Victime pascale,
chrétiens, offrez le sacrifice de louange.

L'Agneau a racheté les brebis ;
le Christ innocent a réconcilié
l'homme pécheur avec le Père.

La mort et la vie s'affrontèrent
en un duel prodigieux.
Le Maître de la vie mourut ; vivant, il règne.

« Dis-nous, Marie Madeleine,
qu'as-tu vu en chemin ? »

« J'ai vu le sépulcre du Christ vivant,
j'ai vu la gloire du Ressuscité.

J'ai vu les anges ses témoins,
le suaire et les vêtements.

Le Christ, mon espérance, est ressuscité !
Il vous précédera en Galilée. »

Nous le savons : le Christ
est vraiment ressuscité des morts.

Roi victorieux,
prends-nous tous en pitié ! Amen.

Acclamation de l'Évangile

Alléluia. Alléluia. Notre Pâque immolée, c'est le Christ ! Célébrons la Fête dans le Seigneur ! ***Alléluia.***

IU56-65 ; M. : P. Robert ; Bayard Liturgie.

Évangile de Jésus Christ selon saint Jean (20, 1-9)

« Il fallait que Jésus ressuscite d'entre les morts »

Le premier jour de la semaine, Marie Madeleine se rend au tombeau de grand matin ; c'était encore les ténèbres. Elle s'aperçoit que la pierre a été enlevée du tombeau. Elle court donc trouver Simon-Pierre et l'autre disciple, celui que Jésus aimait, et elle leur dit : « On a enlevé le Seigneur de son tombeau, et nous ne savons pas où on l'a déposé. »

Pierre partit donc avec l'autre disciple pour se rendre au tombeau. Ils couraient tous les deux ensemble, mais l'autre disciple courut plus vite que Pierre et arriva le premier au tombeau. En se penchant, il s'aperçoit que les linges sont posés à plat; cependant il n'entre pas. Simon-Pierre, qui le suivait, arrive à son tour. Il entre dans le tombeau; il aperçoit les linges, posés à plat, ainsi que le suaire qui avait entouré la tête de Jésus, non pas posé avec les linges, mais roulé à part à sa place. C'est alors qu'entra l'autre disciple, lui qui était arrivé le premier au tombeau. Il vit, et il crut. Jusque-là, en effet, les disciples n'avaient pas compris que, selon l'Écriture, il fallait que Jésus ressuscite d'entre les morts.

On peut aussi lire l'évangile de la veillée pascale (Luc 24, 1-12, p. 241).

Pour la messe du soir de Pâques, on peut aussi lire Luc 24, 13-35.

Homélie

Renouvellement de la profession de foi baptismale

Après l'homélie, le prêtre peut inviter les fidèles à renouveler leurs promesses de baptême selon la formule utilisée durant la veillée pascale (p. 248). On peut aussi dire l'un des deux symboles de foi, p. 357 et p. 359. Si le rite de l'eau bénite n'a pas eu lieu au début de la messe, le prêtre passe ensuite parmi l'assemblée pour l'asperger avec l'eau qui a été bénie durant la veillée. Pendant ce temps, on peut chanter un chant baptismal.

Suggestion de prière universelle

Le prêtre :

Alléluia, Christ est ressuscité ! Il a vaincu la mort ! Avec grande foi, tournons-nous vers son Père. Prions pour le monde et pour l'Église.

℟ ***Par Jésus Christ ressuscité, exauce-nous, Seigneur.***

Bayard Liturgie ; M. : M. Wackenheim.

Le diacre ou un lecteur :

Pâques ! Le Ressuscité dissipe les ténèbres de l'ignorance et du doute. Pour les nouveaux baptisés et leurs accompagnateurs, pour ceux qui cherchent un sens à leur vie, prions le Seigneur. ℟

Pâques ! Le Vivant apporte sa paix au monde. Pour les pays en proie à la guerre et à l'injustice, pour leurs responsables politiques, prions le Seigneur. ℟

Pâques ! Le Christ est venu consoler ceux qui pleurent. Pour les personnes handicapées et malades, pour ceux qui les accompagnent et pour tous les soignants, prions le Seigneur. ℟

Pâques ! Le Ressuscité nous invite à être témoins de sa vie. Pour notre assemblée appelée à être inventive dans l'annonce de la parole de Dieu, pour nos prêtres et laïcs en responsabilité, prions le Seigneur. ℟

(Ces intentions seront adaptées ou modifiées selon les circonstances. On peut aussi s'inspirer de l'intention universelle du Saint-Père, p. 6.)

Le prêtre :

Ô notre Père, toi le Dieu des vivants, écoute la prière de ton peuple qui t'implore avec confiance. Daigne nous exaucer, par le Christ, notre Seigneur. ***— Amen.***

LITURGIE EUCHARISTIQUE

Prière sur les offrandes

Dans l'exultation de la joie pascale, Seigneur, nous t'offrons ce sacrifice : c'est par lui que ton Église, de manière admirable, naît à la vie nouvelle et reçoit sa nourriture. Par le Christ, notre Seigneur.
— Amen.

Prière eucharistique

(1re préface de Pâques, p. 363)

Chant de communion

(Suggestions p. 384)

OU

Antienne de la communion

Le Christ, notre agneau pascal, a été immolé.
Célébrons la fête en partageant un pain non fermenté,
signe de droiture et de vérité, alléluia.
(cf. 1 Co 5, 7-8)

Prière après la communion

Seigneur Dieu, ne cesse pas de veiller avec tendresse sur ton Église, afin que, déjà renouvelée par les sacrements de Pâques, elle parvienne à la lumière de la résurrection. Par le Christ, notre Seigneur.
— Amen.

RITE DE CONCLUSION

Bénédiction solennelle *(p. 253)*

Envoi

Le diacre ou le prêtre dit :
Allez, dans la paix du Christ, alléluia, alléluia.
— Nous rendons grâce à Dieu, alléluia, alléluia.

COMMENTAIRE DU DIMANCHE

Karem Bustica, rédactrice en chef de *Prions en Église*

Pièces à conviction

L'insistance du récit de ce dimanche sur les linges posés à plat à l'intérieur du tombeau a plus d'importance qu'il n'y paraît. Pour l'évangéliste, ces linges sont « des pièces à conviction » selon l'expression de la bibliste Marie-Noëlle Thabut : ils prouvent la résurrection de Jésus. Traditionnellement, dans les rites des funérailles juives, le corps du défunt est enveloppé d'une simple toile de lin blanc après avoir été purifié. Le linceul est un vêtement pour les morts, le dernier, il disparaît avec la décomposition du corps du défunt. Alors si, comme des rumeurs circulant à l'époque de cet événement, les disciples de Jésus avaient dérobé son corps, ils auraient pris les linges avec. On n'enlève pas les linges qui recouvrent un cadavre. Un mort reste enveloppé de son linceul.

Le tombeau est vide mais les linges sont restés sur place. Ils prouvent que Jésus est toujours vivant. Mais s'agit-il vraiment d'une preuve ? Ces linges nous font plutôt entrer dans un autre registre, celui de la foi, la foi d'un homme, Jean. « Il vit et il crut », (Jn 20, 8). La foi aide à saisir ce que l'intelligence rationnelle ne peut pas comprendre. Depuis ce temps, la foi en la résurrection de Jésus est fondée sur le témoignage d'hommes et de femmes dont la vie est transformée. Des hommes et des femmes qui, chacun à leur façon, ont expérimenté la puissance de vie à l'œuvre dans ce tombeau.

Qu'est-ce que la résurrection de Jésus change dans ma vie ? ■

Prions en Église **junior**

LIRE L'ÉVANGILE AVEC LES ENFANTS

CE QUE JE DÉCOUVRE

La pierre a été enlevée du tombeau de Jésus et son corps n'est plus là. C'est un choc terrible pour Marie Madeleine. Malgré sa peine, elle réagit tout de suite et va prévenir Simon-Pierre et l'autre disciple (on pense que c'est Jean). **Jean entre après Simon-Pierre… Il ne voit rien, mais il croit !** Il croit tout ce que Jésus a raconté aux Apôtres. Plusieurs fois, il avait annoncé à ses disciples qu'il mourrait et qu'il ressusciterait… **Tout ce que Jésus a dit est donc vrai.** Toi non plus, tu ne vois pas Jésus mais tu crois qu'il est vivant pour toujours.

CE QUE JE VIS

Quand as-tu couru pour découvrir quelque chose d'important ?
Qu'est-ce qui te fait croire que Jésus est toujours vivant ?
Chante un chant qui parle de la résurrection de Jésus.

Texte : P. Cédric Kuntz. Illustrations : Marcelino Truong

MÉDITATION BIBLIQUE

DIMANCHE DE PÂQUES

Évangile selon saint Jean 20, 1-9

Face au vide

L'instant de la découverte du tombeau vide est le lieu de la foi. Et ce vide, nous le rencontrons souvent dans nos propres vies.

Le temps de la préparation

« La pierre qu'ont rejetée les bâtisseurs est devenue la pierre d'angle : c'est là l'œuvre du Seigneur, la merveille devant nos yeux. » (Ps 117, 22-23)

Le temps de l'observation

Le premier jour de la semaine, de grand matin, le tombeau est vide. Il est difficile de déduire quelque chose de ce fait si ce n'est constater qu'il y avait un corps et qu'il a disparu. Cette absence met en échec la raison. Il n'est ni logique ni normal que Jésus ait disparu du tombeau. Ce vide ne permet pas de conclure, d'affirmer quelque chose. Il n'est pas là pour cela. C'est une page blanche sur laquelle rien encore n'est écrit. Il n'y a donc pas d'injonction, de chose à faire, à croire ou à penser. Il n'y a rien à imposer à partir de cet espace vidé. Il n'y a pas d'obligations, de « il faut », de « on doit ». •••

... Le corps de Jésus n'est plus là et la vue est dégagée. Devant cette absence de quelque chose, chacun est rendu libre d'être. C'est ce que fait le disciple sans nom. « Il vit, et il crut ». Que voit-il dans l'absence ? Que croit-il à partir de là ? Le texte se garde bien d'en dire davantage.

Le temps de la méditation

On raconte que quand la Joconde a été volée, de nombreuses personnes sont venues contempler l'emplacement laissé vide. Que venaient-elles voir devant le tableau absent ? Le vide laissé par la perte n'est pas n'importe quelle absence. Le vide du tombeau, nous le rencontrons régulièrement dans notre propre vie. Nous constatons des vides que nous n'avions pas anticipés ou souhaités. Ces vides sont parfois incompréhensibles. Des personnes disparaissent de nos vies, des liens significatifs soudain ne sont plus là, ce à quoi nous nous sommes habitués, du jour au lendemain, n'existe plus. Que voyons-nous dans ces absences ? Au cœur de l'effet de surprise, le disciple sans-nom invite chaque disciple à habiter cette absence. À ne pas la craindre ou l'anticiper, mais à rester debout en sa présence et à poser un acte de foi. Croire face au vide n'est-ce pas le début de la résurrection, le premier regard à poser sur une réalité qui secrètement ouvre au monde futur ?

Le temps de la prière

« Oui, que le dise Israël :
Éternel est son amour !
Que le dise la maison d'Aaron :
Éternel est son amour !
Qu'ils le disent, ceux qui craignent le Seigneur : Éternel est son amour ! » (Ps 117, 2-4) ■

Marie-Laure Durand, bibliste

LE SAINT DU MOIS

23 AVRIL : BIENHEUREUX JOSÉ TORRES PADILLA (1811-1878)

En paroles et en actes

À l'origine des congrégations religieuses féminines, on trouve souvent un duo composé d'une femme – qui en devient la première supérieure – et d'un prêtre qui est son directeur spirituel. Cette configuration (présente, par exemple, chez les Filles de la Charité avec sainte Louise de Marillac et saint Vincent de Paul) fut aussi celle qui présida à la fondation des Sœurs de la Croix. En 1862, à Séville (Espagne), la jeune et pieuse Angèle Guerrero González (cf. son portrait dans *Prions en Église*, mars 2025) rencontra le père José Torres Padilla. Ce dernier devint son confesseur et, patiemment, l'aida à discerner et à mûrir sa vocation religieuse. Après plusieurs années d'échanges et de •••

© Gaëtan Évrard

... tâtonnements, de déceptions et de prières, l'avenir s'éclaircit enfin pour la future sainte : le 2 août 1875, le père Torres Padilla célébrait une messe au cours de laquelle Angèle et trois autres jeunes femmes se consacrèrent à Dieu dans le service des pauvres. Ainsi naquit l'institut des Sœurs de la Compagnie de la Croix.

Mais cet aboutissement (le cofondateur mourut seulement trois ans après) ne fut qu'un des aspects de l'intense activité apostolique que celui qu'on appelait « el Santo » (le saint) déploya durant ses quatre décennies de sacerdoce. Outre sainte Angèle Guerrero González, le père Torres Padilla fut le directeur spirituel de nombreux fidèles. Théologien accompli, professeur au séminaire, expert lors du concile Vatican I (1869-1870), il fut aussi curé de paroisse et chanoine de la cathédrale de Séville ! Toutes ces activités ne lui faisaient pas oublier l'essentiel : la charité. Quasi quotidiennement, il se rendait dans les quartiers pauvres de la capitale andalouse pour aider les plus démunis. José Torres Padilla a été béatifié le 9 novembre 2024, dans la cathédrale de Séville, devenant la troisième personne liée à la Compagnie de la Croix à être portée sur les autels. ■

Xavier Lecœur, journaliste et historien

UN SAINT POUR AUJOURD'HUI

Ce qui frappe dans la personnalité du bienheureux José Torres Padilla, c'est la variété des dons qu'il a reçus. Comme nous y invite la parabole des talents (Mt 25, 14-30), il s'est efforcé de les faire fructifier ici-bas, afin d'être un « serviteur bon et fidèle » du Seigneur.

Une prière de Benoît XVI (1927-2022), pour ce dimanche

Reste avec nous

Reste avec nous, Seigneur, accompagne-nous
même si nous n'avons pas toujours su te reconnaître.

Reste avec nous, parce qu'autour de nous les ombres
s'épaississent, et tu es la Lumière ;
dans nos cœurs s'insinue le découragement,
et tu les fais brûler à travers la certitude de la Pâque.

Nous sommes las de la route,
mais tu nous réconfortes par la fraction du pain
pour annoncer à nos frères qu'en vérité tu es ressuscité
et que tu nous as confié la mission
d'être des témoins de ta résurrection.

LA BIBLE EN COULEURS

La couleur de la Résurrection

Jamais littéralement évoquée dans la Bible, la couleur verte se ressent dans la verdure de la Création… Au matin de Pâques, le Ressuscité apparaît, lui, dans un jardin d'un vert printanier.

Difficile de trouver du vert dans la Bible autrement que par un détour. La couleur est quelque chose de trop abstrait pour l'homme biblique. Dès les origines du monde, il n'est pas question de « vert » mais de « verdure ». C'est d'emblée la couleur de la Création aux premières heures du monde. Au sixième jour, Dieu dit aux animaux : « Je vous donne toute plante qui porte sa semence sur toute la surface de la terre, et tout arbre dont le fruit porte sa semence : telle sera votre nourriture » (Gn 1, 29). L'herbe fraîche des pâturages évoqués dans le psaume 22 est sans aucun doute verte. Ce qui compte, ce n'est pas sa couleur, mais sa qualité – c'est une herbe grasse – pour les brebis qu'elle va engraisser après l'hiver. Par contraste, le signe de malheur par excellence est la disparition de toute verdure, qui signe la sécheresse et l'impossibilité de la vie : « Les eaux de Nimrim sont un endroit désolé : l'herbe a séché, la végétation a disparu, plus aucune verdure » (Is 15, 6).

Il y a une autre forme de vert, plus terrible encore, qui évoque la décomposition et la pourriture, c'est le verdâtre. C'est la couleur du dépôt de la lèpre; c'est surtout la couleur du cheval de l'Apocalypse qui annonce la maladie et le malheur.

Ce que nous célébrons à Pâques est le changement de tonalité du vert. Le verdâtre s'efface pour laisser place au vert des jardins, de l'herbe fraîche, de la Création, de la vie. L'odeur de pourriture est remplacée par le parfum des fleurs. Tous nos •••

Première Alliance

« À tous les animaux
de la terre, à tous
les oiseaux du ciel,
à tout ce qui va et vient
sur la terre et qui a souffle
de vie, je donne comme
nourriture toute herbe
verte. » Et ce fut ainsi.

Genèse 1, 29-30

… enfers sont aérés par le souffle du Ressuscité pour qui rien de pourri n'est indigne. Il vient tout réveiller et relever ! Le jardin de la Résurrection n'est pas qualifié par sa couleur, mais c'est un jardin de printemps, de joie, dans lequel le jardinier du premier matin vient achever ce que le Père a entrepris de créer par amour. Il n'est pas difficile d'imaginer ce jardin de couleurs multiples et de fleurs odorantes, frais comme un printemps tout neuf, comme nos vies lorsqu'elles sont renouvelées par le mystère pascal et débarrassées de toute souillure. Ce vert printanier est là par incidence, une sorte d'élément du décor qui vient mettre en valeur un événement tellement plus grand et éblouissant qu'on en oublie de le nommer. Nous sommes invités à célébrer cette victoire avec toute la Création et à quitter nos vieilles peaux verdâtres pour revêtir la tenue des lys des champs. Le jardinier de la Création nous rend vivants de sa vie. ■

Anne Lécu, dominicaine

Nouvelle Alliance

« Femme, pourquoi pleures-tu ? Qui cherches-tu ? »
Le prenant pour le jardinier, elle lui répond :
« Si c'est toi qui l'as emporté, dis-moi où tu l'as déposé,
et moi, j'irai le prendre. » Jésus lui dit alors : « Marie ! »

Jean 20, 15-16

MAÎTRES SPIRITUELS

Accompagnés par la joie de la Résurrection

Nous célébrons la Pâque du Christ. Saint Charbel Makhlouf dit que nous pouvons désormais, comme le titre l'une de ses homélies, « traverser le chemin avec la joie de la Résurrection ».

Saint Charbel Makhlouf est un moine libanais qui a vécu au XIXe siècle (1828-1898), en communauté puis en ermitage (voir *Paroles de saint Charbel,* Hanna Skandar, éd. Artège). Sa vie s'est caractérisée par un enfouissement dans la prière et une quête incessante du Christ qui est « la seule vérité ». Sachant que cette vérité nous rend libres (cf. Jn 8). Homme cultivé, Charbel s'exprime néanmoins en des termes très concrets conformément à une certaine tradition orientale proche de la Bible et de ses images puisées dans la réalité ambiante.

Le Christ auquel notre auteur ne cesse de se référer est le Chemin, comme l'affirme Jean (cf. Jn 14, 6). Il est aussi le vainqueur du monde (cf. 1 Jn 5, 6; Ap 5). •••

... Quant à sa croix, elle est la « clé » qui nous « ouvre la porte du ciel ». Cette croix est envisagée comme « le signe de l'amour de Dieu » pour nous. La tentation, nous dit Charbel, étant de chercher d'autres clés pour accéder au bonheur. Or ces clés ne peuvent que nous offrir des satisfactions passagères. Voilà pourquoi, il invite ses auditeurs à « porter la croix du Christ » et, plus encore, à la porter « avec joie, ardeur et courage ».

La joie l'emporte sur la souffrance

Rien de morbide dans cette affirmation qui prend simplement en compte la réalité humaine avec ses souffrances incontournables, tout comme le fait l'Évangile. « Ne pleurez pas, ne vous lamentez pas chaque fois que vous échouez », conseille saint Charbel. « Les pleurs et les lamentations ne font pas l'histoire du salut, de même que la porte du ciel ne s'ouvre pas [...] en poussant des cris de lamentation. Ce sont les larmes de conversion qui font l'histoire du salut. » Remarque importante qui fait signe vers l'avenir ouvert par la croix du Christ. N'est-ce pas par elle qu'il nous a « réconciliés avec Dieu » (2 Co 5) ? Charbel met aussi en garde ses lecteurs contre la tentation de se complaire dans leur impuissance et de prendre cette dernière comme un prétexte pour ne pas avoir à lutter, à progresser – toutes choses qui occasionnent un effort, un désagrément, au moins dans un premier temps. « Si vous portez la croix du Christ, nulle souffrance ne peut vous plier, nulle fatigue ne peut vous abattre; vous marcherez fermement avec patience et en silence », nous dit-il. Et il poursuit par ces mots : « Une fois arrivés devant la porte, vous sentirez que la joie de votre passage dépasse de beaucoup votre souffrance. » Ce propos ne renvoie pas seulement au terme de notre existence terrestre, mais à tous ces passages qui, à un moment ou à un autre, nous donnent d'expérimenter la joie de Pâques, la proximité de Dieu. Des expériences dont nous sommes invités à faire mémoire. Ce qui ne signifie aucunement se réfugier dans le passé.

« Si vous portez la croix du Christ ; vous marcherez fermement avec patience et en silence. »

L'amour, dès le commencement

Quant à la conviction d'avoir une vie orientée vers cette « porte » qui nous ouvre sur le monde de Dieu, elle n'implique pas de fuir dans un futur toujours anticipé. Ce dont Charbel s'explique : « Pour Dieu, le commencement de la Création et la fin de l'univers s'effectuent ensemble dans le présent. Si vous sanctifiez le moment présent par l'amour, vous réaliserez le mystère de l'éternité. » Agir de la sorte, n'est-ce pas répondre à notre vocation profonde qui est la sainteté, dont Charbel nous rappelle qu'elle « n'est pas une chance » mais « un choix » ? De fait, « la sainteté est une grâce et une volonté : la grâce vous est donnée par Dieu, à vous d'y déployer votre volonté ». Ce qui suppose de tenir bon dans notre « foi en Christ », de ne pas avoir « peur », d'avoir « confiance en Dieu de la résurrection et de la vie », car « la lumière du Christ s'élèvera et resplendira, la croix et l'Église s'illumineront ». ■

Emmanuelle Billoteau, ermite

LUNDI 21 AVRIL 2025

TEMPS PASCAL COULEUR LITURGIQUE : BLANC

Octave de Pâques

Antienne d'ouverture

Puisque le Seigneur t'a fait entrer
dans un pays ruisselant de lait et de miel,
que la loi du Seigneur soit toujours dans ta bouche, alléluia. (cf. Ex 13, 5.9)

OU

Le Seigneur est ressuscité d'entre les morts, comme il l'avait dit :
exultons, soyons dans la joie, car il règne pour l'éternité, alléluia.

Gloire à Dieu *(p. 356)*

Prière

Seigneur Dieu, tu fais grandir sans cesse ton Église en lui donnant de nouveaux enfants ; accorde-leur de te servir et d'être fidèles par toute leur vie au sacrement qu'ils ont reçu dans la foi. Par Jésus… ***— Amen.***

Lecture

du livre des Actes des Apôtres (2, 14.22b-33)

« Ce Jésus, Dieu l'a ressuscité ; nous tous, nous en sommes témoins »

Le jour de la Pentecôte, Pierre, debout avec les onze autres Apôtres, éleva la voix et leur fit cette déclaration : « Vous, Juifs, et vous tous qui résidez à Jérusalem, sachez bien ceci, prêtez l'oreille à mes paroles. Il s'agit de Jésus le Nazaréen, homme que Dieu a accrédité auprès de vous en accomplissant par lui des miracles, des prodiges et des signes au milieu de vous, comme vous le savez vous-mêmes. Cet homme, livré selon le dessein bien arrêté et la prescience de Dieu, vous l'avez supprimé en le clouant sur le bois par la main des impies. Mais Dieu l'a ressuscité en le délivrant des douleurs de la mort, car il n'était pas possible qu'elle le retienne en son pouvoir. En effet, c'est de lui que parle David dans le psaume : *Je voyais le Seigneur devant moi sans relâche : il est à ma droite, je suis inébranlable. C'est pourquoi mon cœur est en fête, et ma langue exulte de joie ; ma chair elle-même reposera dans l'espérance : tu ne peux m'abandonner au séjour des morts ni laisser ton fidèle voir la corruption. Tu m'as appris des chemins de vie, tu me rempliras d'allégresse par ta présence.* Frères, il est permis de vous dire avec assurance, au sujet du patriarche David, qu'il est mort, qu'il a été enseveli, et que son tombeau est encore aujourd'hui chez nous. Comme il était prophète, il savait que Dieu lui avait juré de faire asseoir sur son trône un homme issu de lui. Il a vu d'avance la résurrection du Christ, dont il a parlé ainsi : *Il n'a pas été abandonné à la mort, et sa chair n'a pas vu la corruption.* Ce Jésus, Dieu l'a ressuscité ; nous tous, nous en sommes témoins. Élevé par la droite de Dieu, il a reçu du Père l'Esprit Saint qui était promis, et il l'a répandu sur nous, ainsi que vous le voyez et l'entendez. »

– Parole du Seigneur.

Psaume 15 (16)

℟ ***Garde-moi, mon Dieu : j'ai fait de toi mon refuge.***

OU

Alléluia !

Garde-moi, mon Dieu :
j'ai fait de toi mon refuge.
J'ai dit au Seigneur : « Tu es mon Dieu !
Seigneur, mon partage et ma coupe :
de toi dépend mon sort. » ℟

Je bénis le Seigneur qui me conseille :
même la nuit mon cœur m'avertit.
Je garde le Seigneur
devant moi sans relâche ;
il est à ma droite : je suis inébranlable. ℟

Mon cœur exulte, mon âme est en fête,
ma chair elle-même repose en confiance :
tu ne peux m'abandonner à la mort
ni laisser ton ami voir la corruption. ℟

Tu m'apprends le chemin de la vie :
devant ta face, débordement de joie !
À ta droite, éternité de délices ! ℟

Acclamation de l'Évangile

Alléluia. Alléluia. Voici le jour que fit le Seigneur, qu'il soit pour nous jour de fête et de joie ! ***Alléluia.***

Évangile de Jésus Christ

selon saint Matthieu (28, 8-15)

« Allez annoncer à mes frères qu'ils doivent se rendre en Galilée : c'est là qu'ils me verront »

En ce temps-là, quand les femmes eurent entendu les paroles de l'ange, vite, elles quittèrent le tombeau, remplies à la fois de crainte et d'une grande joie, et elles coururent porter la nouvelle à ses disciples. Et voici que Jésus vint à leur rencontre et leur dit : « Je vous salue. » Elles s'approchèrent, lui saisirent les pieds et se prosternèrent devant lui. Alors Jésus leur dit : « Soyez sans crainte, allez annoncer à mes frères qu'ils doivent se rendre en Galilée : c'est là qu'ils me verront. » Tandis qu'elles étaient en chemin, quelques-uns des gardes allèrent en ville annoncer aux grands prêtres tout ce qui s'était passé. Ceux-ci, après s'être réunis avec les anciens et avoir tenu conseil, donnèrent aux soldats une forte somme en disant : « Voici ce que vous direz : "Ses disciples sont venus voler le corps, la nuit pendant que nous dormions." Et si tout cela vient aux oreilles du gouverneur, nous lui expliquerons la chose, et nous vous éviterons tout ennui. » Les soldats prirent l'argent et suivirent les instructions. Et cette explication s'est propagée chez les Juifs jusqu'à aujourd'hui.

Prière sur les offrandes

Accueille avec bonté, nous t'en prions, Seigneur, les présents de ton peuple ; il a été renouvelé en confessant ton nom et en recevant le baptême : accorde-lui de parvenir au bonheur sans fin. Par le Christ, notre Seigneur. ***— Amen.***

1re préface de Pâques, p. 363.

Antienne de la communion

Ressuscité d'entre les morts,
le Christ ne meurt plus;
sur lui, la mort n'a plus de pouvoir,
alléluia. (Rm 6, 9)

Prière après la communion

Que la grâce du mystère pascal, Seigneur, nous t'en prions, surabonde en nos cœurs; puisque tu nous as mis sur le chemin du salut éternel, rends-nous dignes de tes bienfaits. Par le Christ, notre Seigneur. — ***Amen.***

INVITATION

Toute cette semaine est déploiement de la joie de Pâques.
Pour participer à la propagation de cette joie, je peux consciemment sourire à toutes les personnes que je rencontre aujourd'hui.

COMMENTAIRE

Citation psalmique

Actes 2, 14. 22b-33; Psaume 15

Le psaume 15 cité par Pierre lui permet de prêcher en même temps la messianité de Jésus, descendant de David, et sa résurrection. Il lui permet également de brosser une sorte de portrait spirituel du Christ, homme de louange et d'espérance, gardant sans cesse sous les yeux la volonté du Père. Livré à tous, même à ses détracteurs, jusqu'à l'extrême, il a fait triompher la vie de Dieu et livre désormais le passage à l'Esprit. ■

Jean-Marc Liautaud, *Fondacio*

MARDI 22 AVRIL 2025

TEMPS PASCAL COULEUR LITURGIQUE : BLANC

Octave de Pâques

Antienne d'ouverture

L'eau de la sagesse les a désaltérés ;
en eux la sagesse s'affermira et ne fléchira pas,
elle les exaltera pour toujours,
alléluia. (cf. Si 15, 3-4)

Gloire à Dieu *(p. 356)*

Prière

Seigneur Dieu, tu nous guéris par les célébrations pascales ; poursuis toujours l'œuvre de ta grâce : que ton peuple trouve une liberté parfaite et parvienne à la joie du ciel dont il exulte déjà sur la terre. Par Jésus… ***— Amen.***

Lecture

du livre des Actes des Apôtres (2, 36-41)

« Convertissez-vous, et que chacun de vous soit baptisé au nom de Jésus Christ »

Le jour de la Pentecôte, Pierre disait à la foule : « Que toute la maison d'Israël le sache donc avec certitude : Dieu l'a fait Seigneur et Christ, ce Jésus que vous aviez crucifié. » Les auditeurs furent touchés au cœur ; ils dirent à Pierre et aux autres Apôtres : « Frères, que devons-nous faire ? »

Pierre leur répondit : « Convertissez-vous*, et que chacun de vous soit baptisé au nom de Jésus Christ pour le pardon de ses péchés ; vous recevrez alors le don du Saint-Esprit. Car la promesse est pour vous, pour vos enfants et pour tous ceux qui sont loin, aussi nombreux que le Seigneur notre Dieu les appellera. » Par bien d'autres paroles encore, Pierre les adjurait et les exhortait en disant : « Détournez-vous de cette génération tortueuse, et vous serez sauvés. »
Alors, ceux qui avaient accueilli la parole de Pierre furent baptisés. Ce jour-là, environ trois mille personnes se joignirent à eux.
– Parole du Seigneur.

Psaume 32 (33)

℟ ***Toute la terre, Seigneur, est remplie de ton amour.***
ou
Alléluia !

Oui, elle est droite, la parole du Seigneur ;
il est fidèle en tout ce qu'il fait.
Il aime le bon droit et la justice ;
la terre est remplie de son amour. ℟

Dieu veille sur ceux qui le craignent,
qui mettent leur espoir en son amour,
pour les délivrer de la mort,
les garder en vie aux jours de famine. ℟

Nous attendons notre vie du Seigneur :
il est pour nous un appui, un bouclier.
Que ton amour, Seigneur, soit sur nous
comme notre espoir est en toi ! ℟

Acclamation de l'Évangile

Alléluia. Alléluia. Voici le jour que fit le Seigneur, qu'il soit pour nous jour de fête et de joie ! ***Alléluia.***

Évangile de Jésus Christ

selon saint Jean (20, 11-18)

« "J'ai vu le Seigneur !", et elle raconta ce qu'il lui avait dit »

En ce temps-là, Marie Madeleine se tenait près du tombeau, au-dehors, tout en pleurs. Et en pleurant, elle se pencha vers le tombeau. Elle aperçoit deux anges vêtus de blanc, assis l'un à la tête et l'autre aux pieds, à l'endroit où avait reposé le corps de Jésus. Ils lui demandent : « Femme, pourquoi pleures-tu ? » Elle leur répond : « On a enlevé mon Seigneur, et je ne sais pas où on l'a déposé. » Ayant dit cela, elle se retourna; elle aperçoit Jésus qui se tenait là, mais elle ne savait pas que c'était Jésus. Jésus lui dit : « Femme, pourquoi pleures-tu ? Qui cherches-tu ? » Le prenant pour le jardinier, elle lui répond : « Si c'est toi qui l'as emporté, dis-moi où tu l'as déposé, et moi, j'irai le prendre. » Jésus lui dit alors : « Marie ! » S'étant retournée, elle lui dit en hébreu : « Rabbouni ! », c'est-à-dire : Maître. Jésus reprend : « Ne me retiens pas, car je ne suis pas encore monté vers le Père. Va trouver mes frères pour leur dire que je monte vers mon Père et votre Père, vers mon Dieu et votre Dieu. » Marie Madeleine s'en va donc annoncer aux disciples : « J'ai vu le Seigneur ! », et elle raconta ce qu'il lui avait dit.

Prière sur les offrandes

Reçois avec bonté les offrandes de ta famille, nous t'en prions, Seigneur, garde-la sous ta protection : qu'elle ne perde aucun des bienfaits déjà reçus, et parvienne aux dons éternels. Par le Christ, notre Seigneur. **— *Amen.***

1re préface de Pâques, p. 363.

Antienne de la communion

Ressuscités avec le Christ,
recherchez les réalités d'en haut :
c'est là qu'est le Christ,
assis à la droite de Dieu ;
pensez aux réalités d'en haut,
alléluia. (Col 3, 1-2)

Prière après la communion

Écoute notre prière, Dieu tout-puissant : tu as donné à ta famille la grâce incomparable du baptême ; dispose nos cœurs à recevoir le bonheur éternel. Par le Christ, notre Seigneur.
— *Amen.*

INVITATION

Comme Marie Madeleine, aujourd'hui, je me fais apôtre et j'annonce ce que j'ai vu : je raconte un épisode marquant de ma vie de foi avec le Christ à un ami, un proche, soit au téléphone, soit en lui écrivant.

COMMENTAIRE

Une relation unique Jean 20, 11-18

Jean est le seul évangéliste à mettre en scène des dialogues du Ressuscité avec une seule personne (ici Marie, plus tard Thomas). Pour lui, en effet, la rencontre du Christ éternellement vivant est tout autant une affaire communautaire qu'une aventure singulière : chacun y est rejoint dans son histoire et son désir propres. Faisons de ce temps de Pâques une aventure sur notre chemin unique de disciple ! ■

***Jean-Marc Liautaud**, Fondacio*

❊ CLÉ DE LECTURE

« Convertissez-vous » Actes 2, 38 (*p. 294*)

Ce verbe grec *« metanoeô »* n'exprime pas la conversion, mais un changement d'état d'esprit et de cœur entraînant un nouveau comportement. Un autre verbe *« epistrephô »*, plus imagé, appelle à « se retourner vers Dieu », à « se convertir », et s'adresse parfois à des païens invités à reconnaître le Dieu unique (cf. 1 Th 1, 9). Le changement de cœur et de vie est ici lié au baptême : comme le proclamait déjà Jean Baptiste (cf. Mc 1, 4-5), le baptême vient manifester et donner une visibilité à cette vie nouvelle. Plus qu'une purification, le baptême chrétien est, comme Paul l'avait dit, une plongée dans la vie, et la mort du Christ pour marcher avec lui vers la résurrection (Rm 6, 3-5). Au quotidien, le baptisé doit lui donner une visibilité toujours plus grande. ■

***Roselyne Dupont-Roc**, bibliste*

MERCREDI 23 AVRIL 2025

TEMPS PASCAL COULEUR LITURGIQUE : BLANC

Octave de Pâques

Antienne d'ouverture

Venez, les bénis de mon Père, recevez en héritage le Royaume préparé pour vous depuis la fondation du monde, alléluia. (Mt 25, 34)

Gloire à Dieu *(p. 356)*

Prière

Seigneur Dieu, tu nous donnes chaque année la joie de fêter la résurrection du Seigneur ; à travers ces fêtes d'ici-bas, accorde-nous, dans ta bonté, de parvenir aux joies éternelles. Par Jésus… ***— Amen.***

Lecture

du livre des Actes des Apôtres (3, 1-10)

« Ce que j'ai, je te le donne : au nom de Jésus, lève-toi et marche »

En ces jours-là, Pierre et Jean montaient au Temple pour la prière de l'après-midi, à la neuvième heure. On y amenait alors un homme, infirme de naissance, que l'on installait chaque jour à la porte du Temple, appelée la « Belle-Porte », pour qu'il demande l'aumône à ceux qui entraient. Voyant Pierre et Jean qui allaient entrer dans le Temple, il leur demanda l'aumône. Alors Pierre, ainsi que Jean, fixa les yeux sur lui, et il dit :

« Regarde-nous ! » L'homme les observait, s'attendant à recevoir quelque chose de leur part. Pierre déclara : « De l'argent et de l'or, je n'en ai pas ; mais ce que j'ai, je te le donne : au nom de Jésus Christ le Nazaréen, lève-toi et marche. » Alors, le prenant par la main droite, il le releva et, à l'instant même, ses pieds et ses chevilles s'affermirent. D'un bond, il fut debout et il marchait. Entrant avec eux dans le Temple, il marchait, bondissait, et louait Dieu. Et tout le peuple le vit marcher et louer Dieu. On le reconnaissait : c'est bien lui qui était assis à la « Belle-Porte » du Temple pour demander l'aumône. Et les gens étaient frappés de stupeur et désorientés devant ce qui lui était arrivé.
– Parole du Seigneur.

Psaume 104 (105)

℟ ***Joie pour les cœurs qui cherchent Dieu !***
OU ***Alléluia !***

Rendez grâce au Seigneur, proclamez son nom,
annoncez parmi les peuples ses hauts faits ;
chantez et jouez pour lui,
redites sans fin ses merveilles. ℟

Glorifiez-vous de son nom très saint :
joie pour les cœurs qui cherchent Dieu !
Cherchez le Seigneur et sa puissance,
recherchez sans trêve sa face. ℟

Vous, la race d'Abraham son serviteur,
les fils de Jacob, qu'il a choisis.
Le Seigneur, c'est lui notre Dieu :
ses jugements font loi pour l'univers. ℟

Il s'est toujours souvenu de son alliance,
parole édictée pour mille générations :
promesse faite à Abraham,
garantie par serment à Isaac. ℟

Acclamation de l'Évangile

Alléluia. Alléluia. Voici le jour que fit le Seigneur, qu'il soit pour nous jour de fête et de joie ! ***Alléluia.***

Évangile de Jésus Christ

selon saint Luc (24, 13-35)

Il se fit reconnaître par eux à la fraction du pain

Le même jour (c'est-à-dire le premier jour de la semaine), deux disciples faisaient route vers un village appelé Emmaüs, à deux heures de marche de Jérusalem, et ils parlaient entre eux de tout ce qui s'était passé. Or, tandis qu'ils s'entretenaient et s'interrogeaient, Jésus lui-même s'approcha, et il marchait avec eux. Mais leurs yeux étaient empêchés de le reconnaître. Jésus leur dit : « De quoi discutez-vous en marchant ? » Alors, ils s'arrêtèrent, tout tristes. L'un des deux, nommé Cléophas, lui répondit : « Tu es bien le seul étranger résidant à Jérusalem qui ignore les événements de ces jours-ci. » Il leur dit : « Quels événements ? » Ils lui répondirent : « Ce qui est arrivé à Jésus de Nazareth, cet homme qui était un prophète puissant par ses actes et ses paroles devant Dieu et devant tout le peuple : comment les grands prêtres et nos chefs l'ont livré, ils l'ont fait condamner à mort et ils l'ont crucifié. Nous, nous espérions que c'était lui qui allait délivrer Israël. Mais avec tout cela, voici déjà le troisième jour qui passe depuis que c'est arrivé. À vrai dire, des femmes de notre groupe nous ont remplis de stupeur. Quand, dès l'aurore, elles sont allées au tombeau, elles n'ont pas trouvé son corps; elles sont venues nous dire qu'elles avaient

même eu une vision : des anges, qui disaient qu'il est vivant. Quelques-uns de nos compagnons sont allés au tombeau, et ils ont trouvé les choses comme les femmes l'avaient dit; mais lui, ils ne l'ont pas vu. » Il leur dit alors : « Esprits sans intelligence ! Comme votre cœur est lent à croire tout ce que les prophètes ont dit ! Ne fallait-il pas que le Christ souffrît cela pour entrer dans sa gloire ? » Et, partant de Moïse et de tous les Prophètes, il leur interpréta, dans toute l'Écriture, ce qui le concernait. Quand ils approchèrent du village où ils se rendaient, Jésus fit semblant d'aller plus loin. Mais ils s'efforcèrent de le retenir : « Reste avec nous, car le soir approche et déjà le jour baisse. » Il entra donc pour rester avec eux. Quand il fut à table avec eux, ayant pris le pain, il prononça la bénédiction et, l'ayant rompu, il le leur donna. Alors leurs yeux s'ouvrirent, et ils le reconnurent, mais il disparut à leurs regards. Ils se dirent l'un à l'autre : « Notre cœur n'était-il pas brûlant en nous, tandis qu'il nous parlait sur la route et nous ouvrait les Écritures ? » À l'instant même, ils se levèrent et retournèrent à Jérusalem. Ils y trouvèrent réunis les onze Apôtres et leurs compagnons, qui leur dirent : « Le Seigneur est réellement ressuscité : il est apparu à Simon-Pierre. » À leur tour, ils racontaient ce qui s'était passé sur la route, et comment le Seigneur s'était fait reconnaître par eux à la fraction du pain.

Prière sur les offrandes

Accueille, nous t'en prions, Seigneur, le sacrifice qui rachète l'humanité, et dans ta bienveillance, réalise en nous le salut de l'esprit et du corps. Par le Christ, notre Seigneur. — ***Amen.*** *1re préface de Pâques, p. 363.*

Antienne de la communion
Les disciples reconnurent
le Seigneur Jésus
à la fraction du pain, alléluia.
(cf. Lc 24, 35)

Prière après la communion
Après avoir été purifiés de tout ce qui reste en nous de l'homme ancien, nous te prions, Seigneur : que le sacrement de ton Fils, reçu avec ferveur, nous fasse entrer dans la création nouvelle. Par le Christ, notre Seigneur. – ***Amen.***

INVITATION

Ai-je parfois du mal à reconnaître la présence du Christ cheminant à mon côté ? Je repense à ces dernières semaines, je note les moments où le Christ était là et à quel signe je l'ai reconnu.

COMMENTAIRE

Itinéraire pédagogique Luc 24, 13-35

L'épisode d'Emmaüs permet à Luc d'exposer la pédagogie du Christ envers son Église, qu'il « ressuscite » avec lui. Dans cet itinéraire de révélation progressive, c'est bien lui qui aide les disciples à passer du désarroi à la joie à travers des étapes qui évoquent le déroulement de l'eucharistie : relecture de vie, commentaire biblique à partir de l'itinéraire du Messie souffrant et fraction du pain. ■

***Jean-Marc Liautaud**, Fondacio*

JEUDI 24 AVRIL 2025

TEMPS PASCAL COULEUR LITURGIQUE : BLANC

Octave de Pâques

Antienne d'ouverture

D'un seul cœur ils ont chanté ta main victorieuse, Seigneur :
la Sagesse a ouvert la bouche des muets
et délié la langue des tout-petits, alléluia.
(cf. Sg 10, 20-21)

Gloire à Dieu *(p. 356)*

Prière

Seigneur Dieu, tu as uni des peuples divers dans la confession de ton nom ; accorde à ceux qui renaissent à la fontaine baptismale d'avoir au cœur la même foi et dans leurs actes le même amour. Par Jésus… – ***Amen.***

20 - 26

Lecture

du livre des Actes des Apôtres (3, 11-26)

« Vous avez tué le Prince de la vie, lui que Dieu a ressuscité d'entre les morts »

En ces jours-là, l'infirme que Pierre et Jean venaient de guérir ne les lâchait plus. Tout le peuple accourut vers eux au Portique dit de Salomon. Les gens étaient stupéfaits. Voyant cela, Pierre interpella le peuple : « Hommes d'Israël, pourquoi vous étonner ? Pourquoi fixer les yeux sur

nous, comme si c'était en vertu de notre puissance personnelle ou de notre piété que nous lui avons donné de marcher ? Le Dieu d'Abraham, d'Isaac et de Jacob, le Dieu de nos pères, a glorifié son serviteur Jésus, alors que vous, vous l'aviez livré, vous l'aviez renié en présence de Pilate qui était décidé à le relâcher. Vous avez renié le Saint et le Juste, et vous avez demandé qu'on vous accorde la grâce d'un meurtrier. Vous avez tué le Prince de la vie, lui que Dieu a ressuscité d'entre les morts, nous en sommes témoins. Tout repose sur la foi dans le nom de Jésus Christ : c'est ce nom lui-même qui vient d'affermir cet homme que vous regardez et connaissez ; oui, la foi qui vient par Jésus l'a rétabli dans son intégrité physique, en votre présence à tous. D'ailleurs, frères, je sais bien que vous avez agi dans l'ignorance, vous et vos chefs. Mais Dieu a ainsi accompli* ce qu'il avait d'avance annoncé par la bouche de tous les prophètes : que le Christ, son Messie souffrirait.

Convertissez-vous et tournez-vous vers Dieu pour que vos péchés soient effacés. Ainsi viendront les temps de la fraîcheur de la part du Seigneur, et il enverra le Christ Jésus qui vous est destiné. Il faut en effet que le ciel l'accueille jusqu'à l'époque où tout sera rétabli, comme Dieu l'avait dit par la bouche des saints, ceux d'autrefois, ses prophètes. Moïse a déclaré : *Le Seigneur votre Dieu suscitera pour vous, du milieu de vos frères, un prophète comme moi : vous l'écouterez en tout ce qu'il vous dira. Quiconque n'écoutera pas ce prophète sera retranché du peuple.* Ensuite, tous les prophètes qui ont parlé depuis Samuel et ses successeurs, aussi nombreux furent-ils, ont annoncé les jours où nous sommes. C'est vous qui êtes les

fils des prophètes et de l'Alliance que Dieu a conclue avec vos pères, quand il disait à Abraham : *En ta descendance seront bénies toutes les familles de la terre.* C'est pour vous d'abord que Dieu a suscité son Serviteur, et il l'a envoyé vous bénir, pourvu que chacun de vous se détourne de sa méchanceté. »
– Parole du Seigneur.

Psaume 8

℟ *Ô Seigneur notre Dieu, qu'il est grand, ton nom, par toute la terre !*
OU ***Alléluia !***

À voir ton ciel, ouvrage de tes doigts,
la lune et les étoiles que tu fixas,
qu'est-ce que l'homme
    pour que tu penses à lui,
le fils d'un homme,
    que tu en prennes souci ? ℟

Tu l'as voulu un peu moindre qu'un dieu,
le couronnant de gloire et d'honneur ;
tu l'établis sur les œuvres de tes mains,
tu mets toute chose à ses pieds. ℟

Les troupeaux de bœufs et de brebis,
et même les bêtes sauvages,
les oiseaux du ciel et les poissons de la mer,
tout ce qui va son chemin dans les eaux. ℟

Acclamation de l'Évangile

Alléluia. Alléluia. Voici le jour que fit le Seigneur, qu'il soit pour nous jour de fête et de joie ! ***Alléluia.***

Évangile de Jésus Christ

selon saint Luc (24, 35-48)

« Ainsi est-il écrit que le Christ souffrirait, qu'il ressusciterait d'entre les morts le troisième jour »

En ce temps-là, les disciples qui rentraient d'Emmaüs racontaient aux onze Apôtres et à leurs compagnons ce qui s'était passé sur la route, et comment le Seigneur s'était fait reconnaître par eux à la fraction du pain. Comme ils en parlaient encore, lui-même fut présent au milieu d'eux, et leur dit : « La paix soit avec vous ! » Saisis de frayeur et de crainte, ils croyaient voir un esprit. Jésus leur dit : « Pourquoi êtes-vous bouleversés ? Et pourquoi ces pensées qui surgissent dans votre cœur ? Voyez mes mains et mes pieds : c'est bien moi ! Touchez-moi, regardez : un esprit n'a pas de chair ni d'os comme vous constatez que j'en ai. » Après cette parole, il leur montra ses mains et ses pieds. Dans leur joie, ils n'osaient pas encore y croire, et restaient saisis d'étonnement. Jésus leur dit : « Avez-vous ici quelque chose à manger ? » Ils lui présentèrent une part de poisson grillé qu'il prit et mangea devant eux. Puis il leur déclara : « Voici les paroles que je vous ai dites quand j'étais encore avec vous : "Il faut que s'accomplisse tout ce qui a été écrit à mon sujet dans la loi de Moïse, les Prophètes et les Psaumes." » Alors il ouvrit leur intelligence à la compréhension des

Écritures. Il leur dit : « Ainsi est-il écrit que le Christ souffrirait, qu'il ressusciterait d'entre les morts le troisième jour, et que la conversion serait proclamée en son nom, pour le pardon des péchés, à toutes les nations, en commençant par Jérusalem. À vous d'en être les témoins. »

Prière sur les offrandes

Accueille avec bonté ce sacrifice, nous t'en prions, Seigneur : nous te l'offrons dans l'action de grâce, pour ceux que tu as fait renaître par le baptême ; accorde-nous d'obtenir sans tarder le secours qui vient du ciel. Par le Christ, notre Seigneur. ***— Amen.***

1re préface de Pâques, p. 363.

Antienne de la communion

Peuple racheté par Dieu,
vous tous, annoncez les merveilles
de celui qui vous a appelés
des ténèbres à son admirable lumière,
alléluia.
(cf. 1 P 2, 9)

Prière après la communion

Écoute nos prières, Seigneur : que cet échange très saint où l'homme est racheté nous soutienne durant la vie présente et nous procure les joies éternelles. Par le Christ, notre Seigneur.
— Amen.

INVITATION

L'alléluia résonne à nouveau dans nos messes depuis Pâques. Et si je chantais un alléluia que j'aime particulièrement pendant mon temps de prière ?

COMMENTAIRE

L'histoire d'un repas Luc 24, 35-48

Luc continue à nous éclairer sur la pédagogie du Ressuscité, qui doit ici franchir deux obstacles pour convaincre ses disciples qu'il s'agit bien de lui. Tout d'abord leur peur d'un fantôme, puis leur crainte que tout ceci « ne soit trop beau ». Comme pour les deux disciples d'Emmaüs, c'est finalement le partage du repas qui leur permettra de faire le lien entre ce nouveau mode de présence de leur maître et l'ancien. ■

Jean-Marc Liautaud, *Fondacio*

✲ CLÉ DE LECTURE

« Dieu a ainsi accompli » Actes 3, 18 *(p. 304)*

À la lumière de la foi nouvelle en la résurrection de Jésus, le discours de Pierre relit la Passion et la mort de Jésus comme un accomplissement du projet de Dieu inscrit dans les Écritures d'Israël. Selon ce que le Ressuscité avait expliqué à ses disciples, tous les prophètes ont annoncé que son Christ souffrirait (Lc 24, 44-46). Mais, hormis le serviteur souffrant d'Isaïe (cf. Is 52, 13 ; 53, 12), on ne trouve pas d'annonce d'un messie souffrant dans la Loi et les prophètes. Il faut probablement se tourner vers le suppliant des psaumes – notamment les psaumes 22 et 69 –, qui crie vers Dieu : « Pourquoi m'as-tu abandonné ? » Celui-là est rejoint et porté par le chant de louange de l'assemblée affirmant la victoire de Dieu sur le mal et la mort (cf. Ps 22 [23]). ■

Roselyne Dupont-Roc, *bibliste*

VENDREDI 25 AVRIL 2025

TEMPS PASCAL COULEUR LITURGIQUE : BLANC

Octave de Pâques

Antienne d'ouverture

Le Seigneur a fait sortir son peuple dans l'espérance, et la mer a englouti leurs ennemis, alléluia. (cf. Ps 77, 53)

Gloire à Dieu *(p. 356)*

Prière

Dieu éternel et tout-puissant, par le mystère pascal, tu as rétabli l'humanité dans ton alliance ; accorde-nous d'exprimer par nos actes la foi que nos célébrations proclament. Par Jésus… — ***Amen.***

Lecture

du livre des Actes des Apôtres (4, 1-12)

« En nul autre que lui, il n'y a de salut »

En ces jours-là, après la guérison de l'infirme, comme Pierre et Jean parlaient encore au peuple, les prêtres survinrent, avec le commandant du Temple et les sadducéens ; ils étaient excédés de les voir enseigner le peuple et annoncer, en la personne de Jésus, la résurrection d'entre les morts. Ils les firent arrêter et placer sous bonne garde jusqu'au lendemain, puisque c'était déjà le soir. Or, beaucoup de ceux qui avaient

entendu la Parole devinrent croyants; à ne compter que les hommes, il y en avait environ cinq mille.
Le lendemain se réunirent à Jérusalem les chefs du peuple, les anciens et les scribes. Il y avait là Hanne le grand prêtre, Caïphe, Jean, Alexandre, et tous ceux qui appartenaient aux familles de grands prêtres. Ils firent amener Pierre et Jean au milieu d'eux et les questionnèrent : « Par quelle puissance, par le nom de qui, avez-vous fait cette guérison ? » Alors Pierre, rempli de l'Esprit Saint, leur déclara : « Chefs du peuple et anciens, nous sommes interrogés aujourd'hui pour avoir fait du bien à un infirme, et l'on nous demande comment cet homme a été sauvé. Sachez-le donc, vous tous, ainsi que tout le peuple d'Israël : c'est par le nom de Jésus le Nazaréen, lui que vous avez crucifié mais que Dieu a ressuscité d'entre les morts, c'est par lui que cet homme se trouve là, devant vous, bien portant. Ce Jésus est la pierre méprisée de vous, les bâtisseurs, mais devenue la pierre d'angle. En nul autre que lui, il n'y a de salut, car, sous le ciel, aucun autre nom n'est donné aux hommes, qui puisse nous sauver. » – Parole du Seigneur.

Psaume 117 (118)

℟ ***La pierre qu'ont rejetée les bâtisseurs est devenue la pierre d'angle.***
OU ***Alléluia !***

Rendez grâce au Seigneur : Il est bon !
Éternel est son amour !
Oui, que le dise Israël :
Éternel est son amour !
Qu'ils le disent, ceux qui craignent le Seigneur :
Éternel est son amour ! ℟

La pierre qu'ont rejetée les bâtisseurs
est devenue la pierre d'angle :
c'est là l'œuvre du Seigneur,
la merveille devant nos yeux.
Voici le jour que fit le Seigneur,
qu'il soit pour nous jour de fête et de joie ! ℟

Donne, Seigneur, donne le salut !
Donne, Seigneur, donne la victoire !
Béni soit au nom du Seigneur celui qui vient !
De la maison du Seigneur,
nous vous bénissons !
Dieu, le Seigneur, nous illumine. ℟

Acclamation de l'Évangile

Alléluia. Alléluia. Voici le jour que fit le Seigneur, qu'il soit pour nous jour de fête et de joie ! ***Alléluia.***

Évangile de Jésus Christ

selon saint Jean (21, 1-14)

« Jésus s'approche ; il prend le pain et le leur donne ; et de même pour le poisson »

En ce temps-là, Jésus se manifesta encore aux disciples sur le bord de la mer de Tibériade, et voici comment. Il y avait là, ensemble, Simon-Pierre, avec Thomas, appelé Didyme (c'est-à-dire Jumeau), Nathanaël, de Cana de Galilée, les fils de Zébédée, et deux autres de ses disciples. Simon-Pierre leur dit : « Je m'en vais à la pêche. » Ils lui répondent : « Nous aussi, nous allons avec toi. » Ils partirent et montèrent dans la barque ; or, cette nuit-là, ils ne prirent rien.

Au lever du jour, Jésus se tenait sur le rivage, mais les disciples ne savaient pas que c'était lui. Jésus leur dit : « Les enfants, auriez-vous quelque chose à manger ? » Ils lui répondirent : « Non. » Il leur dit : « Jetez le filet à droite de la barque, et vous trouverez. » Ils jetèrent donc le filet, et cette fois ils n'arrivaient pas à le tirer, tellement il y avait de poissons. Alors, le disciple que Jésus aimait dit à Pierre : « C'est le Seigneur ! » Quand Simon-Pierre entendit que c'était le Seigneur, il passa un vêtement, car il n'avait rien sur lui, et il se jeta à l'eau. Les autres disciples arrivèrent en barque, traînant le filet plein de poissons ; la terre n'était qu'à une centaine de mètres.

Une fois descendus à terre, ils aperçoivent, disposé là, un feu de braise avec du poisson posé dessus, et du pain. Jésus leur dit : « Apportez donc de ces poissons que vous venez de prendre. » Simon-Pierre remonta et tira jusqu'à terre le filet plein de gros poissons : il y en avait cent cinquante-trois. Et, malgré cette quantité, le filet ne s'était pas déchiré. Jésus leur dit alors : « Venez manger. » Aucun des disciples n'osait lui demander : « Qui es-tu ? » Ils savaient que c'était le Seigneur. Jésus s'approche ; il prend le pain et le leur donne ; et de même pour le poisson. C'était la troisième fois que Jésus ressuscité d'entre les morts se manifestait à ses disciples.

Prière sur les offrandes

Accomplis en nous, Seigneur, dans ta bonté l'échange que nous attendons de cette offrande pascale, afin de passer des attachements terrestres au désir du ciel. Par le Christ, notre Seigneur. — ***Amen.***

1re préface de Pâques, p. 363.

Antienne de la communion
Au bord du lac, Jésus invite
ses disciples : « Venez, mangez ! »
Puis il prend le pain et le leur donne,
alléluia.
(cf. Jn 21, 12-13)

Prière après la communion
Nous t'en prions, Seigneur, ne cesse pas de protéger avec tendresse ceux que tu as sauvés : la passion de ton Fils les a rachetés, qu'ils trouvent leur joie dans sa résurrection. Lui qui…
— Amen.

INVITATION
La famille qu'est l'Église a accueilli de nouveaux frères et sœurs, baptisés le week-end dernier. Aujourd'hui, je les porte plus particulièrement dans ma prière.

COMMENTAIRE
Toujours autour d'un repas Jean 21, 1-14

Le Ressuscité est-il apparu en Galilée (Marc, Matthieu) ou à Jérusalem (Luc) ? Le quatrième évangile combine les deux traditions. Dans le récit poétique du chapitre 21 de l'évangile de Jean, où Pierre joue un rôle particulier, il joint ainsi la pêche miraculeuse, que Luc situe au début du ministère, et une apparition. Comme chez Luc également, c'est autour d'un repas (ici préparé par le Maître) que se noue la rencontre. ■

***Jean-Marc Liautaud**, Fondacio*

SAMEDI 26 AVRIL 2025

TEMPS PASCAL COULEUR LITURGIQUE : BLANC

Octave de Pâques

Antienne d'ouverture

Le Seigneur a fait sortir en grande fête son peuple, ses élus, avec des cris de joie, alléluia ! (Ps 104, 43)

Gloire à Dieu *(p. 356)*

Prière

Seigneur Dieu, par l'abondance de ta grâce, tu fais grandir le peuple des croyants ; regarde avec bonté ceux que tu as choisis ; le baptême les a fait renaître : qu'ils soient revêtus de l'immortalité bienheureuse. Par Jésus… ***— Amen.***

Lecture

du livre des Actes des Apôtres (4, 13-21)

« Il nous est impossible de nous taire sur ce que nous avons vu et entendu »

En ces jours-là, les chefs du peuple, les Anciens et les scribes constataient l'assurance de Pierre et de Jean et, se rendant compte que c'était des hommes sans culture et de simples particuliers, ils étaient surpris ; d'autre part, ils reconnaissaient en eux ceux qui étaient avec Jésus. Mais comme ils voyaient, debout avec eux, l'homme qui avait été guéri, ils ne trouvaient rien à redire. Après leur avoir ordonné de quitter la salle du Conseil suprême,

ils se mirent à discuter entre eux. Ils disaient : « Qu'allons-nous faire de ces gens-là ? Il est notoire, en effet, qu'ils ont opéré un miracle ; cela fut manifeste pour tous les habitants de Jérusalem, et nous ne pouvons pas le nier. Mais pour en limiter la diffusion dans le peuple, nous allons les menacer afin qu'ils ne parlent plus à personne en ce nom-là. » Ayant rappelé Pierre et Jean, ils leur interdirent formellement de parler ou d'enseigner au nom de Jésus*. Ceux-ci leur répliquèrent : « Est-il juste devant Dieu de vous écouter, plutôt que d'écouter Dieu ? À vous de juger. Quant à nous, il nous est impossible de nous taire sur ce que nous avons vu et entendu. » Après de nouvelles menaces, ils les relâchèrent, faute d'avoir trouvé le moyen de les punir : c'était à cause du peuple, car tout le monde rendait gloire à Dieu pour ce qui était arrivé.
– Parole du Seigneur.

Psaume 117 (118)

℟ ***Seigneur, je te rends grâce, car tu m'as exaucé.***
OU ***Alléluia !***

Rendez grâce au Seigneur : Il est bon !
Éternel est son amour !
Ma force et mon chant, c'est le Seigneur ;
il est pour moi le salut.
Clameurs de joie et de victoire
sous les tentes des justes : ℟

« Le bras du Seigneur se lève,
le bras du Seigneur est fort ! »
Non, je ne mourrai pas, je vivrai
pour annoncer les actions du Seigneur :
il m'a frappé, le Seigneur, il m'a frappé,
mais sans me livrer à la mort. ℟

Ouvrez-moi les portes de justice :
j'entrerai, je rendrai grâce au Seigneur.
« C'est ici la porte du Seigneur :
qu'ils entrent, les justes ! »
Je te rends grâce car tu m'as exaucé :
tu es pour moi le salut. ℟

Acclamation de l'Évangile

Alléluia. Alléluia. Voici le jour que fit le Seigneur, qu'il soit pour nous jour de fête et de joie ! ***Alléluia.***

Évangile de Jésus Christ

selon saint Marc (16, 9-15)

« Allez dans le monde entier. Proclamez l'Évangile »

Ressuscité le matin, le premier jour de la semaine, Jésus apparut d'abord à Marie Madeleine, de laquelle il avait expulsé sept démons. Celle-ci partit annoncer la nouvelle à ceux qui, ayant vécu avec lui, s'affligeaient et pleuraient. Quand ils entendirent que Jésus était vivant et qu'elle l'avait vu, ils refusèrent de croire. Après cela, il se manifesta sous un autre aspect à deux d'entre eux qui étaient en chemin pour aller à la campagne. Ceux-ci revinrent l'annoncer aux autres, qui ne les crurent pas non plus. Enfin, il se manifesta aux Onze eux-mêmes pendant qu'ils étaient à table : il leur reprocha leur manque de foi et la dureté de leurs cœurs parce qu'ils n'avaient pas cru ceux qui l'avaient contemplé ressuscité. Puis il leur dit : « Allez dans le monde entier. Proclamez l'Évangile à toute la création. »

Prière sur les offrandes

Donne-nous, Seigneur, nous t'en prions, de toujours te rendre grâce par ces mystères de Pâques ; qu'ils continuent l'œuvre de notre relèvement et deviennent pour nous une source intarissable de joie. Par le Christ, notre Seigneur. — ***Amen.***

1re préface de Pâques, p. 363.

Antienne de la communion

Vous tous que le baptême a unis au Christ, vous avez revêtu le Christ, alléluia.

(Ga 3, 27)

Prière après la communion

Regarde avec bonté, Seigneur, nous t'en prions, le peuple que tu as rénové par tes sacrements ; accorde-nous de parvenir à la vie incorruptible lorsque notre chair ressuscitera dans la gloire. Par le Christ, notre Seigneur. — ***Amen.***

INVITATION

Je sors admirer la nature qui éclôt en ce printemps et je loue Dieu pour sa création.

COMMENTAIRE

Ouvrons nos cœurs Actes 4, 13-21 ; Marc 16, 9-15

Dans ces deux textes, un point commun unit étrangement les disciples de Jésus et les membres du Conseil suprême : le refus de croire. Pierre et Jean, qui prêchent aujourd'hui avec assurance devant le Sanhédrin, ont été hier ces hommes apeurés par la Passion puis sourds au témoignage de Marie Madeleine. Persévérance de Dieu qui frappe sans cesse à nos portes pour que nos cœurs s'ouvrent à sa générosité ! ■

***Jean-Marc Liautaud,** Fondacio*

✲ CLÉ DE LECTURE

« Au nom de Jésus » Actes 4, 18 *(p. 315)*

L'infirme de la Belle-Porte a été guéri par le nom de Jésus. Les autorités du Temple interdisent alors aux Apôtres de prononcer ce nom et de l'enseigner. Pourquoi cette crainte étrange ? Certes, chez les anciens, le nom disait l'identité ; prononcer le nom de quelqu'un, c'était au sens fort le rendre présent. Mais en monde juif, un nom revêt une signification particulière, c'est le nom même de Dieu. Formé de quatre lettres (YHWH), il ne se prononce pas et on le remplace par le mot « Seigneur ». Si pour les chrétiens le nom de Jésus a un tel pouvoir, c'est qu'ils croient que Dieu « lui a donné le nom qui est au-dessus de tout nom, le nom de Seigneur » (cf. Ph 2, 9-11), désormais prononcé par tous ceux qui croient qu'il est le Fils de Dieu au milieu de nous. ■

***Roselyne Dupont-Roc,** bibliste*

« D'où vient le dimanche de la Divine Miséricorde? »

La seconde encyclique du pontificat de Jean-Paul II, *Dives in Misericordia* (1980), était déjà consacrée au thème de la miséricorde. Puis la première canonisation du IIIe millénaire, elle aussi, fut choisie en lien avec le thème de la miséricorde puisque, le 30 avril 2000, Jean-Paul II canonisait sœur Faustine Kowalska (1905-1938), une mystique polonaise qui avait défini la miséricorde divine comme l'attribut suprême de Dieu. Enfin, durant son dernier voyage dans sa patrie, en 2002, le saint pape consacrait solennellement le monde à la divine miséricorde et instituait le dimanche après Pâques, qu'on appelait jusque-là le dimanche blanc *(in albis,* en latin), dimanche de la Divine Miséricorde… avant de mourir, signe plus que troublant, la veille du dimanche de la Miséricorde, le 2 avril 2005. Pour Jean-Paul II, le message de sœur Faustine devait être comme un rayon de lumière sur le chemin des hommes du IIIe millénaire. Que cette grande apôtre de la miséricorde, « qui fut appelée à entrer dans les profondeurs de la miséricorde divine, intercède pour nous ! », écrivait le pape François dans sa bulle d'indiction du Jubilé de la miséricorde (2015). ■

Michel Wackenheim,
prêtre du diocèse de Strasbourg

DIMANCHE 27 AVRIL 2025

DIMANCHE DE LA DIVINE MISÉRICORDE

ANNÉE C – COULEUR LITURGIQUE : BLANC

« Cesse d'être incrédule, sois croyant. » Jean 20, 27

Lorsque Jésus apparaît à ses disciples, Thomas n'est pas présent. Et il peine à croire tant qu'il n'aura pas touché les plaies du Ressuscité. Et nous ? Ayant notre lot d'épreuves, nous pouvons nous enfermer dans la révolte ou l'incrédulité. Pourtant, même si nous ne le voyons pas en chair et en os, faisons confiance au Christ. Accueillons sa paix et sa miséricorde.

RITES INITIAUX

Chant d'entrée *(Suggestions p. 384)*
OU
Antienne d'ouverture
Comme des enfants nouveau-nés, soyez avides du lait pur de la Parole, qui vous fera grandir pour arriver au salut, alléluia. (1 P 2, 2)
OU
Accueillez la joie de la gloire qui vous est donnée,
rendez grâce à Dieu qui vous a appelés au royaume des Cieux,
alléluia. (4 Esd 2, 36-37)

Suggestion de préparation pénitentielle *(ou p. 353)*
En ce dimanche de la Divine Miséricorde, venons au Seigneur avec nos questionnements, nos doutes, nos difficultés à aimer et à pardonner. Tournons-nous vers lui et reconnaissons notre péché.

Seigneur Jésus, pierre d'angle pour le monde, tu proposes à chacun le salut, béni sois-tu et prends pitié de nous.
— Béni sois-tu et prends pitié de nous.
Ô Christ, victorieux du mal et de la mort, tu nous combles de ta paix, béni sois-tu et prends pitié de nous.
— Béni sois-tu et prends pitié de nous.
Seigneur, toi le Premier et le Dernier, tu offres ta miséricorde avec profusion, béni sois-tu et prends pitié de nous.
— Béni sois-tu et prends pitié de nous.

Que Dieu tout-puissant nous fasse miséricorde ; qu'il nous pardonne nos péchés et nous conduise à la vie éternelle. **— *Amen.***

Gloire à Dieu (p. 356)

Prière
Dieu d'éternelle miséricorde, chaque année, par les célébrations pascales, tu ranimes la foi du peuple qui t'est consacré : fais grandir le don de ta grâce, afin que tous comprennent vraiment quel baptême les a purifiés, quel Esprit les a fait renaître, et quel sang les a rachetés. Par Jésus… **— *Amen.***

LITURGIE DE LA PAROLE

Lecture du livre des Actes des Apôtres (5, 12-16)

« Des foules d'hommes et de femmes, en devenant croyants, s'attachèrent au Seigneur »

À Jérusalem, par les mains des Apôtres, beaucoup de signes et de prodiges s'accomplissaient dans le peuple. Tous les croyants, d'un même cœur, se tenaient sous le portique de Salomon. Personne d'autre n'osait se joindre à eux ; cependant tout le peuple faisait leur éloge ; de plus en plus, des foules d'hommes et de femmes, en devenant croyants, s'attachaient au Seigneur. On allait jusqu'à sortir les malades sur les places, en les mettant sur des civières et des brancards : ainsi, au passage de Pierre, son ombre

couvrirait l'un ou l'autre. La foule accourait aussi des villes voisines de Jérusalem, en amenant des gens malades ou tourmentés par des esprits impurs. Et tous étaient guéris. – Parole du Seigneur.

Psaume 117 (118)

℟ ***Rendez grâce au Seigneur : Il est bon ! Éternel est son amour !***
OU ***Alléluia !***

T. : AELF ; M. : M. Wackenheim ; Éd. : ADF.

Oui, que le dise Israël :
Éternel est son amour !
Oui, que le dise la maison d'Aaron :
Éternel est son amour !
Qu'ils le disent, ceux qui craignent le Seigneur :
Éternel est son amour ! ℟

Écoutez ce psaume sur www.prionseneglise.fr/messe-du-dimanche

℟ ***Rendez grâce au Seigneur : Il est bon ! Éternel est son amour !***
OU ***Alléluia !***

La pierre qu'ont rejetée les bâtisseurs
est devenue la pierre d'angle :
c'est là l'œuvre du Seigneur,
la merveille devant nos yeux.
Voici le jour que fit le Seigneur,
qu'il soit pour nous jour de fête et de joie ! ℟

Donne, Seigneur, donne le salut !
Donne, Seigneur, donne la victoire !
Béni soit au nom du Seigneur celui qui vient !
De la maison du Seigneur, nous vous bénissons !
Dieu, le Seigneur, nous illumine. ℟

Lecture de l'Apocalypse de saint Jean (1, 9-11a.12-13.17-19)

« J'étais mort, et me voilà vivant pour les siècles des siècles »

Moi, Jean, votre frère, partageant avec vous la détresse, la royauté et la persévérance en Jésus, je me trouvai dans l'île de Patmos à cause de la parole de Dieu et du témoignage de Jésus. Je fus saisi en esprit, le jour du Seigneur, et j'entendis derrière moi une voix forte, pareille au son d'une trompette. Elle disait : « Ce que tu vois, écris-le dans un livre et envoie-le aux sept Églises : à Éphèse, Smyrne, Pergame, Thyatire, Sardes, Philadelphie et

Laodicée. » Je me retournai pour regarder quelle était cette voix qui me parlait. M'étant retourné, j'ai vu sept chandeliers d'or, et au milieu des chandeliers un être qui semblait un Fils d'homme, revêtu d'une longue tunique, une ceinture d'or à hauteur de poitrine. Quand je le vis, je tombai à ses pieds comme mort, mais il posa sur moi sa main droite, en disant : « Ne crains pas. Moi, je suis le Premier et le Dernier, le Vivant : j'étais mort, et me voilà vivant pour les siècles des siècles ; je détiens les clés de la mort et du séjour des morts. Écris donc ce que tu as vu, ce qui est, ce qui va ensuite advenir. » – Parole du Seigneur.

Acclamation de l'Évangile

Alléluia. Alléluia. Thomas, parce que tu m'as vu, tu crois, dit le Seigneur. Heureux ceux qui croient sans avoir vu ! ***Alléluia.***

IU56-65; M. : P. Robert; Bayard Liturgie.

Évangile de Jésus Christ selon saint Jean (20, 19-31)

« Huit jours plus tard, Jésus vient »

C'était après la mort de Jésus. Le soir venu, en ce premier jour de la semaine, alors que les portes du lieu où se trouvaient les disciples étaient verrouillées par crainte des Juifs, Jésus vint, et il était là au milieu d'eux. Il leur dit : « La paix soit avec vous ! » Après cette parole, il leur montra ses mains et son côté. Les disciples furent remplis de joie en voyant le Seigneur. Jésus leur dit de nouveau : « La paix soit avec vous ! De même que le Père m'a envoyé, moi aussi, je vous envoie. » Ayant ainsi parlé, il souffla sur eux et il leur dit : « Recevez l'Esprit Saint. À qui vous remettrez ses péchés, ils seront remis ; à qui vous maintiendrez ses péchés, ils seront maintenus. »

Or, l'un des Douze, Thomas, appelé Didyme (c'est-à-dire Jumeau), n'était pas avec eux quand Jésus était venu. Les autres disciples lui disaient : « Nous avons vu le Seigneur ! » Mais il leur déclara : « Si je ne vois pas dans ses mains la marque des clous, si je ne mets pas mon doigt dans la marque des clous, si je ne mets pas la main dans son côté, non, je ne croirai pas ! »

Huit jours plus tard, les disciples se trouvaient de nouveau dans la maison, et Thomas était avec eux. Jésus vient, alors que les portes étaient verrouillées, et il était là au milieu d'eux. Il dit : « La paix soit avec vous ! » Puis il dit à Thomas : « Avance ton doigt ici, et vois mes mains ; avance ta main, et mets-la dans mon côté : cesse

d'être incrédule, sois croyant. » Alors Thomas lui dit : « Mon Seigneur et mon Dieu ! » Jésus lui dit : « Parce que tu m'as vu, tu crois. Heureux ceux qui croient sans avoir vu. »
Il y a encore beaucoup d'autres signes que Jésus a faits en présence des disciples et qui ne sont pas écrits dans ce livre. Mais ceux-là ont été écrits pour que vous croyiez que Jésus est le Christ, le Fils de Dieu, et pour qu'en croyant, vous ayez la vie en son nom.

Homélie

Profession de foi (p. 357)

Suggestion de prière universelle

Le prêtre :

La paix soit avec vous ! Avec confiance, tournons-nous vers le Christ Ressuscité. Prions le pour l'Église et pour le monde.

℟ ***Dans ta miséricorde, Seigneur, écoute-nous.***

Éd. de l'Emmanuel; M. : J.-M. Morin.

Le diacre ou un lecteur :

Christ Ressuscité, pour les chrétiens artisans de paix et de réconciliation, nous te disons merci. Pour les victimes d'abus et de violence au sein de ton Église, nous te prions. ℟

Christ Ressuscité, pour les visiteurs de prison, nous te disons merci. Pour celles et ceux qui portent de lourdes fautes sur la conscience, en ta miséricorde, nous te prions. ℟

Christ Vivant, pour ceux qui travaillent à un monde plus solidaire, nous te disons merci. Pour ceux qui peinent à trouver joie et bonheur dans notre monde, nous te prions. ℟

Christ Vivant, pour la paix et la miséricorde que tu veux donner à chacun, nous te disons merci. Pour les personnes de notre paroisse secouées par de nombreuses difficultés, nous te prions. ℟

(Ces intentions seront adaptées ou modifiées selon les circonstances. On peut aussi s'inspirer de l'intention universelle du Saint-Père, p. 6.)

Le prêtre :

Seigneur Jésus, toi qui nous fais découvrir la tendresse du Père de miséricorde, viens exaucer toutes nos prières. Nous te le demandons, toi qui vis et règnes pour les siècles des siècles. ***— Amen.***

LITURGIE EUCHARISTIQUE

Prière sur les offrandes

Accueille, nous t'en prions, Seigneur, les offrandes de ton peuple, et, en particulier, de ceux que tu as fait renaître ; ils ont été renouvelés en confessant ton nom et en recevant le baptême : accorde-leur de parvenir au bonheur sans fin. Par le Christ, notre Seigneur. **– *Amen.***

Prière eucharistique *(1re préface de Pâques, p. 363)*

Chant de communion (Suggestions p. 384)

OU

Antienne de la communion

Jésus dit à Thomas : « Avance ta main, touche du doigt l'endroit des clous ; cesse d'être incrédule, sois croyant », alléluia.

(cf. Jn 20, 27)

Prière après la communion

Nous t'en prions, Dieu tout-puissant : que le mystère pascal accueilli dans cette communion ne cesse jamais d'agir en nos cœurs. Par le Christ, notre Seigneur. **– *Amen.***

RITE DE CONCLUSION

Bénédiction solennelle

En ressuscitant son Fils unique, Dieu vous a accordé le bienfait de la rédemption, il a fait de vous ses enfants : qu'il vous donne la joie de sa bénédiction.

– Amen.

Du Rédempteur, vous avez reçu d'être libres à jamais : qu'il vous accorde aussi d'avoir part à l'héritage éternel.

– Amen.

Par la foi au Christ, dans le baptême vous êtes déjà ressuscités ; par la droiture de votre vie présente, puissiez-vous mériter de lui être unis dans la patrie du ciel.

– Amen.

Et que la bénédiction de Dieu tout-puissant, le Père, et le Fils, ✠ et le Saint-Esprit, descende sur vous et y demeure toujours.

– Amen.

Envoi

Le diacre ou le prêtre dit :

Allez, dans la paix du Christ, alléluia, alléluia.

– Nous rendons grâce à Dieu, alléluia, alléluia.

COMMENTAIRE DU DIMANCHE

Emmanuel Schwab, recteur du sanctuaire de Lisieux

L'amour fou

« L'amour de Jésus pour Céline ne saurait être compris que de Jésus !… Jésus a fait des folies pour Céline… Que Céline fasse des folies pour Jésus… L'amour ne se paie que par l'amour et les plaies de l'amour ne se guérissent que par l'amour. » C'est ainsi qu'à 16 ans sainte Thérèse de l'Enfant Jésus parle à sa sœur âgée de 3 ans de plus qu'elle (Lettres de Thérèse 85). L'Apôtre Thomas, lui, a bien du mal à croire à cette « folie de Dieu plus sage que les hommes », cette « faiblesse de Dieu plus forte que les hommes » (1 Co 1, 25). Il lui faudra vérifier que c'est bien vrai. Et dès que Jésus se sera exposé à lui laisser toucher ses plaies, Thomas proclamera sa foi reconnaissante : « Mon Seigneur et mon Dieu ! » Arrivant quelque 2 000 ans •••

27 - 30

••• après Thomas, nous sommes riches du témoignage d'innombrables disciples de Jésus qui ont mis leur foi en lui et qui nous confortent dans notre foi. Mais rien du témoignage des autres — des temps passés ou contemporains — ne nous dispensera de nous laisser personnellement éblouir ou toucher par cette folie de Dieu. C'est en nous laissant ainsi toucher que nous pourrons nous écrier avec sainte Thérèse « Ô ma sœur ! je vous en prie, demandez à Jésus que moi aussi je l'aime et le fasse aimer ; je voudrais l'aimer non d'un amour ordinaire mais comme les saints qui faisaient pour lui des folies. Hélas ! que je suis loin de leur ressembler ! » (LT 225 à sœur Anne du Sacré-Cœur, 2 mai 1897).

Et si je prenais le temps de faire la liste de toutes les folies que Jésus a faites pour moi ?
Puisque « l'amour ne se paie que par l'amour », « comment rendrai-je au Seigneur tout le bien qu'il m'a fait » ? ■

Prions en Église junior

LIRE L'ÉVANGILE AVEC LES ENFANTS

CE QUE JE DÉCOUVRE

Thomas n'était pas là le soir où les disciples ont vu Jésus vivant. Il ne les croit pas. **Jésus vient donc de nouveau et il se montre à Thomas.** C'est bien lui qui est là, ressuscité, alors que quelques jours plus tôt, il mourait sur une croix. **Alors Thomas voit et croit.** Jésus lui demande de lui faire entièrement confiance :
« Heureux ceux qui croient sans avoir vu. »
Jésus parle aussi de nous, qui croyons en lui sans le voir.

CE QUE JE VIS

Pourquoi Thomas dit-il à Jésus :
« Mon Seigneur et mon Dieu ! » ?
Et toi, quels mots utiliserais-tu pour dire qui est Jésus ?
Pose tes mains sur une bible ouverte. Jésus est ton Seigneur et ton Dieu : parle-lui de ta joie de croire en lui.

Texte : Marie-Pierre Cockenpot. Illustrations : Marcelino Truong

27 - 30

MÉDITATION BIBLIQUE

DIMANCHE DE LA DIVINE MISÉRICORDE

Évangile selon saint Jean 20, 19-31

« Mon Seigneur et mon Dieu »

S'il est un récit écrit pour nous, qui n'avons pas connu Jésus ni vécu les apparitions post-pascales, c'est bien celui de l'apparition du Ressuscité à Thomas. Comment accéder à la foi sans avoir vu ?

Le temps de la préparation

« Voici le jour que fit le Seigneur, qu'il soit pour nous jour de fête et de joie ! » (Ps 117, 24)

Le temps de l'observation

L'évangile nous donne à contempler le parcours de Thomas et par là même approfondit la thématique du doute des disciples, présente dans tous les récits d'apparition. Un doute qui s'enracine en partie dans une approche erronée : comme si les choses de Dieu pouvaient être appréhendées avec les mêmes critères que les réalités tangibles ; comme si les miracles et les faits extraordinaires pouvaient fonder une foi authentique et durable. Il ne s'agit pas de faire entrer Dieu dans les catégories humaines, lesquelles sont par ailleurs utiles dans la vie courante. Cela étant, la requête de Thomas exprime le désir d'une expérience personnelle de Dieu. Ce qui lui a été transmis par les disciples présents lors de la première apparition, ne lui suffit pas, il ne se contente pas de connaître par « ouï-dire » (Jb 42, 5), l'expérience d'autrui ne pouvant le satisfaire. Si Jésus accède à ce désir légitime de Thomas, il l'invite à quitter les rives de ses catégories mentales habituelles : « Heureux ceux qui croient sans avoir vu. »

Le temps de la méditation

Comme Thomas, peut-être aspirons-nous à faire une expérience personnelle de Dieu ? Comme lui, peut-être faisons-nous erreur sur la façon d'y accéder ? Quoi qu'il en soit, nos questionnements peuvent se transformer en « conversation » avec le Christ, autrement dit en prière et en chemin de vérité. Ce qui suppose d'être prêt à un repositionnement, à un renoncement tant au merveilleux qu'aux preuves tangibles, et surtout d'être réceptif au travail de l'Esprit. N'est-ce pas lui qui nous conduira vers la vérité tout entière (Jn 16, 13), du Christ homme au Christ Dieu (selon l'expression de saint Augustin), le Vivant à jamais ? Lui qui nous permettra de comprendre le nécessaire passage par Jésus pour aller vers le Père (Jn 14, 9) ? D'où l'importance de se pénétrer du témoignage des évangiles, un témoignage susceptible de susciter le désir d'une rencontre avec le Ressuscité dans la trame de notre quotidien.

Le temps de la prière

« Je tiens mon âme égale et silencieuse. » (Ps 130, 2) ■

Emmanuelle Billoteau,
ermite

DES IMAGES POUR LA FOI

DIMANCHE DE LA DIVINE MISÉRICORDE

Le chemin d'Emmaüs

Comme souvent à l'époque romane, c'est le chemin d'Emmaüs que l'artiste représente : Jésus ouvrant ses disciples au mystère des Écritures.

Dans le cadre serré d'une plaque d'ivoire, l'artiste a représenté Jésus cheminant avec les disciples d'Emmaüs. Au milieu, le Christ tient le Livre et sur sa main droite, on voit encore la trace des clous de la crucifixion. Son autre main, élégante, s'élève pour appuyer son propos. Évoquant « Moïse et tous les prophètes », il interprète aux deux hommes tout ce qui le concerne « dans toute l'Écriture » (Lc 24, 27). Les disciples sont représentés comme des pèlerins – la province de León est traversée par le chemin de Saint-Jacques – et l'un d'eux, en plus du bourdon, porte la calebasse et la petite besace, équipements habituels des jacquaires. Quelle était leur destination ? Pour combien de temps partaient-ils ? Nous n'en savons rien. La seule chose dont nous sommes certains c'est que, à l'auberge d'Emmaüs, leur projet s'est modifié. La main levée, le pèlerin de droite a le regard qui cherche au loin, comme si la Parole faisait déjà son chemin en lui. Celui de gauche pose sa main sur l'épaule de Jésus, l'invitant à demeurer avec eux pour l'étape. Au geste de Jésus rompant le pain, la lumière dont l'aube commençait à poindre sur le chemin les éclairera définitivement. ■

Dominique Pierre

Les pèlerins d'Emmaüs, plaque d'ivoire (vers 1120) originaire de la province de León, Espagne. Metropolitan Museum of Art, New York (États-Unis).

LUNDI 28 AVRIL 2025

2[E] SEMAINE DE PÂQUES COULEUR LITURGIQUE : BLANC

Temps pascal, *messe de la férie*
ou **saint Louis-Marie Grignion de Montfort,**
ou **saint Pierre Chanel**

Antienne d'ouverture

Ressuscité d'entre les morts, le Christ ne meurt plus ; sur lui, la mort n'a plus de pouvoir, alléluia. (Rm 6, 9)

Prière

Nous t'en prions, Dieu tout-puissant : renouvelés et guéris par ta Pâque, nous sommes affranchis de la ressemblance avec notre premier parent, issu de la terre ; transforme-nous à l'image du créateur, qui est aux cieux. Par Jésus… ***— Amen.***

Lecture

du livre des Actes des Apôtres (4, 23-31)

« Quand ils eurent fini de prier, ils furent tous remplis du Saint-Esprit et ils disaient la parole de Dieu avec assurance »

En ces jours-là, lorsque Pierre et Jean eurent été relâchés, ils se rendirent auprès des leurs et rapportèrent tout ce que les grands prêtres et les anciens leur avaient dit. Après avoir écouté, tous, d'un même cœur, élevèrent leur voix vers Dieu en disant : « Maître, toi, tu as fait le ciel et la terre et la mer et tout ce qu'ils renferment. Par l'Esprit Saint, tu as mis dans la bouche de notre père David, ton serviteur, les paroles que voici : *Pourquoi ce tumulte des nations, ce vain murmure des peuples ? Les rois*

de la terre se sont dressés, les chefs se sont ligués entre eux contre le Seigneur et contre son Christ ? Et c'est vrai : dans cette ville, Hérode et Ponce Pilate, avec les nations et le peuple d'Israël, se sont ligués contre Jésus, ton Saint, ton Serviteur, le Christ à qui tu as donné l'onction ; ils ont fait tout ce que tu avais décidé d'avance dans ta puissance et selon ton dessein. Et maintenant, Seigneur, sois attentif à leurs menaces : donne à ceux qui te servent de dire ta parole avec une totale assurance. Étends donc ta main pour que se produisent guérisons, signes et prodiges, par le nom de Jésus, ton Saint, ton Serviteur. » Quand ils eurent fini de prier, le lieu où ils étaient réunis se mit à trembler, ils furent tous remplis du Saint-Esprit et ils disaient la parole de Dieu avec assurance.
– Parole du Seigneur.

Psaume 2

℟ ***Heureux qui trouve en Dieu son refuge !***
OU ***Alléluia !***

Pourquoi ce tumulte des nations,
ce vain murmure des peuples ?
Les rois de la terre se dressent,
les grands se liguent entre eux
contre le Seigneur et son messie :
« Faisons sauter nos chaînes,
rejetons ces entraves ! » ℟

Celui qui règne dans les cieux
s'en amuse,
le Seigneur les tourne en dérision ;
puis il leur parle avec fureur
et sa colère les épouvante :
« Moi, j'ai sacré mon roi
sur Sion, ma sainte montagne. » ℟

Il m'a dit : « Tu es mon fils ;
moi, aujourd'hui, je t'ai engendré.
Demande, et je te donne
en héritage les nations,
pour domaine la terre tout entière.
Tu les détruiras de ton sceptre de fer,
tu les briseras comme
un vase de potier » ℟

Acclamation de l'Évangile

Alléluia. Alléluia. Si vous êtes ressuscités avec le Christ, recherchez les réalités d'en haut : c'est là qu'est le Christ, assis à la droite de Dieu. ***Alléluia.***

Évangile de Jésus Christ

selon saint Jean (3, 1-8)

« Personne, à moins de naître de l'eau et de l'Esprit, ne peut entrer dans le royaume de Dieu »

Il y avait un homme, un pharisien nommé Nicodème ; c'était un notable parmi les Juifs. Il vint trouver Jésus pendant la nuit. Il lui dit : « Rabbi, nous le savons, c'est de la part de Dieu que tu es venu comme un maître qui enseigne, car personne ne peut accomplir les signes que toi, tu accomplis, si Dieu n'est pas avec lui. » Jésus lui répondit : « Amen, amen, je te le dis : à moins de naître d'en haut, on ne peut voir le royaume de Dieu. » Nicodème lui répliqua : « Comment un homme peut-il naître quand il est vieux ? Peut-il entrer une deuxième fois dans le sein de sa mère et renaître ? » Jésus répondit : « Amen, amen, je te le dis : personne, à moins de naître de l'eau et de l'Esprit, ne peut entrer dans le royaume de Dieu. Ce qui est né de la chair est chair ; ce qui est né de l'Esprit est esprit. Ne sois pas étonné si je t'ai dit : il vous faut naître d'en haut. Le vent* souffle où il veut : tu entends sa voix, mais tu ne sais ni d'où il vient ni où il va. Il en est ainsi pour qui est né du souffle de l'Esprit. »

Prière sur les offrandes

Accueille, nous t'en prions, Seigneur, les dons de ton Église en fête; tu es pour elle à l'origine d'un si grand bonheur : qu'il s'épanouisse en joie éternelle. Par le Christ, notre Seigneur. — ***Amen.***

Préface du temps pascal, p. 363.

Antienne de la communion

Jésus, debout au milieu
de ses disciples, leur dit :
« La paix soit avec vous »,
alléluia.
(Jn 20, 19)

Prière après la communion

Regarde avec bonté, Seigneur, nous t'en prions, le peuple que tu as rénové par tes sacrements; accorde-nous de parvenir à la vie incorruptible lorsque notre chair ressuscitera dans la gloire. Par le Christ, notre Seigneur. — ***Amen.***

INVITATION

Nicodème a osé aller trouver Jésus pour l'interroger. Et moi, y a-t-il quelque chose que je souhaite confier au Christ dans ma prière aujourd'hui ?

COMMENTAIRE

Naissance supplémentaire Jean 3, 1-8

« Ne sois pas étonné si je t'ai dit : il vous faut naître d'en haut. » Les paroles de Jésus bousculent le bon sens de Nicodème. La révélation du jeune Rabbi ne se comprend qu'à la lumière du mystère pascal. Durant la vigile, de nombreux catéchumènes, plongés dans la mort et la résurrection du Christ, sont devenus des créatures nouvelles. Rendons grâce pour cette naissance qui ouvre à chaque baptisé les portes de l'éternité. ■

Sœur Bénédicte de la Croix, cistercienne

❊ CLÉ DE LECTURE

« Le vent » Jean 3, 8 *(p. 341)*

Vent, souffle ou esprit ? C'est le même mot, que le français cache ! Mais Jésus dans l'évangile de Jean est un maître du double sens qui invite à aller au-delà de toutes les images. Le mot *« pneuma »,* ici traduit par « vent », signifie d'abord le « souffle », et pour les croyants, le Souffle créateur du premier chapitre de la Genèse. Le souffle de Dieu n'est autre que son Esprit, sa puissance de vie, de relation et d'amour. Au sage qui s'étonne, Jésus rappelle la liberté inouïe de Dieu qui s'adresse à tous : l'Esprit que nul ne maîtrise est le Souffle qui fait lever des croyants où nul ne les attendait, des témoins improbables et les envoie annoncer au monde l'amour de Dieu pour tous les êtres humains. Chacun est invité à naître d'en haut, de la force inépuisable de l'amour. ■

Roselyne Dupont-Roc, bibliste

Sainte Catherine de Sienne

1347-1380. Omniprésente dans la vie de l'Église de son temps, cette tertiaire dominicaine fut surtout une grande mystique. Docteur de l'Église et copatronne de l'Europe.

Antienne d'ouverture

Vierge sage et prévoyante, Catherine de Sienne a gardé sa lampe allumée pour sortir à la rencontre du Christ, alléluia.

Gloire à Dieu *(p. 356)*

Prière

Seigneur Dieu, tu as brûlé du feu de ton amour sainte Catherine de Sienne en lui donnant de contempler la passion de Jésus et en l'appelant à servir l'Église ; par son intercession, accorde à ton peuple, uni au mystère du Christ, d'exulter sans fin quand sa gloire se révélera. Lui qui… — ***Amen.***

Lectures propres à la fête de sainte Catherine de Sienne.

Lecture

de la première lettre de saint Jean (1, 5 – 2, 2)

« Le sang de Jésus nous purifie de tout péché »

Bien-aimés, tel est le message que nous avons entendu de Jésus Christ et que nous vous annonçons : Dieu est lumière ; en lui, il n'y a pas de ténèbres. Si nous disons que nous sommes en communion avec lui, alors que nous marchons dans les ténèbres, nous sommes des menteurs, nous ne faisons pas la vérité. Mais si nous marchons dans la lumière, comme

il est lui-même dans la lumière, nous sommes en communion les uns avec les autres, et le sang de Jésus, son Fils, nous purifie de tout péché. Si nous disons que nous n'avons pas de péché, nous nous égarons nous-mêmes, et la vérité n'est pas en nous. Si nous reconnaissons nos péchés, lui qui est fidèle et juste va jusqu'à pardonner nos péchés et nous purifier de toute injustice. Si nous disons que nous sommes sans péché, nous faisons de lui un menteur, et sa parole n'est pas en nous. Mes petits enfants, je vous écris cela pour que vous évitiez le péché. Mais si l'un de nous vient à pécher, nous avons un défenseur devant le Père : Jésus Christ, le Juste. C'est lui qui, par son sacrifice, obtient le pardon de nos péchés, non seulement les nôtres, mais encore ceux du monde entier. – Parole du Seigneur.

Psaume 102 (103)

℟ ***Bénis le Seigneur, ô mon âme !***

Bénis le Seigneur, ô mon âme,
bénis son nom très saint, tout mon être !
Bénis le Seigneur, ô mon âme,
n'oublie aucun de ses bienfaits ! ℟

Car il pardonne toutes tes offenses
et te guérit de toute maladie ;
il réclame ta vie à la tombe
et te couronne d'amour et de tendresse. ℟

Le Seigneur est tendresse et pitié,
lent à la colère et plein d'amour ;
il n'est pas pour toujours en procès,
ne maintient pas sans fin ses reproches. ℟

Comme la tendresse du père pour ses fils,
la tendresse du Seigneur pour qui le craint !
Il sait de quoi nous sommes pétris,
il se souvient que nous sommes poussière. ℟

Mais l'amour du Seigneur, sur ceux qui le craignent,
est de toujours à toujours,
et sa justice pour les enfants de leurs enfants,
pour ceux qui gardent son alliance. ℟

Acclamation de l'Évangile

Alléluia. Alléluia. Tu es béni, Père, Seigneur du ciel et de la terre, tu as révélé aux tout-petits les mystères du Royaume ! ***Alléluia.***

Évangile de Jésus Christ

selon saint Matthieu (11, 25-30)

« Ce que tu as caché aux sages et aux savants,
tu l'as révélé aux tout-petits »

En ce temps-là, Jésus prit la parole et dit : « Père, Seigneur du ciel et de la terre, je proclame ta louange : ce que tu as caché aux sages et aux savants, tu l'as révélé aux tout-petits. Oui, Père, tu l'as voulu ainsi dans ta bienveillance. Tout m'a été remis par mon Père ; personne ne connaît le Fils, sinon le Père, et personne ne connaît le Père, sinon le Fils, et celui à qui le Fils veut le révéler. Venez à moi, vous tous qui peinez sous le poids du fardeau*, et moi, je vous procurerai le repos. Prenez sur vous mon joug, devenez mes disciples, car je suis doux et humble de cœur, et vous trouverez le repos pour votre âme. Oui, mon joug est facile à porter, et mon fardeau, léger. »

Prière sur les offrandes

Accueille, Seigneur, le sacrifice du salut que nous présentons en la fête de sainte Catherine : instruits par ses conseils, nous pourrons te rendre grâce, Dieu véritable, avec plus de ferveur. Par le Christ, notre Seigneur. — ***Amen.***

Préface des saintes vierges, et des saints religieux ou religieuses, p. 365.

Antienne de la communion

Dieu est lumière. Si nous marchons
dans la lumière, nous sommes
en communion les uns avec les autres,
et le sang de Jésus Christ, son Fils,
nous purifie de tout péché, alléluia.
(cf. 1 Jn 1, 5.7)

Prière après la communion

Que la vie éternelle nous soit donnée, Seigneur, puisque nous sommes nourris à la table du ciel où sainte Catherine trouvait aussi un aliment pour la vie de son corps. Par le Christ, notre Seigneur. — ***Amen.***

INVITATION

Pour découvrir sainte Catherine de Sienne, que nous fêtons aujourd'hui, je peux lire le texte de l'audience générale du pape Benoît XVI du mercredi 24 novembre 2010 (sur le site www.vatican.va).

COMMENTAIRE

Message caché Matthieu 11, 25-30

Issue d'une famille simple, Catherine de Sienne fut instruite directement par le Christ et sa Mère. Tertiaire dominicaine et aujourd'hui docteur de l'Église, elle puisait son audace et sa liberté de parole dans un amour dévorant pour Jésus et son Église. Son zèle pour l'unité la conduira jusqu'en Avignon pour exhorter le pape Grégoire XI de regagner Rome. Oui, ce que Dieu a « caché aux sages et aux savants, il le révèle aux tout-petits. » ■

Sœur Bénédicte de la Croix, *cistercienne*

❊ CLÉ DE LECTURE

« Fardeau » Matthieu 11, 30 *(p. 345)*

Les images que Jésus utilise viennent des pharisiens qui parlaient du « fardeau » ou du « joug » de la Loi. Jésus les retourne : à ceux qui peinent sous le fardeau des jours et des soucis, mais aussi parfois de la Loi et des contraintes sociales ou religieuses impossibles à respecter, il propose de le suivre. Il est, lui, la Loi véritable, celle que le Père lui a remise, et qui est le partage de la douceur et de l'humilité. Le vocabulaire fait écho aux Béatitudes. Prendre le joug de Jésus, porter son fardeau, c'est renoncer à porter la charge du souci de soi, du désir de la réussite et des mérites, fussent-ils religieux ; c'est être libre pour accueillir ceux qui peinent et qui souffrent et porter avec eux un fardeau que l'amour rend plus léger. ■

Roselyne Dupont-Roc, *bibliste*

MERCREDI 30 AVRIL 2025

2ᴱ SEMAINE DE PÂQUES COULEUR LITURGIQUE : BLANC

Temps pascal, *messe de la férie*
ou **saint Pie V**

Antienne d'ouverture

Je te rendrai grâce parmi les peuples, Seigneur ;
je proclamerai ton nom devant mes frères, alléluia. (cf. Ps 17, 50 ; 21, 23)

Prière

Chaque année, Seigneur, tu nous fais revivre le mystère pascal où la nature humaine, renouvelée dans sa dignité originelle, reçoit l'espérance de la résurrection ; nous implorons humblement ta bonté : donne-nous de toujours accueillir avec amour ce que nous célébrons dans la foi. Par Jésus… **— *Amen.***

Lecture

du livre des Actes des Apôtres (5, 17-26)

« Les hommes que vous aviez mis en prison, voilà qu'ils se tiennent dans le Temple et enseignent le peuple ! »

En ces jours-là, intervint le grand prêtre, ainsi que tout son entourage, c'est-à-dire le groupe des sadducéens, qui étaient remplis d'une ardeur jalouse pour la Loi. Ils mirent la main sur les Apôtres et les placèrent publiquement sous bonne garde. Mais, pendant la nuit, l'ange du Seigneur ouvrit les portes de la prison et les fit sortir. Il leur dit : « Partez, tenez-vous dans le Temple et là, dites au peuple toutes ces paroles de

vie. » Ils l'écoutèrent ; dès l'aurore, ils entrèrent dans le Temple, et là, ils enseignaient.
Alors arriva le grand prêtre, ainsi que son entourage. Ils convoquèrent le Conseil suprême, toute l'assemblée des anciens d'Israël, et ils envoyèrent chercher les Apôtres dans leur cachot. En arrivant, les gardes ne les trouvèrent pas à la prison. Ils revinrent donc annoncer : « Nous avons trouvé le cachot parfaitement verrouillé, et les gardes en faction devant les portes ; mais, quand nous avons ouvert, nous n'avons trouvé personne à l'intérieur. » Ayant entendu ce rapport, le commandant du Temple et les grands prêtres, tout perplexes, se demandaient ce qu'il adviendrait de cette affaire. Là-dessus, quelqu'un vient leur annoncer : « Les hommes que vous aviez mis en prison, voilà qu'ils se tiennent dans le Temple et enseignent le peuple ! » Alors, le commandant partit avec son escorte pour les ramener, mais sans violence, parce qu'ils avaient peur d'être lapidés par le peuple. – Parole du Seigneur.

Psaume 33 (34)

℟ ***Un pauvre crie ; le Seigneur entend.***
OU ***Alléluia !***

Je bénirai le Seigneur en tout temps,
sa louange sans cesse à mes lèvres.
Je me glorifierai dans le Seigneur :
que les pauvres m'entendent
et soient en fête ! ℟

Magnifiez avec moi le Seigneur,
exaltons tous ensemble son nom.
Je cherche le Seigneur, il me répond :
de toutes mes frayeurs,
il me délivre. ℟

Qui regarde vers lui resplendira,
sans ombre ni trouble au visage.
Un pauvre crie ; le Seigneur entend :
il le sauve de toutes ses angoisses. ℟

L'ange du Seigneur campe à l'entour
pour libérer ceux qui le craignent.
Goûtez et voyez : le Seigneur est bon !
Heureux qui trouve en lui son refuge ! ℟

Acclamation de l'Évangile

Alléluia. Alléluia. Dieu a tellement aimé le monde qu'il a donné son Fils unique, afin que ceux qui croient en Lui aient la vie éternelle. ***Alléluia.***

Évangile de Jésus Christ

selon saint Jean (3, 16-21)

« Dieu a envoyé son Fils dans le monde, pour que, par lui, le monde soit sauvé »

« Dieu a tellement aimé le monde qu'il a donné son Fils unique*, afin que quiconque croit en lui ne se perde pas, mais obtienne la vie éternelle. Car Dieu a envoyé son Fils dans le monde, non pas pour juger le monde, mais pour que, par lui, le monde soit sauvé. Celui qui croit en lui échappe au Jugement ; celui qui ne croit pas est déjà jugé, du fait qu'il n'a pas cru au nom du Fils unique de Dieu. Et le Jugement, le voici : la lumière est venue dans le monde, et les hommes ont préféré les ténèbres à la lumière, parce que leurs œuvres étaient mauvaises. Celui qui fait le mal déteste la lumière : il ne vient pas à la lumière, de peur que ses œuvres ne soient dénoncées ; mais celui qui fait la vérité vient à la lumière, pour qu'il soit manifeste que ses œuvres ont été accomplies en union avec Dieu. »

Prière sur les offrandes

Seigneur notre Dieu, dans l'admirable échange du sacrifice eucharistique, tu nous fais participer à ton unique et souveraine divinité ; nous avons reçu la connaissance de ta vérité : accorde-nous de lui être fidèles par toute notre vie. Par le Christ, notre Seigneur. – ***Amen.***

Préface du temps pascal, p. 363.

Antienne de la communion

Je vous ai choisis en vous prenant
dans le monde, dit le Seigneur,
afin que vous alliez, que vous portiez
du fruit, et que votre fruit demeure,
alléluia.
(Jn 15, 19.16)

Prière après la communion

Dans ta bienveillance, reste auprès de ton peuple, nous t'en prions, Seigneur ; puisque tu l'as initié aux sacrements du ciel, fais-le passer de ce qui est ancien à la vie nouvelle. Par le Christ, notre Seigneur. – ***Amen.***

INVITATION

Et si je notais joliment sur des petits signets une phrase de l'évangile du jour ou du psaume pour l'offrir à quelqu'un ?

COMMENTAIRE

Victoire ! Jean 3, 16-21

« Dieu a tellement aimé le monde qu'il a donné son Fils unique. » Le Père nous fait le cadeau de ce qu'il a de plus précieux, désireux de rétablir la relation filiale entravée par le péché. Cependant, bien peu se sentent concernés. Pour ne pas perdre cœur, demandons à Dieu de garder vif le souvenir de la flamme allumée durant la vigile pascale, victoire de la Lumière sur les ténèbres. « Victoire de l'amour, victoire de la vie. » ■

Sœur Bénédicte de la Croix, *cistercienne*

❊ CLÉ DE LECTURE

« Il a donné son Fils unique » Jean 3, 16 *(p. 350)*

Magnifiquement, Jean fait ici écho à Paul : « Dieu n'a pas épargné son propre Fils. » Rien de morbide ou de doloriste dans ces premiers essais fulgurants de la théologie chrétienne. Car il s'agit du mystère même de Dieu, que la tradition appellera le mystère trinitaire. Dieu en lui-même est relation, il est don : don de soi sans retour à l'autre qu'est le Fils, à l'autre qu'est l'Esprit. En se donnant et s'échangeant, l'amour de Dieu déborde sur le monde : Dieu crée ce monde et l'aime. Il l'aime tant qu'il lui envoie son Fils. Dans le Fils, l'amour se donne sans partage, sans se perdre jamais. L'humanité tout entière entre ainsi dans le mystère de Dieu. Désormais, c'est dans le Fils, sur son visage d'homme, que Dieu contemple et aime les hommes. ■

Roselyne Dupont-Roc, *bibliste*

Liturgie de la messe

RITES INITIAUX

Le chant d'entrée achevé, le prêtre et les fidèles, debout, font le signe de la croix, tandis que le prêtre, tourné vers le peuple, dit :

Au nom du Père, et du Fils, et du Saint-Esprit.

Le peuple répond :

— Amen.

Salutation

La grâce de Jésus, le Christ, notre Seigneur, l'amour de Dieu le Père, et la communion de l'Esprit Saint soient toujours avec vous.

— Et avec votre esprit.

Ou bien : Que la grâce et la paix de Dieu notre Père et du Seigneur Jésus, le Christ, soient toujours avec vous.

— Et avec votre esprit.

Ou bien : Le Seigneur soit avec vous.

— Et avec votre esprit.

Acte pénitentiel

Frères et sœurs, préparons-nous à célébrer le mystère de l'eucharistie, en reconnaissant que nous avons péché.

(1) Je confesse à Dieu tout-puissant, je reconnais devant vous, frères et sœurs,
que j'ai péché en pensée, en parole, par action et par omission ;
oui, j'ai vraiment péché. C'est pourquoi je supplie la bienheureuse
Vierge Marie, les anges et tous les saints, et vous aussi, frères et sœurs,
de prier pour moi le Seigneur notre Dieu.

(2) Prends pitié de nous, Seigneur. —***Nous avons péché contre toi.***
Montre-nous, Seigneur, ta miséricorde. —***Et donne-nous ton salut.***

(3) Seigneur Jésus, envoyé pour guérir les cœurs qui reviennent vers toi :
Seigneur, prends pitié. —***Seigneur, prends pitié.***
Ô Christ, venu appeler les pécheurs : ô Christ, prends pitié.
—***Ô Christ, prends pitié.***
Seigneur, qui sièges à la droite du Père où tu intercèdes pour nous :
Seigneur, prends pitié. —***Seigneur, prends pitié.***

Que Dieu tout-puissant nous fasse miséricorde ; qu'il nous pardonne
nos péchés et nous conduise à la vie éternelle. —***Amen.***

Ensuite, on chante ou on dit le Kyrie eleison (Seigneur, prends pitié), à moins qu'il n'ait été déjà employé dans une formule de l'acte pénitentiel (c'est le cas de la précédente).

Kyrie, eleison. —***Kyrie, eleison.***
Christe, eleison. —***Christe, eleison.***
Kyrie, eleison. —***Kyrie, eleison.***
ou bien : Seigneur, prends pitié. —***Seigneur, prends pitié.***
Ô Christ, prends pitié. —***Ô Christ, prends pitié.***
Seigneur, prends pitié. —***Seigneur, prends pitié.***

(4) Aux messes dominicales, l'aspersion de l'eau bénite peut tenir lieu de préparation pénitentielle.

Frères et sœurs bien-aimés, demandons au Seigneur de bénir cette eau qu'il a créée ; nous allons en être aspergés en mémoire de notre baptême : que Dieu nous vienne en aide, afin que nous demeurions fidèles à l'Esprit que nous avons reçu.

Le prêtre prononce sur l'eau une prière d'action de grâce.

Seigneur, Dieu tout-puissant, sois favorable aux prières de ton peuple : tandis que nous célébrons la merveille de notre création et la merveille plus grande encore de notre rédemption, daigne bénir + cette eau. Tu l'as créée pour féconder la terre et donner à nos corps fraîcheur et pureté. Tu en as fait aussi l'instrument de ta miséricorde : par elle tu as libéré ton peuple de la servitude et tu as étanché sa soif dans le désert ; par elle les prophètes ont annoncé la nouvelle Alliance que tu allais conclure avec l'humanité ; par elle enfin, eau sanctifiée par le Christ au Jourdain, tu as renouvelé notre nature pécheresse dans le bain de la nouvelle naissance. Que cette eau, maintenant, nous rappelle notre baptême et nous fasse participer à la joie de nos frères et sœurs les baptisés de Pâques. Par le Christ, notre Seigneur **– Amen.**

Le prêtre circule dans l'assemblée en aspergeant les fidèles pendant que l'on chante un chant baptismal. Par exemple : Par le baptême de renaissance (I 296) ; J'ai vu l'eau vive (I 132).

Que Dieu tout-puissant nous purifie de nos péchés et, par la célébration de cette eucharistie, nous rende dignes de participer à la table de son royaume. Par le Christ, notre Seigneur. **– Amen.**

Gloire à Dieu

Gloire à Dieu, au plus haut des cieux, et paix sur la terre aux hommes,
qu'il aime. Nous te louons, nous te bénissons, nous t'adorons,
nous te glorifions, nous te rendons grâce, pour ton immense gloire,
Seigneur Dieu, Roi du ciel, Dieu le Père tout-puissant.
Seigneur, Fils unique, Jésus Christ, Seigneur Dieu,
Agneau de Dieu, le Fils du Père ;
toi qui enlèves les péchés du monde, prends pitié de nous ;
toi qui enlèves les péchés du monde, reçois notre prière ;
toi qui es assis à la droite du Père, prends pitié de nous.
Car toi seul es Saint, toi seul es Seigneur, toi seul es le Très-Haut :
Jésus Christ, avec le Saint-Esprit dans la gloire de Dieu le Père. Amen.

Gloria in excelsis Deo et in terra pax hominibus bonæ voluntatis. Laudamus te, benedicimus te, adoramus te, glorificamus te, gratias agimus tibi propter magnam gloriam tuam, Domine Deus, Rex cælestis, Deus Pater omnipotens. Domine Fili unigenite, Iesu Christe, Domine Deus, Agnus Dei, Filius Patris, qui tollis peccata mundi, miserere nobis ; qui tollis peccata mundi, suscipe deprecationem nostram.
Qui sedes ad dexteram Patris, miserere nobis.
Quoniam tu solus Sanctus, tu solus Dominus, tu solus Altissimus,
Iesu Christe, cum Sancto Spiritu : in gloria Dei Patris. Amen.

Prière d'ouverture

Voir à la date du jour.

Voir à la date du jour.

Profession de foi

Symbole de Nicée-Constantinople

Je crois en un seul Dieu, le Père tout-puissant,
créateur du ciel et de la terre, de l'univers visible et invisible.
Je crois en un seul Seigneur, Jésus Christ, le Fils unique de Dieu,
né du Père avant tous les siècles : il est Dieu, né de Dieu,
lumière née de la lumière, vrai Dieu, né du vrai Dieu,
engendré, non pas créé, consubstantiel au Père, et par lui tout a été fait.
Pour nous les hommes, et pour notre salut, il descendit du ciel ;
par l'Esprit Saint, il a pris chair de la Vierge Marie, et s'est fait homme.
Crucifié pour nous sous Ponce Pilate,
il souffrit sa passion et fut mis au tombeau.
Il ressuscita le troisième jour, conformément aux Écritures,
et il monta au ciel ; il est assis à la droite du Père.
Il reviendra dans la gloire, pour juger les vivants et les morts ;
et son règne n'aura pas de fin.
Je crois en l'Esprit Saint, qui est Seigneur et qui donne la vie ;
il procède du Père et du Fils ; avec le Père et le Fils,
il reçoit même adoration et même gloire ; il a parlé par les prophètes.
Je crois en l'Église, une, sainte, catholique et apostolique.
Je reconnais un seul baptême pour le pardon des péchés.
J'attends la résurrection des morts, et la vie du monde à venir. Amen.

Credo in unum Deum, Patrem omnipotentem,
Factorem cœli et terræ, visibilium omnium et invisibilium.
Et in unum Dominum Iesum Christum, Filium Dei unigenitum,
et ex Patre natum ante omnia sæcula.
Deum de Deo, lumen de lumine, Deum verum de Deo vero, genitum,
non factum, consubstantialem Patri : per quem omnia facta sunt.
Qui propter nos homines et propter nostram salutem descendit de cælis.
Et incarnatus est de Spiritu Sancto ex Maria Virgine, et homo factus est.
Crucifixus etiam pro nobis sub Pontio Pilato ;
passus et sepultus est, et resurrexit tertia die, secundum Scripturas,
et ascendit in cælum, sedet ad dexteram Patris.
Et iterum venturus est cum gloria, iudicare vivos et mortuos,
cuius regni non erit finis.
Et in Spiritum Sanctum, Dominum et vivificantem :
qui ex Patre Filioque procedit.
Qui cum Patre et Filio simul adoratur et conglorificatur :
qui locutus est per prophetas.
Et unam, sanctam, catholicam et apostolicam Ecclesiam.
Confiteor unum baptisma in remissionem peccatorum.
Et exspecto resurrectionem mortuorum, et vitam venturi sæculi.
Amen.

Symbole des Apôtres

Je crois en Dieu, le Père tout-puissant, créateur du ciel et de la terre.
Et en Jésus Christ, son Fils unique, notre Seigneur,
qui a été conçu du Saint-Esprit, est né de la Vierge Marie,
a souffert sous Ponce Pilate, a été crucifié, est mort et a été enseveli,
est descendu aux enfers, le troisième jour est ressuscité des morts,
est monté aux cieux, est assis à la droite de Dieu le Père tout-puissant,
d'où il viendra juger les vivants et les morts.
Je crois en l'Esprit Saint, à la sainte Église catholique,
à la communion des saints, à la rémission des péchés,
à la résurrection de la chair, à la vie éternelle. Amen.

Prière universelle

LITURGIE EUCHARISTIQUE

Préparation des dons

Tu es béni, Seigneur, Dieu de l'univers : nous avons reçu de ta bonté le pain que nous te présentons, fruit de la terre et du travail des hommes ; il deviendra pour nous le pain de la vie. ***— Béni soit Dieu, maintenant et toujours !***

Comme cette eau se mêle au vin pour le sacrement de l'Alliance, puissions-nous être unis à la divinité de celui qui a voulu prendre notre humanité.

Tu es béni, Seigneur, Dieu de l'univers : nous avons reçu de ta bonté le vin que nous te présentons, fruit de la vigne et du travail des hommes ; il deviendra pour nous le vin du Royaume éternel.

— Béni soit Dieu, maintenant et toujours !

Le cœur humble et contrit, nous te supplions, Seigneur, accueille-nous : que notre sacrifice, en ce jour, trouve grâce devant toi, Seigneur notre Dieu. Lave-moi de mes fautes, Seigneur, et purifie-moi de mon péché.

Prière sur les offrandes

Priez, frères et sœurs : que mon sacrifice, qui est aussi le vôtre, soit agréable à Dieu le Père tout-puissant.
— Que le Seigneur reçoive de vos mains ce sacrifice à la louange et à la gloire de son nom, pour notre bien et celui de toute l'Église.

Ou bien :
Prions ensemble, au moment d'offrir le sacrifice de toute l'Église.
— Pour la gloire de Dieu et le salut du monde.

Prière eucharistique

Le Seigneur soit avec vous. ***— Et avec votre esprit.***
Élevons notre cœur. ***— Nous le tournons vers le Seigneur.***
Rendons grâce au Seigneur notre Dieu. ***— Cela est juste et bon.***

Préfaces

1re préface du Carême

La signification spirituelle du Carême

Vraiment, il est juste et bon, pour ta gloire et notre salut, de t'offrir notre action de grâce, toujours et en tout lieu, Seigneur, Père très saint, Dieu éternel et tout-puissant; par le Christ, notre Seigneur. Car chaque année, tu accordes à tes fidèles de se préparer aux fêtes pascales dans la joie d'un cœur purifié ; de sorte qu'en s'adonnant à une prière plus fervente et à une charité plus active, fidèles aux sacrements qui les ont fait renaître, ils soient comblés de la grâce que tu réserves à tes enfants. C'est pourquoi, avec les anges et les archanges, avec les puissances d'en haut et tous les esprits bienheureux, nous chantons l'hymne de ta gloire et sans fin nous proclamons :

Saint ! Saint ! Saint...

2e préface du Carême

L'esprit de pénitence

Vraiment, il est juste et bon, pour ta gloire et notre salut, de t'offrir notre action de grâce, toujours et en tout lieu, Seigneur, Père très saint, Dieu éternel et tout-puissant. Tu offres à tes enfants ce temps de grâce pour qu'ils retrouvent la pureté du cœur, afin que, l'esprit libéré des passions mauvaises, ils travaillent à ce monde qui passe, en s'attachant surtout aux réalités qui demeurent. C'est pourquoi, avec les saints et tous les anges, nous te louons et sans fin nous proclamons :

Saint ! Saint ! Saint...

3e préface du Carême

Les bienfaits de l'abstinence

Vraiment, il est juste et bon, pour ta gloire et notre salut, de t'offrir notre action de grâce, toujours et en tout lieu, Seigneur, Père très saint, Dieu éternel et tout-puissant. Tu as voulu que nous te rendions grâce par nos privations : elles rabaissent notre orgueil de pécheurs et nous invitent à suivre l'exemple de ta bonté en nous faisant partager avec ceux qui ont faim. C'est pourquoi, avec les anges innombrables, d'une seule voix nous célébrons ta louange en proclamant :

Saint ! Saint ! Saint...

4e préface du Carême

Les bienfaits du jeûne

Vraiment, il est juste et bon, pour ta gloire et notre salut, de t'offrir notre action de grâce, toujours et en tout lieu, Seigneur, Père très saint, Dieu éternel et tout-puissant. Car tu veux par notre jeûne et nos privations, réprimer nos penchants mauvais, élever nos esprits, nous donner la force et enfin la récompense, par le Christ, notre Seigneur. Par lui, les anges célèbrent ta grandeur, et les esprits bienheureux adorent ta gloire ; par lui s'inclinent devant toi les puissances d'en haut et tressaillent d'une même allégresse les innombrables créatures des cieux. À leur hymne de louange, laisse-nous joindre nos voix pour chanter et proclamer : ***Saint ! Saint ! Saint…***

1re préface de la Passion

La puissance de la Croix

Vraiment, il est juste et bon, pour ta gloire et notre salut, de t'offrir notre action de grâce, toujours et en tout lieu, Seigneur, Père très saint, Dieu éternel et tout-puissant. Oui, l'univers entier, sauvé par la passion de ton Fils, peut désormais proclamer ta grandeur : par la puissance incomparable de la Croix, apparaît en pleine lumière le jugement du monde, la victoire du Crucifié. C'est pourquoi, avec les anges et tous les saints, nous te louons, Seigneur, et nous exultons de joie en proclamant : ***Saint ! Saint ! Saint…***

2e préface de la Passion

La victoire de la Passion

Vraiment, il est juste et bon, pour ta gloire et notre salut, de t'offrir notre action de grâce, toujours et en tout lieu, Seigneur, Père très saint, Dieu éternel et tout-puissant, par le Christ, notre Seigneur. Voici que s'approchent les jours de la passion de notre Sauveur, et de sa glorieuse résurrection. Voici les jours où nous célébrons déjà sa victoire sur l'ennemi des origines et le mystère de notre rédemption. Par lui, les anges adorent ta majesté et se réjouissent en ta présence à jamais. À leur hymne de louange, laisse-nous joindre nos voix pour chanter et proclamer : ***Saint ! Saint ! Saint...***

1re préface de Pâques

Le mystère pascal

Vraiment, il est juste et bon, pour ta gloire et notre salut, de te louer, Seigneur, en tout temps, mais plus encore de te glorifier • en cette nuit *(la nuit de Pâques)* • aujourd'hui *(le jour de Pâques et pendant l'octave)* • en ces jours *(après l'octave)* où le Christ, notre Pâque, a été immolé. Car il est l'Agneau véritable qui a enlevé les péchés du monde : en mourant, il a détruit notre mort ; en ressuscitant, il nous a rendu la vie. C'est pourquoi la joie pascale rayonne par tout l'univers, la terre entière exulte, les puissances d'en haut et les anges dans le ciel chantent sans fin l'hymne de ta gloire : ***Saint ! Saint ! Saint...***

2e préface de Pâques

La vie nouvelle dans le Christ

Vraiment, il est juste et bon, pour ta gloire et notre salut, de te louer, Seigneur, en tout temps, mais plus encore de te glorifier en ces jours où le Christ, notre Pâque, a été immolé. Grâce à lui se lèvent des enfants de lumière pour une vie éternelle, et les portes du royaume des Cieux s'ouvrent pour accueillir les croyants. Car sa mort nous affranchit de la mort et, dans sa résurrection, chacun de nous est déjà ressuscité. C'est pourquoi la joie pascale rayonne par tout l'univers, la terre entière exulte, les puissances d'en haut et les anges dans le ciel chantent sans fin l'hymne de ta gloire : ***Saint ! Saint ! Saint...***

3e préface de Pâques

Le Christ est vivant et intercède toujours pour nous

Vraiment, il est juste et bon, pour ta gloire et notre salut, de te louer,

Seigneur, en tout temps, mais plus encore de te glorifier en ces jours où le Christ, notre Pâque, a été immolé. Il ne cesse pas de s'offrir pour nous, et demeure éternellement notre défenseur auprès de toi ; immolé, il a vaincu la mort ; mis à mort, il est vivant pour toujours. C'est pourquoi la joie pascale rayonne par tout l'univers, la terre entière exulte, les puissances d'en haut et les anges dans le ciel chantent sans fin l'hymne de ta gloire :

Saint ! Saint ! Saint...

4ᵉ préface de Pâques

La restauration de l'univers par le mystère pascal

Vraiment, il est juste et bon, pour ta gloire et notre salut, de te louer, Seigneur, en tout temps, mais plus encore de te glorifier en ces jours où le Christ, notre Pâque, a été immolé. Le monde ancien est détruit, la création déchue est renouvelée, et, dans le Christ, nous est rendue la vie en plénitude. C'est pourquoi la joie pascale rayonne par tout l'univers, la terre entière exulte, les puissances d'en haut et les anges dans le ciel chantent sans fin l'hymne de ta gloire :

Saint ! Saint ! Saint...

5ᵉ préface de Pâques

Le Christ, prêtre et victime

Vraiment, il est juste et bon, pour ta gloire et notre salut, de te louer, Seigneur, en tout temps, mais plus encore de te glorifier en ces jours où le Christ, notre Pâque, a été immolé. Par l'offrande de son corps, il mène à leur achèvement, dans la vérité de la croix, les sacrifices de l'ancienne Alliance, et quand il te remet son esprit pour notre salut, il est à lui seul le prêtre, l'autel et l'agneau du sacrifice. C'est pourquoi la joie pascale rayonne par tout l'univers, la terre entière exulte, les puissances d'en haut et les anges dans le ciel chantent sans fin l'hymne de ta gloire : ***Saint ! Saint ! Saint...***

Préface des saintes vierges, et des saints religieux ou religieuses

Signification de la vie consacrée

Vraiment, il est juste et bon, pour ta gloire et notre salut, de t'offrir notre action de grâce, toujours et en tout lieu, Seigneur, Père très saint, Dieu éternel et tout-puissant. Nous célébrons les prévenances de ton amour pour tant d'hommes et de femmes parvenus à la sainteté en se donnant au Christ à cause du royaume des Cieux. Par ce mystère d'alliance, tu veux que notre condition humaine retrouve sa splendeur première, et que, dès ici-bas, nous ayons un avant-goût des biens que tu nous donneras dans le monde à venir. C'est pourquoi, avec les saints et tous les anges, nous te louons et sans fin nous proclamons :

Saint ! Saint ! Saint,
le Seigneur,
Dieu de l'univers !
Le ciel et la terre
sont remplis de ta gloire.
Hosanna au plus haut des cieux.
Béni soit celui qui vient
au nom du Seigneur.
Hosanna au plus haut des cieux.

Sanctus, Sanctus, Sanctus
Dominus Deus Sabaoth.
Pleni sunt cœli et terra gloria tua.
Hosanna in excelsis.
Benedictus qui venit in nomine
Domini. Hosanna in excelsis.

• *Prière eucharistique* **1**
« Toi, Père très aimant... » .... p. 366
• *Prière eucharistique* **2**
« Toi qui es vraiment saint... » .... p. 371
• *Prière eucharistique* **3**
« Tu es vraiment saint... » .... p. 374
• *Prière eucharistique* **4**
« Père très saint... » .... p. 378

Prière eucharistique n° 1

(Préfaces : p. 360)

Toi, Père très aimant, nous te prions et te supplions par Jésus Christ, ton Fils, notre Seigneur, d'accepter et de bénir ✠ ces dons, ces offrandes, sacrifice pur et saint, que nous te présentons avant tout pour ta sainte Église catholique : accorde-lui la paix et protège-la, daigne la rassembler dans l'unité et la gouverner par toute la terre ; nous les présentons en union avec ton serviteur notre pape N., notre évêque N., et tous ceux qui gardent fidèlement la foi catholique reçue des Apôtres.

Souviens-toi, Seigneur, de tes serviteurs et de tes servantes (de N. et de N.), et de tous ceux qui sont ici réunis, dont tu connais la foi et l'attachement. Nous t'offrons pour eux, ou ils t'offrent pour eux-mêmes et tous les leurs ce sacrifice de louange, pour leur propre rédemption, pour la paix, et le salut qu'ils espèrent ; ils te rendent cet hommage, à toi, Dieu éternel, vivant et vrai.

(1) **En semaine :**

• Unis dans une même communion, vénérant d'abord la mémoire de la bienheureuse Marie toujours vierge, Mère de notre Dieu et Seigneur, Jésus Christ, •••

(2) **Le dimanche :**

• Unis dans une même communion, nous célébrons le jour où le Christ est ressuscité d'entre les morts ; et vénérant d'abord la mémoire de la bienheureuse Marie toujours vierge, Mère de notre Dieu et Seigneur, Jésus Christ, •••

(3) **Le Jeudi saint :**

• Unis dans une même communion, nous célébrons le jour très saint où notre Seigneur Jésus Christ fut livré pour nous ; et vénérant d'abord la mémoire de la bienheureuse Marie toujours vierge, Mère de notre Dieu et Seigneur, Jésus Christ, •••

(4) **De la veillée pascale jusqu'au 2e dimanche de Pâques inclus :**
• Unis dans une même communion, nous célébrons (la nuit très sainte) le jour très saint où ressuscita selon la chair notre Seigneur Jésus Christ; et vénérant d'abord la mémoire de la bienheureuse Marie toujours vierge, Mère de notre Dieu et Seigneur, Jésus Christ, •••

••• et celle de saint Joseph, son époux, des bienheureux Apôtres et martyrs Pierre et Paul, André, [Jacques et Jean, Thomas, Jacques et Philippe, Barthélemy et Matthieu, Simon et Jude, Lin, Clet, Clément, Sixte, Corneille et Cyprien, Laurent, Chrysogone, Jean et Paul, Côme et Damien,] et de tous les saints, nous t'en supplions : accorde-nous, par leur prière et leurs mérites, d'être toujours et partout, forts de ton secours et de ta protection. [Par le Christ, notre Seigneur. Amen.]

(1) • Voici donc l'offrande que nous présentons devant toi, nous, tes serviteurs, et ta famille entière : Seigneur, dans ta bienveillance, accepte-la. Assure toi-même la paix de notre vie, arrache-nous à la damnation éternelle et veuille nous admettre au nombre de tes élus. [Par le Christ, notre Seigneur. Amen.] •••

(2) **Le Jeudi saint :**
• Voici donc l'offrande que nous présentons devant toi, nous, tes serviteurs, et ta famille entière : le jour même où notre Seigneur Jésus Christ a livré à ses disciples, pour qu'ils les célèbrent, les mystères de son corps et de son sang. Nous t'en prions, Seigneur, dans ta bienveillance, accepte cette offrande. Assure toi-même la paix de notre vie, arrache-nous à la damnation éternelle et veuille nous admettre au nombre de tes élus. [Par le Christ, notre Seigneur. Amen.] •••

(3) **De la veillée pascale jusqu'au 2e dimanche de Pâques inclus :**
• Voici donc l'offrande que nous présentons devant toi, nous tes serviteurs, et ta famille entière, particulièrement pour les baptisés de Pâques que tu as fait renaître de l'eau et de l'Esprit Saint, en pardonnant tous leurs péchés. Nous t'en prions, Seigneur, dans ta bienveillance, accepte cette offrande. Assure toi-même la paix de notre vie, arrache-nous à la damnation éternelle et veuille nous admettre au nombre de tes élus. [Par le Christ, notre Seigneur. Amen.] •••

••• Seigneur Dieu, nous t'en prions, daigne bénir et accueillir cette offrande, accepte-la pleinement, rends-la parfaite et digne de toi : qu'elle devienne pour nous le corps et le sang de ton Fils bien-aimé, Jésus, le Christ, notre Seigneur.

(1) La veille de sa passion, •••

(2) **Le Jeudi saint :**
La veille du jour où il devait souffrir pour notre salut et celui de tous les hommes, c'est-à-dire aujourd'hui, •••

••• il prit le pain dans ses mains très saintes et, les yeux levés au ciel, vers toi, Dieu, son Père tout-puissant, en te rendant grâce il dit la bénédiction, il rompit le pain, et le donna à ses disciples, en disant : « **Prenez, et mangez-en tous :** ceci est mon corps livré pour vous. »

De même, après le repas, il prit cette coupe incomparable dans ses mains très saintes ; et, te rendant grâce à nouveau, il dit la bénédiction, et donna la coupe à ses disciples, en disant : « **Prenez, et buvez-en tous,** car ceci est la coupe de mon sang, le sang de l'Alliance nouvelle et éternelle, qui sera versé pour vous et pour la multitude en rémission des péchés. Vous ferez cela en mémoire de moi. »

(1) Il est grand, le mystère de la foi :
— *Nous annonçons ta mort, Seigneur Jésus, nous proclamons ta résurrection, nous attendons ta venue dans la gloire.*

(2) Acclamons le mystère de la foi :
— *Quand nous mangeons ce pain et buvons à cette coupe, nous annonçons ta mort, Seigneur ressuscité, et nous attendons que tu viennes.*

(3) Qu'il soit loué, le mystère de la foi :
— *Sauveur du monde, sauve-nous ! Par ta croix et ta résurrection, tu nous as libérés.*
ou : Proclamons le mystère de la foi :
— *Gloire à toi qui étais mort, gloire à toi qui es vivant, notre Sauveur et notre Dieu : viens, Seigneur Jésus !*

Mysterium fidei.
(1) – *Mortem tuam annuntiamus, Domine, et tuam resurrectionem confitemur, donec venias.*
(2) – *Quotiescumque manducamus panem hunc et calicem bibimus, mortem tuam annuntiamus, Domine, donec venias.*
(3) – *Salvator mundi, salva nos, qui per crucem et resurrectionem tuam liberasti nos.*

Voilà pourquoi nous, tes serviteurs, et ton peuple saint avec nous, faisant mémoire de la passion bienheureuse de ton Fils, Jésus, le Christ, notre Seigneur, de sa résurrection du séjour des morts et de sa glorieuse ascension dans le ciel, nous te présentons, Dieu de gloire et de majesté, cette offrande prélevée sur les biens que tu nous donnes, le sacrifice pur et saint, le sacrifice parfait, pain de la vie éternelle et coupe du salut. Et comme il t'a plu d'accueillir les présents de ton serviteur Abel le Juste, le sacrifice d'Abraham, notre père dans la foi, et celui que t'offrit Melkisédek, ton grand prêtre, oblation sainte et immaculée, regarde ces offrandes avec amour et, dans ta bienveillance, accepte-les. Nous t'en supplions, Dieu tout-puissant : qu'elles soient portées par les mains de ton saint Ange en présence de ta gloire, sur ton autel céleste, afin qu'en recevant ici, par notre communion à l'autel, le corps et le sang très saints de ton Fils, nous soyons comblés de la grâce et de toute bénédiction du ciel. [Par le Christ, notre Seigneur. Amen.]

Souviens-toi aussi, Seigneur, de tes serviteurs et de tes servantes (de N. et N.) qui nous ont précédés, marqués du signe de la foi, et qui dorment dans la paix. Pour eux et pour tous ceux qui reposent dans le Christ, nous implorons ta bonté, Seigneur : qu'ils demeurent dans la joie, la lumière et la paix. [Par le Christ, notre Seigneur. Amen.]

Et nous pécheurs, tes serviteurs, qui mettons notre espérance en ta miséricorde inépuisable, admets-nous dans la communauté des saints Apôtres et martyrs, avec Jean Baptiste, Étienne, Matthias et Barnabé, [Ignace, Alexandre, Marcellin et Pierre, Félicité et Perpétue, Agathe, Lucie, Agnès, Cécile, Anastasie,] et tous les saints ; nous t'en prions, accueille-nous dans leur compagnie, sans nous juger sur le mérite mais en accordant largement ton pardon. Par le Christ, notre Seigneur. Par lui, tu ne cesses de créer tous ces biens, tu les sanctifies, leur donnes la vie, les bénis, et nous en fais le don.

Par lui, avec lui et en lui, à toi, Dieu le Père tout-puissant, dans l'unité du Saint-Esprit, tout honneur et toute gloire, pour les siècles des siècles.
— Amen.

Vient ensuite le rite de la communion, p. 381.

Prière eucharistique nº 2

(On peut aussi choisir une autre préface.)

Vraiment, Père très saint, il est juste et bon, pour ta gloire et notre salut, de t'offrir notre action de grâce, toujours et en tout lieu, par ton Fils bien-aimé, Jésus, le Christ : il est ta parole par qui tu as créé toutes choses ; c'est lui que tu nous as envoyé comme Rédempteur et Sauveur, Dieu fait homme, conçu de l'Esprit Saint, né de la Vierge Marie. Pour accomplir jusqu'au bout ta volonté et rassembler un peuple saint qui t'appartienne, il étendit les mains à l'heure de sa passion, afin de briser la mort, et de manifester la résurrection. C'est pourquoi, avec les anges et tous les saints, nous chantons ta gloire, et d'une seule voix nous proclamons :

Saint ! Saint ! Saint,
le Seigneur, Dieu de l'univers !
Le ciel et la terre
sont remplis de ta gloire.
Hosanna au plus haut des cieux.
Béni soit celui qui vient
au nom du Seigneur.
Hosanna au plus haut des cieux.

(Voir p. 365 pour la version latine.)

(1) **En semaine :**

• Toi qui es vraiment saint, toi qui es la source de toute sainteté, Seigneur, nous te prions : •••

(2) **Le dimanche :**

• Toi qui es vraiment saint, toi qui es la source de toute sainteté, Dieu notre Père, nous voici rassemblés devant toi, et, dans la communion de toute l'Église, nous célébrons le jour où le Christ est ressuscité d'entre les morts. Par lui que tu as élevé à ta droite, nous te prions : •••

(3) **Le Jeudi saint :**

• Toi qui es vraiment saint, toi qui es la source de toute sainteté, Dieu notre Père, nous voici rassemblés devant toi et, dans la communion de toute l'Église, nous célébrons le jour très saint où notre Seigneur Jésus Christ fut livré pour nous. Par lui, notre Rédempteur et Sauveur, que tu as glorifié, nous te prions : •••

(4) **De la veillée pascale jusqu'au 2e dimanche de Pâques inclus :**
• Toi qui es vraiment saint, toi qui es la source de toute sainteté, Dieu notre Père, nous voici rassemblés devant toi, et, dans la communion de toute l'Église, nous célébrons (la nuit très sainte) le jour très saint où ressuscita selon la chair notre Seigneur Jésus, le Christ. Par lui, que tu as élevé à ta droite, nous te prions : •••

••• Sanctifie ces offrandes en répandant sur elles ton Esprit ; qu'elles deviennent pour nous le corps et + le sang de Jésus, le Christ, notre Seigneur.

Au moment d'être livré et d'entrer librement dans sa passion, il prit le pain, il rendit grâce, il le rompit et le donna à ses disciples, en disant : « **Prenez, et mangez-en tous** : ceci est mon corps livré pour vous. »

De même, après le repas, il prit la coupe ; de nouveau il rendit grâce, et la donna à ses disciples, en disant : « **Prenez, et buvez-en tous**, car ceci est la coupe de mon sang, le sang de l'Alliance nouvelle et éternelle, qui sera versé pour vous et pour la multitude en rémission des péchés. Vous ferez cela en mémoire de moi. »

(1) Il est grand, le mystère de la foi :
— Nous annonçons ta mort, Seigneur Jésus, nous proclamons ta résurrection, nous attendons ta venue dans la gloire.

(2) Acclamons le mystère de la foi :
— Quand nous mangeons ce pain
et buvons à cette coupe,
nous annonçons ta mort,
Seigneur ressuscité,
et nous attendons que tu viennes.

(3) Qu'il soit loué, le mystère de la foi :
— Sauveur du monde, sauve-nous !
Par ta croix et ta résurrection,
tu nous as libérés.
ou : Proclamons le mystère de la foi :
— Gloire à toi qui étais mort, gloire à toi qui es vivant, notre Sauveur et notre Dieu : viens, Seigneur Jésus !
(Voir p. 369 pour la version latine.)

En faisant ainsi mémoire de la mort et de la résurrection de ton Fils, nous t'offrons, Seigneur, le pain de la vie et la coupe du salut, et nous te rendons grâce, car tu nous as estimés dignes de nous tenir devant toi pour te servir. Humblement, nous te demandons qu'en ayant part au corps et au sang du Christ, nous soyons rassemblés par l'Esprit Saint en un seul corps.

Souviens-toi, Seigneur, de ton Église répandue à travers le monde : fais-la grandir dans ta charité en union avec notre pape N., notre évêque N., et tous les évêques, les prêtres et les diacres. •••

De la veillée pascale jusqu'au 2e dimanche de Pâques inclus :
• Souviens-toi des baptisés de Pâques que tu as fait renaître de l'eau et de l'Esprit Saint pour une vie nouvelle dans le Christ. •••

••• Souviens-toi aussi de nos frères et sœurs qui se sont endormis dans l'espérance de la résurrection, et souviens-toi, dans ta miséricorde, de tous les défunts : accueille-les dans la lumière de ton visage.

Sur nous tous enfin, nous implorons ta bonté : permets qu'avec la Vierge Marie, la bienheureuse Mère de Dieu, avec saint Joseph, son époux, les Apôtres et tous les saints qui ont fait ta joie au long des âges, nous ayons part à la vie éternelle et que nous chantions ta louange et ta gloire, par ton Fils Jésus, le Christ.

Par lui, avec lui et en lui, à toi, Dieu le Père tout-puissant, dans l'unité du Saint-Esprit, tout honneur et toute gloire, pour les siècles des siècles.
– *Amen.*

Vient ensuite le rite de la communion, p. 381.

Prière eucharistique nº 3

(Préfaces : p. 360)

Tu es vraiment saint, Dieu de l'univers, et il est juste que toute la création proclame ta louange, car c'est toi qui donnes la vie, c'est toi qui sanctifies toutes choses, par ton Fils, Jésus Christ, notre Seigneur, avec la puissance de l'Esprit Saint ; et tu ne cesses de rassembler ton peuple, afin que, du levant au couchant du soleil, une offrande pure soit présentée à ton nom.

(1) **En semaine :**
• C'est pourquoi nous te supplions, Seigneur, de consacrer toi-même les offrandes que nous apportons : •••

(2) **Le dimanche :**
• C'est pourquoi nous voici rassemblés devant toi, Dieu notre Père, et, dans la communion de toute l'Église, nous célébrons le jour où le Christ est ressuscité d'entre les morts. Par lui, que tu as élevé à ta droite, nous te supplions de consacrer toi-même les offrandes que nous apportons : •••

(3) **Le Jeudi saint :**
• C'est pourquoi nous voici rassemblés devant toi, Dieu notre Père, et, dans la communion de toute l'Église, nous célébrons le jour très saint où notre Seigneur Jésus Christ fut livré pour nous. Par lui notre Rédempteur et Sauveur, que tu as glorifié, nous te

supplions de consacrer toi-même les offrandes que nous apportons : •••

(4) De la veillée pascale jusqu'au 2e dimanche de Pâques inclus :

• C'est pourquoi nous voici rassemblés devant toi, Dieu notre Père, et, dans la communion de toute l'Église, nous célébrons (la nuit très sainte) le jour très saint où ressuscita selon la chair notre Seigneur Jésus, le Christ. Par lui que tu as élevé à ta droite, nous te supplions de consacrer toi-même les offrandes que nous apportons : •••

••• Sanctifie-les par ton Esprit pour qu'elles deviennent le corps ✢ et le sang de ton Fils, Jésus Christ, notre Seigneur, qui nous a dit de célébrer ce mystère.

La nuit même où il fut livré *(Jeudi saint : c'est à dire aujourd'hui)*, il prit le pain, en te rendant grâce il dit la bénédiction, il rompit le pain, et le donna à ses disciples, en disant : « **Prenez, et mangez-en tous** : ceci est mon corps livré pour vous. »
De même, après le repas, il prit la coupe ; en te rendant grâce il dit la bénédiction, et donna la coupe à ses disciples, en disant :
« **Prenez, et buvez-en tous**, car ceci est la coupe de mon sang, le sang de l'Alliance nouvelle et éternelle, qui sera versé pour vous et pour la multitude en rémission des péchés. Vous ferez cela en mémoire de moi. »

(1) Il est grand, le mystère de la foi :
— Nous annonçons ta mort, Seigneur Jésus, nous proclamons ta résurrection, nous attendons ta venue dans la gloire.

(2) Acclamons le mystère de la foi :
— Quand nous mangeons ce pain et buvons à cette coupe, nous annonçons ta mort, Seigneur ressuscité, et nous attendons que tu viennes.

Prière eucharistique n° 3

(3) Qu'il soit loué, le mystère de la foi :
— Sauveur du monde, sauve-nous !
Par ta croix et ta résurrection,
tu nous as libérés.
ou : Proclamons le mystère de la foi :
— Gloire à toi qui étais mort, gloire à toi qui es vivant, notre Sauveur et notre Dieu : viens, Seigneur Jésus !
(Voir p. 369 pour la version latine.)

En faisant ainsi mémoire de ton Fils, de sa passion qui nous sauve, de sa glorieuse résurrection et de son ascension dans le ciel, alors que nous attendons son dernier avènement, nous t'offrons, Seigneur, en action de grâce, ce sacrifice vivant et saint. Regarde, nous t'en prions, l'oblation de ton Église, et daigne y reconnaître ton Fils qui, selon ta volonté, s'est offert en sacrifice pour nous réconcilier avec toi. Quand nous serons nourris de son corps et de son sang, et remplis de l'Esprit Saint, accorde-nous d'être un seul corps et un seul esprit dans le Christ.

Que l'Esprit Saint fasse de nous une éternelle offrande à ta gloire, pour que nous obtenions un jour l'héritage promis, avec tes élus : en premier lieu la bienheureuse Vierge Marie, Mère de Dieu, avec saint Joseph, son époux, les bienheureux Apôtres, les glorieux martyrs, (saint N.) et tous les saints, qui ne cessent d'intercéder auprès de toi et nous assurent de ton secours.

Et maintenant nous te supplions, Seigneur : par le sacrifice qui nous réconcilie avec toi, étends au monde entier le salut et la paix. Affermis ton Église, en pèlerinage sur la terre, dans la foi et la charité, en union avec ton serviteur notre pape N., et notre évêque N., l'ensemble des évêques, les prêtres, les diacres, et tout le peuple que tu as racheté.

De la veillée pascale jusqu'au 2e dimanche de Pâques inclus :
Souviens-toi des baptisés de Pâques que tu as fait renaître de l'eau et de l'Esprit

Saint pour une vie nouvelle dans le Christ.

Écoute, en ta bonté, les prières de ta famille, que tu as voulu rassembler devant toi. Dans ta miséricorde, ramène à toi, Père très aimant, tous tes enfants dispersés.

Pour nos frères et sœurs défunts, et pour tous ceux qui ont quitté ce monde et trouvent grâce devant toi, nous te prions : en ta bienveillance, accueille-les dans ton Royaume, où nous espérons être comblés de ta gloire, tous ensemble et pour l'éternité, par le Christ, notre Seigneur, par qui tu donnes au monde toute grâce et tout bien.

Par lui, avec lui et en lui, à toi, Dieu le Père tout-puissant, dans l'unité du Saint-Esprit, tout honneur et toute gloire, pour les siècles des siècles.

– *Amen.*

Vient ensuite le rite de la communion, p. 381.

Prière eucharistique nº 4

Vraiment, il est bon de te rendre grâce, il est juste et bon de te glorifier, Père très saint, car tu es le seul Dieu, le Dieu vivant et vrai : toi qui es avant tous les siècles, tu demeures éternellement, lumière au-delà de toute lumière. Toi, le Dieu de bonté, la source de la vie, tu as fait le monde pour que toute créature soit comblée de tes bénédictions, et que beaucoup se réjouissent de l'éclat de ta lumière. Ainsi, la foule innombrable des anges qui te servent jour et nuit se tiennent devant toi, et, contemplant la splendeur de ta face, n'interrompent jamais leur louange. Unis à leur hymne d'allégresse, avec la création tout entière qui t'acclame par nos voix, Dieu, nous te chantons (louons) :

Saint ! Saint ! Saint, le Seigneur,

Prière eucharistique nº 4

Dieu de l'univers ! Le ciel et la terre sont remplis de ta gloire. Hosanna au plus haut des cieux. Béni soit celui qui vient au nom du Seigneur. Hosanna au plus haut des cieux.

(Voir p. 365 pour la version latine.)

Père très saint, nous proclamons que tu es grand et que tu as fait toutes choses avec sagesse et par amour : tu as créé l'homme à ton image et tu lui as confié l'univers, afin qu'en te servant, toi seul, son Créateur, il règne sur la création. Comme il avait perdu ton amitié par sa désobéissance, tu ne l'as pas abandonné au pouvoir de la mort. Dans ta miséricorde, tu es venu en aide à tous les hommes pour qu'ils te cherchent et puissent te trouver. Tu as multiplié les alliances avec eux, et tu les as formés, par les prophètes, dans l'espérance du salut. Tu as tellement aimé le monde, Père très saint, que tu nous as envoyé ton Fils unique, lorsque les temps furent accomplis, pour qu'il soit notre Sauveur. Dieu fait homme, conçu de l'Esprit Saint, né de la Vierge Marie, il a vécu notre condition humaine en toute chose, excepté le péché, annonçant aux pauvres la bonne nouvelle du salut ; aux captifs, la délivrance ; aux affligés, la joie. Pour accomplir le dessein de ton amour, il s'est livré lui-même à la mort, et, par sa résurrection, il a détruit la mort et renouvelé la vie. Afin que désormais notre vie ne soit plus à nous-mêmes, mais à lui qui est mort et ressuscité pour nous, il a envoyé d'auprès de toi, Père, comme premier don fait aux croyants, l'Esprit Saint qui continue son œuvre dans le monde et achève toute sanctification.

Que ce même Esprit Saint, nous t'en prions, Seigneur, sanctifie ces offrandes : qu'elles deviennent ainsi le corps ✠ et le sang de notre Seigneur Jésus, le Christ, dans la célébration de ce grand mystère, que lui-même nous a laissé en signe de l'Alliance éternelle.

Quand l'heure fut venue où tu allais le glorifier, Père très saint, comme il avait aimé les siens qui étaient dans le monde, il les aima jusqu'au bout : pendant le repas qu'il partageait avec eux, il prit le pain, dit la bénédiction, le rompit et le donna à ses disciples, en disant :
« **Prenez, et mangez-en tous** : ceci est mon corps livré pour vous. »

De même, il prit la coupe remplie de vin, il rendit grâce, et la donna à ses disciples, en disant : « **Prenez, et buvez-en tous**, car ceci est la coupe de mon sang, le sang de l'Alliance nouvelle et éternelle, qui sera versé pour vous et pour la multitude en rémission des péchés. Vous ferez cela en mémoire de moi. »

(1) Il est grand, le mystère de la foi :
— Nous annonçons ta mort, Seigneur Jésus, nous proclamons ta résurrection, nous attendons ta venue dans la gloire.

(2) Acclamons le mystère de la foi :
— Quand nous mangeons ce pain
et buvons à cette coupe,
nous annonçons ta mort,
Seigneur ressuscité,
et nous attendons que tu viennes.

(3) Qu'il soit loué, le mystère de la foi :
— Sauveur du monde, sauve-nous !
Par ta croix et ta résurrection,
tu nous as libérés.
ou :
Proclamons le mystère de la foi :
— Gloire à toi qui étais mort,
gloire à toi qui es vivant,
notre Sauveur et notre Dieu :
viens, Seigneur Jésus !
(Voir p. 369 pour la version latine.)

Voilà pourquoi, Seigneur, nous célébrons aujourd'hui le mémorial de notre rédemption : en rappelant la mort du Christ et sa descente au séjour des morts, en proclamant sa résurrection et son ascension à ta droite, en attendant sa venue dans la gloire, nous t'offrons son corps et son sang, le sacrifice qui est digne de toi et qui sauve le monde entier. Regarde, Seigneur, celui qui s'offre dans le sacrifice que toi-même as préparé pour ton Église, et, dans ta bonté, accorde à tous ceux qui vont partager ce pain et boire à cette coupe d'être rassemblés par l'Esprit Saint en un seul corps, pour qu'ils deviennent eux-mêmes dans le Christ une vivante offrande à la louange de ta gloire.

Et maintenant, Seigneur, rappelle-toi tous ceux pour qui nous offrons le sacrifice : en premier lieu, ton serviteur notre pape N., notre évêque N., et l'ensemble des évêques, les prêtres et les diacres, les fidèles qui présentent cette offrande, les membres de notre assemblée, le peuple entier qui t'appartient, et tous ceux qui te cherchent avec droiture.

Souviens-toi aussi de ceux qui sont morts dans la paix du Christ, et de tous les défunts dont toi seul connais la foi.

À nous qui sommes tes enfants, accorde, Père très bon, l'héritage de la vie éternelle auprès de la Vierge Marie, la bienheureuse Mère de Dieu, auprès de saint Joseph, son époux, des Apôtres et de tous les saints, dans ton Royaume. Nous pourrons alors, avec la création tout entière, enfin libérée de la corruption du péché et de la mort, te glorifier par le Christ, notre Seigneur, par qui tu donnes au monde toute grâce et tout bien.

Par lui, avec lui et en lui, à toi, Dieu le Père tout-puissant, dans l'unité du Saint-Esprit, tout honneur et toute gloire, pour les siècles des siècles.

— Amen.

Vient ensuite le rite de la communion, p. 381.

Notre Père

(1) Comme nous l'avons appris du Sauveur, et selon son commandement, nous osons dire :
(2) Unis dans le même Esprit, nous pouvons dire avec confiance la prière que nous avons reçue du Sauveur :

Notre Père qui es aux cieux, que ton nom soit sanctifié,
que ton règne vienne, que ta volonté soit faite sur la terre comme au ciel.
Donne-nous aujourd'hui notre pain de ce jour. Pardonne-nous nos offenses,
comme nous pardonnons aussi à ceux qui nous ont offensés.
Et ne nous laisse pas entrer en tentation, mais délivre-nous du Mal.

(3) Præceptis salutaribus moniti, et divina institutione formati, audemus dicere : Pater noster, qui es in cælis : sanctificetur nomen tuum ; adveniat regnum tuum ; fiat voluntas tua, sicut in cælo, et in terra. Panem nostrum cotidianum da nobis hodie ; et dimitte nobis debita nostra, sicut et nos dimittimus debitoribus nostris ; et ne nos inducas in tentationem ; sed libera nos a malo.

Délivre-nous de tout mal, Seigneur, et donne la paix à notre temps : soutenus par ta miséricorde, nous serons libérés de tout péché, à l'abri de toute épreuve, nous qui attendons que se réalise cette bienheureuse espérance : l'avènement de Jésus Christ, notre Sauveur.

— Car c'est à toi qu'appartiennent le règne,
la puissance et la gloire pour les siècles des siècles !

Échange de la paix

Seigneur Jésus Christ, tu as dit à tes Apôtres : « Je vous laisse la paix, je vous donne ma paix » ; ne regarde pas nos péchés mais la foi de ton Église ; pour que ta volonté s'accomplisse, donne-lui toujours cette paix, et conduis-la vers l'unité parfaite, toi qui vis et règnes pour les siècles des siècles. **– *Amen.***
Que la paix du Seigneur soit toujours avec vous. **– *Et avec votre esprit.***
Dans la charité du Christ, donnez-vous la paix.

Fraction du pain

Que le corps et le sang de notre Seigneur Jésus Christ, réunis dans cette coupe, nourrissent en nous la vie éternelle.

Agneau de Dieu

Agneau de Dieu, qui enlèves les péchés du monde, prends pitié de nous. *(bis)*
Agneau de Dieu, qui enlèves les péchés du monde, donne-nous la paix.

Agnus Dei, qui tollis peccata mundi, miserere nobis. (bis)
Agnus Dei, qui tollis peccata mundi, dona nobis pacem.

Communion

(1) Seigneur Jésus Christ, Fils du Dieu vivant, selon la volonté du Père et avec la puissance du Saint-Esprit, tu as donné, par ta mort, la vie au monde ; que ton corps et ton sang très saints me délivrent de mes péchés et de tout mal ; fais que je demeure fidèle à tes commandements et que jamais je ne sois séparé de toi.

(2) Seigneur Jésus Christ, que cette communion à ton corps et à ton sang n'entraîne pour moi ni jugement ni condamnation ; mais que, par ta bonté, elle soutienne mon esprit et mon corps et me donne la guérison.

Voici l'Agneau de Dieu, voici celui qui enlève les péchés du monde.
Heureux les invités au repas des noces de l'Agneau !
— Seigneur, je ne suis pas digne de te recevoir ;
mais dis seulement une parole, et je serai guéri.

Chant de communion *ou antienne de la communion.*

Prière après la communion *voir à la date du jour.*

RITE DE CONCLUSION

Le Seigneur soit avec vous.
— Et avec votre esprit.
Que Dieu tout-puissant vous bénisse, le Père, et le Fils, + et le Saint-Esprit.
— Amen.

Puis le diacre, ou le prêtre lui-même, les mains jointes, tourné vers l'assemblée, dit :
(1) Allez, dans la paix du Christ.
(2) Allez porter l'Évangile du Seigneur.
(3) Allez en paix, glorifiez le Seigneur par votre vie.
(4) Allez en paix.
— Nous rendons grâce à Dieu.

Chants pour la célébration

Les chants en rouge sont consultables à la page indiquée. **Les chants en noir** sont référencés avec leur cote SECL

Ouverture	Renvoi	Communion / Action de grâce	Renvoi
Dimanche 6 avril, 5e dimanche de Carême			
Puisque tu fais miséricorde	Z129-15	Je suis venu guérir tous les malades	p. 397
À ce monde que tu fais	RT146-1	Devenez ce que vous recevez	D68-39
Peuple de l'Alliance	p. 388	Quand je viens vers toi	G41
Dimanche 13 avril, dimanche des Rameaux			
Hosanna ! Béni soit celui qui vient	p. 386	Mystère du calvaire	H44
Fais paraître ton jour	HY53	Partageons le pain du Seigneur	p. 396
Hosanna au fils de David !	HX70-65	Ô ma joie et mon espérance	Taizé
Jeudi 17 avril, Jeudi saint			
Qui donc a mis la table ?	C121	Voici le corps et le sang du Seigneur	D44-80
Disciples de Jésus	p. 389	Comme lui	Pontbria
Maître et Seigneur	H10-85	L'Agneau de Dieu	p. 398

Suggestions pour avril 2025 proposées par Thibault Van Den Driessche, avec ChantonsenÉglis

Ouverture	Renvoi	Communion / Action de grâce	Renvoi
Vendredi 18 avril, Vendredi saint			
Ô Croix dressée sur le monde Hymne à la Croix Qui donc est Dieu ?	p. 390 EDIT172 MP82-2	Approchons-nous de la table Voulant nous aimer jusqu'au bout Grain de blé	D19-30 p. 400 GX510
Samedi 19 – Dimanche 20 avril, veillée pascale			
Voici la nuit Joyeuse lumière Brillez déjà, lueurs de Pâques	p. 392 P1 I166-1	Nous t'avons reconnu, Seigneur Quand il disait à ses amis Vainqueur de nos ténèbres	p. 402 p. 403 IP27-43
Dimanche 20 avril, dimanche de Pâques			
Psaume 117 - Alléluia, proclamez que le Seigneur est bon Jour du Vivant Baptisés dans l'eau et dans l'Esprit	p. 391 I34-92-8 N14-67-1	Alléluia, Jésus ressuscité Nos cœurs sont brûlants Reste avec nous, Ressuscité	p. 404 EDIT22-18 I56-47
Dimanche 27 avril, dimanche de la Divine Miséricorde			
Il a pour nom « Miséricorde » Christ est vraiment ressuscité Seigneur, fais de moi un instrument de ta paix	p. 394 I169 DEV450-4	Misericordes sicut Pater Vous m'avez reconnu à la fraction du pain ! Il nous précède en Galilée	p. 406 XD58-47 I26-38

Hosanna ! Béni soit celui qui vient (Ouverture)

HY24-06 ; T. et M. : G. Lefebvre ; Bayard Liturgie.

Refrain : **Béni soit celui qui vient au nom du Seigneur !** *(bis)*

② Toi qui es venu nous parler de ton Père, hosanna ! Hosanna !
Tu nous as montré qu'il est toute tendresse, hosanna ! Hosanna !

③ Toi qui es venu vivre la vie des hommes, hosanna ! Hosanna !
Tu as accueilli les petits et les pauvres, hosanna ! Hosanna !

④ Toi qui ne viens pas pour juger les personnes, hosanna ! Hosanna !
Tu as révélé l'amour en Madeleine, hosanna ! Hosanna !

⑤ Toi qui ne viens pas pour ceux qui se croient justes, hosanna ! Hosanna !
Tu as pardonné à la femme adultère, hosanna ! Hosanna !

⑥ Toi qui es venu pour ceux qui sont perdus, hosanna ! Hosanna !
Tu as mis Zachée sur un chemin de vie, hosanna ! Hosanna !

⑦ Toi qui es venu pour ceux qui sont malades, hosanna ! Hosanna !
Tu as mis debout les boiteux, les infirmes, hosanna ! Hosanna !

⑧ Toi qui es venu pour être la lumière, hosanna ! Hosanna !
Tu as redonné la lumière aux aveugles, hosanna ! Hosanna !

⑨ Toi qui es pour nous résurrection et vie, hosanna ! Hosanna !
Tu as fait sortir Lazare de son tombeau, hosanna ! Hosanna !

Peuple de l'Alliance (Ouverture)

G244 ; T. : M. Scouarnec ; M. : J. Akepsimas ; ADF - Studio SM.

① **Peuple de l'Alliance, ton Dieu te fait signe.** *(bis)*
Marche à la suite de Jésus !
Va crier son nom sur les chemins du monde,
sur les chemins du monde.

② **Peuple de l'Alliance, ton Dieu te réveille.** *(bis)*
Passe la mer avec Jésus !
Va creuser ta soif dans les déserts du monde,
dans les déserts du monde.

③ **Peuple de l'Alliance, ton Dieu te pardonne.** *(bis)*
Prends la lumière de Jésus !
Va semer l'amour dans les hivers du monde,
dans les hivers du monde.

④ **Peuple de l'Alliance, ton Dieu te libère.** *(bis)*
Porte ta croix avec Jésus !
Va planter la paix aux carrefours du monde,
aux carrefours du monde.

Disciples de Jésus *(Ouverture)*

X979 ; T. : D. Rimaud ; M. : J.Berthier ; Fleurus.

Stance : **Disciples de Jésus, vous êtes invités au banquet de Cana.**
Venez, venez, venez avec Marie et partagez sa joie ;
le vin est préparé et le pain est rompu.

① **Si le vin vous a manqué pour chanter vos chants d'amour, venez, venez !**
Si vous n'êtes abreuvés que de larmes sans mesure, venez, venez !
Si le pain que vous mangez est un pain mêlé de cendres, venez, venez !

Refrain : **Vous qui avez faim, vous qui n'avez rien,**
venez ! Dieu vous fait justice.
Vous qui avez faim, vous qui n'avez rien,
la terre vous est promise.

② **Si vous êtes humiliés par les grands que vous servez, venez, venez !**
Si vous êtes méprisés avec ceux de votre race, venez, venez !
Si vous n'avez pas de nom, pas de droit pour vous défendre, venez, venez !

③ **Si le deuil a remplacé l'allégresse des chansons, venez, venez !**
Si le rire a déserté votre cœur et votre bouche, venez, venez !
Si vos corps ne savent plus ni la fête ni la danse, venez, venez !

④ **Si vous n'avez eu le temps ni d'aimer, ni d'être aimés, venez, venez !**
Si vous êtes dans ce temps sans avoir le temps de vivre, venez, venez !
Si vous avez seulement le temps de crier misère, venez, venez !

Ô Croix dressée sur le monde *(Passion)*

H30; P. J. Servel; M. : C. Geoffray / Populaire; Mame Le C.

① Ô Croix dressée sur le monde,
ô croix de Jésus Christ ! *(bis)*
Fleuve dont l'eau féconde
du cœur ouvert a jailli,
par toi la vie surabonde,
ô croix de Jésus Christ !

② Ô Croix, sublime folie,
ô croix de Jésus Christ ! *(bis)*
Dieu rend par toi la vie
et nous rachète à grand prix :
l'amour de Dieu est folie,
ô croix de Jésus Christ !

③ Ô Croix, sagesse suprême,
ô croix de Jésus Christ ! *(bis)*
Le Fils de Dieu lui-même
jusqu'à la mort obéit ;
ton dénuement est extrême,
ô croix de Jésus Christ !

④ Ô Croix, victoire éclatante,
ô croix de Jésus Christ ! *(bis)*
Tu jugeras le monde
au jour que Dieu s'est choisi.
Croix à jamais triomphante,
ô croix de Jésus Christ !

Psaume 117 – Alléluia, proclamez que le Seigneur est bon *(Ouverture)*

Z558 ; T. : AELF ; M. : Communauté de l'Emmanuel (E. Baranger) ; Éd. de l'Emmanuel.

Refrain : **Alléluia, alléluia, alléluia.**

**① Proclamez que le Seigneur est bon,
éternel est son amour !
Que le dise la maison d'Israël,
éternel est son amour !**

**② Dans l'angoisse j'ai crié vers lui,
le Seigneur m'a exaucé.
Le Seigneur est là pour me défendre,
j'ai bravé mes ennemis.**

**③ Le Seigneur est ma force et mon chant,
le Seigneur est mon salut.
Je ne mourrai pas, non, je vivrai,
je dirai l'œuvre de Dieu.**

**④ Ouvrez-moi les portes de justice,
j'entrerai, je rendrai grâce ;
c'est ici la porte du Seigneur,
tous les justes y entreront.**

**⑤ Oui, c'est toi mon Dieu,
je te rends grâce,
Seigneur mon Dieu je t'exalte.
Proclamez que le Seigneur est bon,
éternel est son amour !**

Voici la nuit *(Ouverture de la veillée pascale)*

P156-1; T. : D. Rimaud; M. : J. Akepsimas; Studio SM.

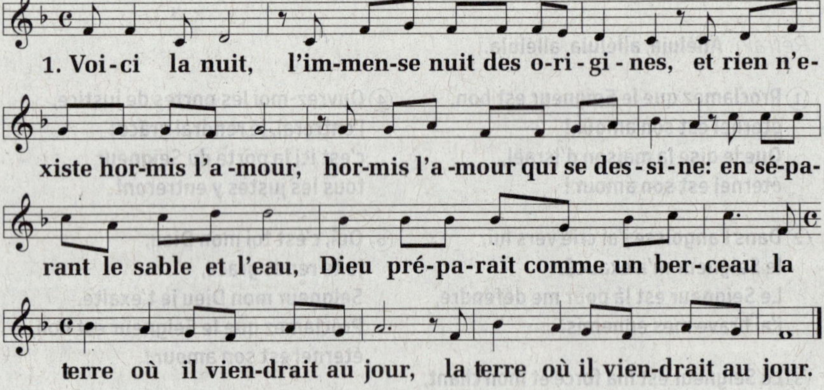

② Voici la nuit, l'heureuse nuit de Palestine,
et rien n'existe hormis l'Enfant,
hormis l'Enfant de vie divine :
en prenant chair de notre chair,
Dieu transformait tous nos déserts,
en terre d'immortels printemps,
en terre d'immortels printemps.

③ **Voici la nuit, l'étrange nuit sur la colline,**
et rien n'existe hormis le corps,
hormis le corps criblé d'épines :
en devenant un crucifié,
Dieu fécondait comme un verger
la terre où le plantait la mort,
la terre où le plantait la mort.

④ **Voici la nuit, la sainte nuit qui s'illumine,**
et rien n'existe hormis Jésus,
hormis Jésus où tout culmine :
en s'arrachant à nos tombeaux,
Dieu conduisait au jour nouveau
la terre où il était vaincu,
la terre où il était vaincu.

⑤ **Voici la nuit, la longue nuit où l'on chemine,**
et rien n'existe hormis ce lieu,
hormis ce lieu d'espoirs en ruines :
en s'arrêtant dans nos maisons,
Dieu préparait comme un buisson
la terre où tomberait le feu,
la terre où tomberait le feu !

Il a pour nom « Miséricorde » (Ouverture)

MY68-49; T. : M.-A. Noury; M. : J.-P. Lécot; ADF-Musique.

Refrain : **Il a pour nom « Miséricorde », Dieu de tendresse et de pitié,
Dieu qui se donne et qui pardonne, car éternel est son amour !**

**② Quitte la terre où tu t'enlises pour le pays qu'il t'a promis !
Nos pères dans la foi ont marché avec lui : c'est le Seigneur, il t'appelle.**

**③ Passe les eaux de servitude, largue le joug de ton péché !
Contemple la nuée sur les flots refermés : c'est le Seigneur, il libère.**

**④ Prête l'oreille à ses prophètes : dans ton exil il te rejoint !
Reçois de lui la loi qui te porte en chemin : c'est le Seigneur, notre Père.**

**⑤ Comme le Père te fait grâce, remets les dettes sans tarder,
pour vivre dans la joie en enfant pardonné, car le Seigneur te rachète.**

**⑥ Guette le temps de la promesse. Vienne le jour du Serviteur !
Image du Très-Haut, il nous ouvre son cœur. C'est le Sauveur, notre frère !**

**⑦ Passe la porte du Royaume, les pâturages ont reverdi !
Regarde vers la Croix d'où s'écoule la vie : c'est le Sauveur, il nous aime !**

**⑧ Viens partager le pain des pauvres, l'Agneau t'invite à son festin !
Sans crainte, lève-toi, il te prend par la main : c'est le Sauveur, il t'espère.**

**⑨ Passe la porte avec l'Église, rejoins le peuple des témoins,
fidèle à son Esprit, chaque jour, va plus loin ! Suis le Sauveur, il t'entraîne !**

Partageons le pain du Seigneur (Action de grâce)

D39-31; T. : J. Hameline; M. : J. Berthier / Populaire; Bayard.

Refrain 1: **Partageons le pain du Seigneur à la table de l'univers.**
C'est le don sans retour de l'amour de notre Dieu.

Refrain 2: **Nous chantons la croix du Seigneur qui se dresse sur l'univers**
comme un signe éclatant de l'amour de notre Dieu.

① **Venez à moi, vous tous qui succombez sous la fatigue,**
c'est moi qui porterai le poids de votre peine.

② **Venez à moi, vous tous qui gémissez sous l'injustice,**
c'est moi qui suis pour vous la loi libératrice.

③ **Venez à moi, vous tous qui trébuchez dans les ténèbres,**
sur vous s'élèvera l'éclat de ma lumière.

④ **Venez à moi, vous tous dont on méprise l'espérance,**
je viens pour relever les humbles qui attendent.

⑤ **Venez à moi, vous tous que pour ma gloire on persécute,**
c'est vous qui régnerez au jour de ma victoire.

⑥ **Venez à moi, vous tous que défigure la souffrance,**
je viens pour effacer vos rides et vos larmes.

⑦ **Venez à moi, vous tous qui attendez la délivrance,**
c'est moi qui briserai les liens qui vous enserrent.

**⑧ Venez à moi, vous tous qui avez faim du don céleste,
je viens pour partager le pain de votre vie.**

**⑨ Venez à moi, vous tous qui cheminez sans but sur terre,
je viens pour vous montrer la route vers le Père.**

**⑩ Venez à moi, vous tous qui convoitez richesse et gloire,
en moi la pauvreté a trouvé sa noblesse.**

**⑪ Venez à moi, vous tous qu'étreint déjà la mort cruelle,
ma croix vient vous donner la force de la vaincre.**

Je suis venu guérir tous les malades *(Action de grâce)*

T. : P. Goeseels ; M. : G. Previdi ; ADF Musique.

L'Agneau de Dieu *(Communion)*

T. et M. Communauté de l'Emmanuel (A. Dumont/M. Laurent) ; Éd. l'Emmanuel.

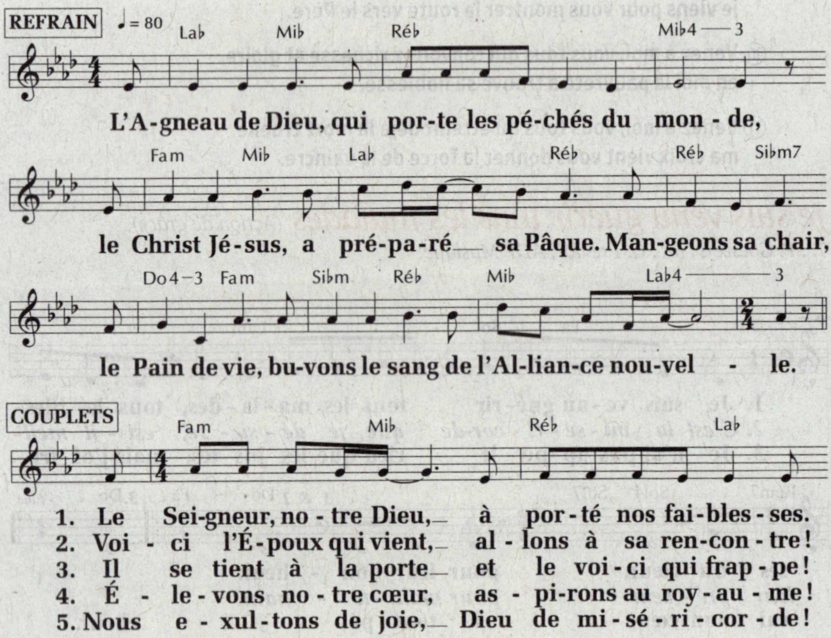

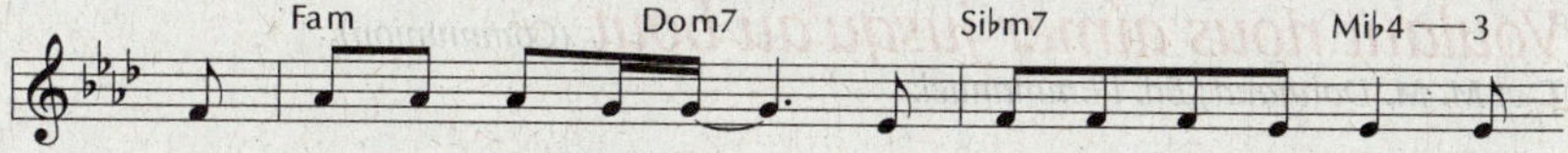

1. Il en-du-ra pour nous_ le far-deau de nos fau-tes.
2. En cette Eu-cha-ris-tie,_ tres-sail-lons d'al-lé-gres-se !
3. Il en-tre par-mi nous,_ ray-on-nant de sa gloi-re,
4. Re-ce-vons de ses mains_ la cou-ron-ne de gloi-re !
5. À nous qui é-tions morts_ par sui-te de nos fau-tes,

1. Il vient re-nou-ve-ler_ l'a-mour des pre-miers jours,
2. Par ce pain et ce vin,_ il nous at-tache à lui,_
3. ap-por-tant a-vec lui_ le dia-dè-me de vie,_
4. Ce-lui qui est ve-nu_ pour nous res-sus-ci-ter,_
5. en ta ré-sur-rec-tion,_ nous re-trou-vons la vie._

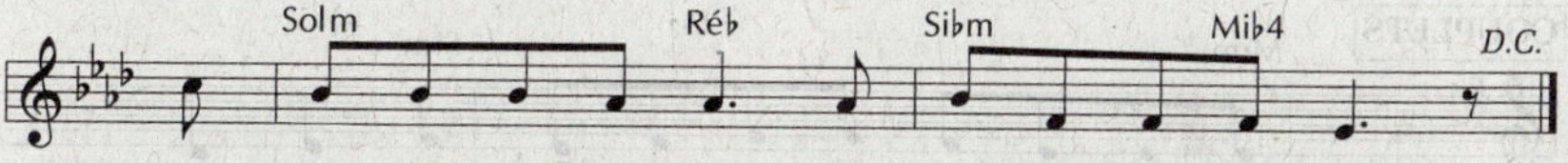

1. pour nous don-ner le fruit de l'ar-bre de la vie.
2. pre-nons part au fes-tin des no-ces de l'A-gneau.
3. lau-riers de la vic-toire of-ferte à tous les saints.
4. trans-for-me-ra nos corps en son corps glo-ri-eux !
5. Pour sié-ger a-vec toi dans la gloi-re des cieux !

Voulant nous aimer jusqu'au bout (Communion)

T. et M. M. Dannaud ; Éd. l'Emmanuel.

REFRAIN ♩ = 80

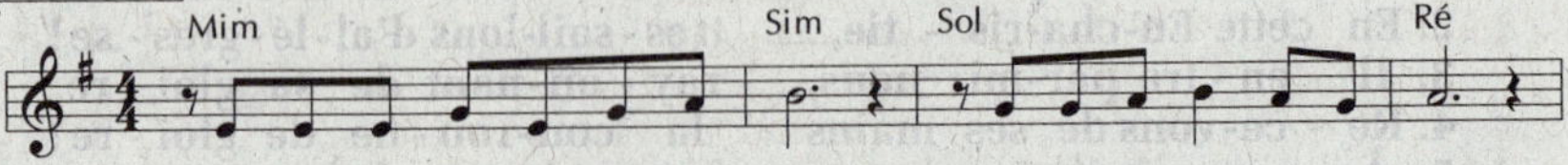

Vou-lant nous ai-mer jus-qu'au bout, Jé-sus s'est mis à ge-noux.

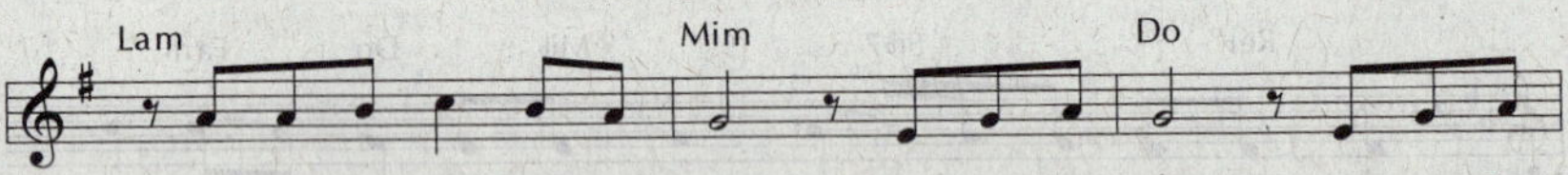

Il s'est te-nu à nos pieds pour nous ser-vir, pour nous la -

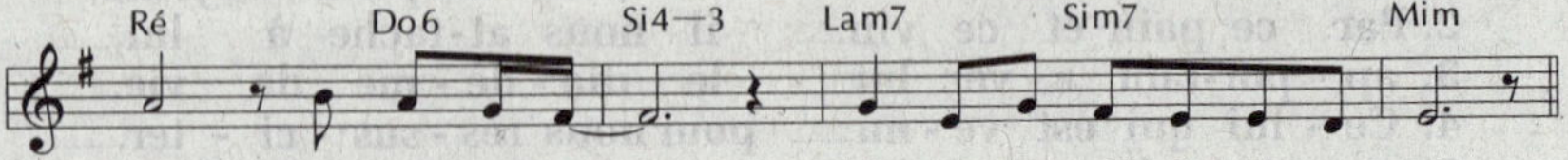

ver, pour ré-vé-ler___ no-tre nou-velle hu-ma-ni-té.

COUPLETS

1. Des - cen-du nous cher-cher dans nos obs - cu - ri - tés,
2. Il est le bon pas-teur qui con-naît tout de nous.
3. Je vous ai tous choi-sis pour res-ter a - vec moi
4. Au bout de ce che-min Jé-sus est à ge-noux
5. Pré - ser-ve-nous, Sei-gneur, des piè-ges de l'or-gueil

1. Jé - sus a con-tem - plé nos er-reurs, nos pé - chés.
2. Des se-crets de nos cœurs, il n'en a pas eu peur.
3. et je vous ai la - vés par le sang de ma croix
4. pour ai-mer son pro-chain et l'ai-mer jus-qu'au bout.
5. qui é - teint en nos cœurs l'es-prit du ser - vi - teur.

1. Au fin fond des en - fers, il a tout pris sur lui,
2. Ai - més d'un a-mour fou, nous vi-vons grâce à lui.
3. des pei - nes du che - min par - cou - ru dans la foi.
4. Nous som-mes les té-moins de son a - mour pour nous ;
5. Ai - de-nous à ai - mer a - vec hu - mi - li - té,

1. son re-gard res-plen - dit de son sa - lut of - fert.
2. Il a tout fait pour nous : que fe - rons - nous pour lui ?
3. Ser - vez vo - tre pro-chain à ge-noux a - vec moi.
4. par ce ca-deau di - vin il nous re - met de - bout.
5. à nous lais-ser ai - mer a - vec sim - pli - ci - té.

Nous t'avons reconnu, Seigneur (Communion)

D59-24 ; T. : A. Dumont ; M. : M. Wittal, J. Rouquès ; Éd. de l'Emmanuel.

① **Nous t'avons reconnu, Seigneur, à la fraction du pain,**
notre cœur est tout brûlant quand nous venons jusqu'à toi.
Fortifie notre foi, ô Christ, en cette communion,
fais de nous un seul corps, uni en un seul Esprit.

② **Tu as dit : « Vous ferez cela en mémoire de moi. »**
Pain et vin sont consacrés en signe de ton salut.
Ils nous donnent ta vie, ô Christ, en cette communion :
corps livré, sang versé pour nous sauver du péché.

③ **Nous venons t'adorer, Seigneur, en partageant le pain,**
notre Roi, notre Pasteur, Jésus notre Rédempteur !
Tu découvres ta gloire, ô Christ, en cette communion,
ouvre-nous le chemin, reçois-nous auprès de toi.

④ **Par l'Esprit, apprends-nous Seigneur à contempler ton corps,**
tu es là, vraiment présent en ta sainte eucharistie.
Tu te livres en nos mains, ô Christ, en cette communion :
« Mon Seigneur et mon Dieu, Jésus, ma vie et ma joie ! »

⑤ **Nous voici affamés, Seigneur, tout petits devant toi,**
sous nos yeux, tu multiplies le pain qui donne la vie.
Tu t'es fait nourriture, ô Christ, en cette communion,
conduis-nous au bonheur promis à tes serviteurs.

Quand il disait à ses amis *(Action de grâce)*

IP165-1 ; T. : D. Rimaud ; M. : J. Akepsimas ; CNPL Éditions, Studio SM.

① **Quand il disait à ses amis :**
« Si vous saviez le don de Dieu »,
« Si vous saviez le don de Dieu ».
Nous avons asséché la source de la vie…
Mais ce matin, alléluia,
notre naissance a jailli du tombeau !

Refrain : **Alléluia, alléluia, Jésus est vivant !**
Alléluia, alléluia, Jésus est vivant !

② **Quand il disait à ses amis :**
« Venez à moi, je suis le jour »,
« Venez à moi, je suis le jour ».
Nous avons sacrifié aux forces de la nuit…
Mais ce matin, alléluia,
notre lumière a jailli du tombeau !

③ **Quand il disait à ses amis :**
« Je suis vainqueur, pourquoi trembler ? »
« Je suis vainqueur, pourquoi trembler ? ».
Nous avons nié Dieu en face de la peur…
Mais ce matin, alléluia,
notre pardon a jailli du tombeau !

Alléluia, Jésus ressuscité (Communion)

T. Raoul Mutin ; M. Jo Akepsimas ; Éd. Studio SM.

1. Ha - bil - le nos dé - serts de ta ten - dres - se.
2. Ha - bil - le no - tre nuit de ta lu - miè - re.
3. Ha - bil - le tous nos ciels de re - nais - san - ce.

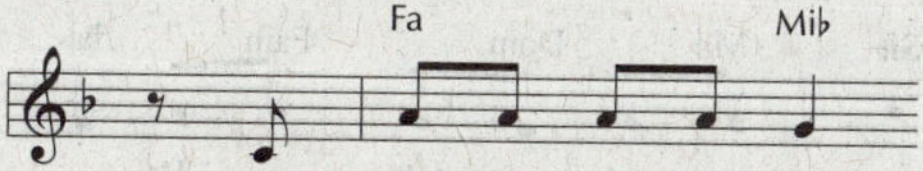

1. Ou - vert est le ruis - seau,
2. Ou - vert est le tom - beau,
3. Ou - vert est le ber - ceau,

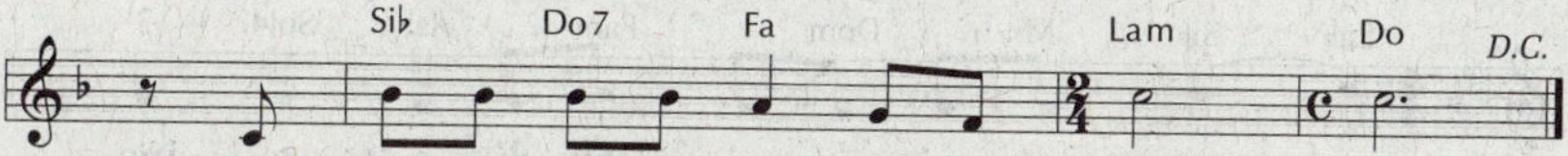

1. voi - ci le vin nou-veau que tu ver - ses.
2. voi - ci le jour nou-veau qui se lè - ve.
3. voi - ci l'hom-me nou-veau qui se dres - se.

Misericordes sicut Pater (Action de grâce)

Chant thème pour le Jubilé extraordinaire de la miséricorde ; T. : E. Costa ; M. : P. Inwood ;

Retrouvez d'autres chants sur www.chantonseneglise.fr

② Rendons grâces au Fils, lumière des nations
in æternum misericordia eius.
Il nous aima avec un cœur de chair *in æternum...*
Tout vient de lui, tout est à lui *in æternum...*
Ouvrons nos cœurs aux affamés et aux assoiffés *in æternum...*

③ Demandons les sept dons de l'Esprit *in æternum...*
Source de tous les biens, soulagement le plus doux *in æternum...*
Réconfortés par lui, offrons le réconfort *in æternum...*
En toute occasion, l'amour espère et persévère *in æternum...*

④ Demandons la paix au Dieu de toute paix *in æternum...*
La terre attend l'Évangile du Royaume *in æternum...*
Joie et pardons dans le cœur des petits *in æternum...*
Seront nouveaux les cieux et la terre *in æternum...*

CHANTS POUR L'ORDINAIRE

MESSE FRATELLI TUTTI

Gloire à Dieu

T. : AELF ; M. : M. Wackenheim ; ADF Musique.

Sim Fa♯4 - 3 Ré
Dieu, A-gneau de Dieu, le Fils du Pè - re; toi qui en-lè - ves
Sol La Ré Sim La Ré
les pé - chés du mon - de, prends pi - tié de nous;
Ré Sol La Ré , Sim La Ré
toi qui en-lè-ves les pé-chés du mon-de, re - çois no-tre pri - è - re;
Sol Ré Mi7 La Ré Sim Fa♯m
toi qui es as-sis à la droi - te du Pè - re, prends pi-tié de nous.
C
Ré La Ré Ré La Ré ,
Car toi seul es saint, toi seul es Sei - gneur, toi
Ré Sol Ré , Sol Ré Fa♯m Sol Si
seul es le Très-Haut: Jé-sus Christ, a-vec le Saint-Es - prit dans la
Mim La Ré Sol Ré
gloi - re de Dieu le Pè - re. A - men.

Saint le Seigneur

T. : AELF ; M. : M. Wackenheim ; ADF Musique.

Agneau de Dieu

T. : AELF; M. : M. Wackenheim; ADF Musique.

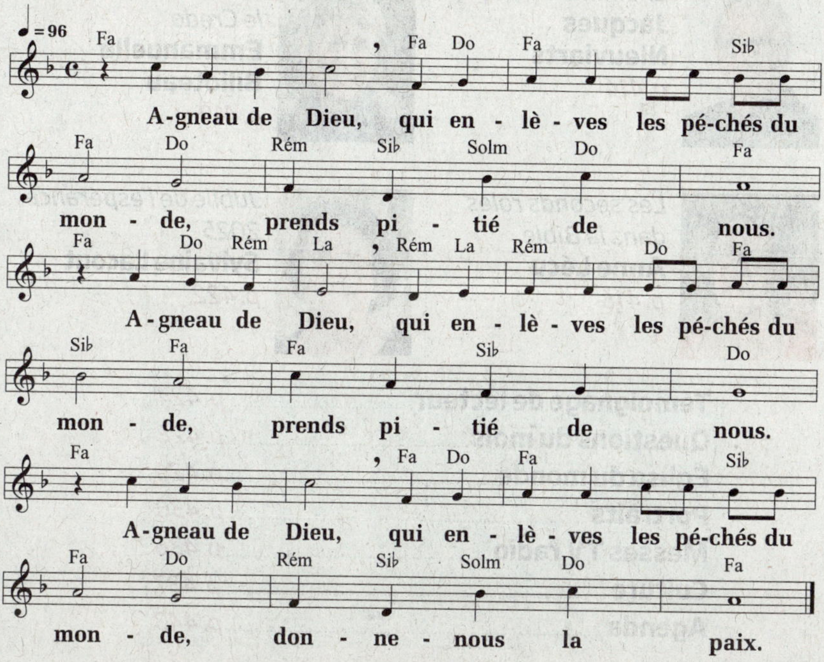

LES RENDEZ-VOUS D'AVRIL 2025

SOMMAIRE

ÉDITORIAL

Sur un air de printemps

Karem Bustica
Rédactrice en chef de Prions en Église

> *« La liturgie de Pâques, la plus essentielle de toute l'année, fait éclore les gestes et les mots de la foi. »*

Un air de printemps s'empare de l'Église en ce mois d'avril et pas seulement sous nos latitudes. Le jubilé des adolescents qui se tient du 25 au 27 à Rome avec la canonisation du bienheureux Carlo Acutis en est un exemple. À cette occasion, nous avons interrogé nos adolescents au sujet de leur foi. De Paris à Marseille, de Lille à Saint-Denis de La Réunion, ils nous livrent un témoignage joyeux, décomplexé et vivifiant.

De même, avec le 1 700e anniversaire du concile de Nicée, Emmanuelle Billoteau renouvelle sa chronique et nous accompagne pour approfondir l'actualité de cette profession. Depuis les premières formulations de la foi de l'Église – « Jésus est Christ et Seigneur » – aux développements plus savants que nous connaissons aujourd'hui, le chemin est passionnant. La liturgie de Pâques, la plus essentielle de toute l'année, fait éclore les gestes et les mots de la foi. ■

Jacques Nieuviarts, prêtre assomptionniste

Polyphonie d'étoiles

Le livre des psaumes est empli d'étoiles qui éclairent l'univers et semblent emplir le ciel d'une chorégraphie de louange à la gloire de Dieu.

Le psaume 8 ouvre cette polyphonie d'étoiles, ce mouvement éclatant, comme en un cri initial : « Ô Seigneur, notre Dieu, qu'il est grand ton nom par toute la terre ! […] À voir ton ciel, ouvrage de tes doigts, la lune et les étoiles que tu fixas, qu'est-ce que l'homme pour que tu penses à lui ? » (Ps 8, 2.4-5) La contemplation de l'univers et des cieux, celle des étoiles éveillent le chant de l'homme et le renvoient au mystère de sa propre grandeur face à Dieu. Le psaume 135 (136) est traversé du même émerveillement devant la Création, et devant l'histoire dans laquelle le Seigneur a accompagné son peuple. Il invite avec insistance à lui rendre grâce car il est bon, car « éternel est son amour » ! Le regard porte à l'infini, vers « les grands luminaires […], le soleil qui règne sur le jour […], la lune et les étoiles, sur la nuit »

(Ps 135, 7-9). Le psaume est tout en dialogue et le psalmiste énumère à l'infini les merveilles de Dieu. L'assemblée lui répond, sans fin et sans fatigue, en louange : « [Oui,] éternel est son amour ! » Ainsi la polyphonie des astres et celle des étoiles éveillent-elles la louange des humains, avant que l'histoire elle-même ne prenne le relais. Au terme du psautier, le psaume 148 appelle l'ensemble de l'univers : les hauteurs des cieux, les anges, le soleil et la lune et tous les astres de lumière [littéralement : les étoiles brillantes !] à louer le Seigneur. Les étoiles sont ainsi à nouveau convoquées dans leur clarté infinie, pour la beauté de la louange rendue à Dieu.

La polyphonie des astres et celle des étoiles éveillent la louange des humains.

Juste auparavant, le psaume 146 a le même souffle et le même élan : « Le Seigneur rebâtit Jérusalem, il rassemble les déportés d'Israël ; il guérit les cœurs brisés [...]. Il compte le nombre des étoiles, il donne à chacune un nom » (Ps 146, 2-3). Cette notion traverse la Bible. On la retrouve sous la plume de l'apôtre Paul pour mieux évoquer la résurrection ! « Autre est l'éclat du soleil, dit-il, autre l'éclat de la lune, autre l'éclat des étoiles ; et chaque étoile a même un éclat différent. Ainsi en est-il de la résurrection des morts. Ce qui est semé périssable ressuscite impérissable » (1 Co 15, 41-42). Les étoiles sont au cœur de la grande cantate biblique. ■

LES SECONDS RÔLES DANS LA BIBLE

Anne Lécu, dominicaine

Monsieur et Madame Zébédée

Parents de Jacques et Jean, Apôtres du Christ, « Monsieur et Madame Zébédée » apparaissent à des moments clés dans les évangiles.

De Monsieur Zébédée, on sait peu de choses : il avait une petite entreprise de pêche, des ouvriers qui travaillaient pour lui et ses deux fils Jacques et Jean, qui seront parmi les plus proches de Jésus. Nul ne sait ce qu'il a pu penser de ce Jésus qui a embarqué ses deux enfants pour mener une vie errante, en le laissant en plan, comme nous le rapportent les évangélistes : « Jésus vit Jacques, fils de Zébédée, et son frère Jean, qui étaient dans la barque et réparaient les filets. Aussitôt, il les appela. Alors, laissant dans la barque leur père Zébédée avec ses ouvriers, ils partirent à sa suite » (Mc 1, 19-20).

De Madame Zébédée, on n'en sait guère plus, mais les traces que l'on retrouve d'elle, tout particulièrement dans l'évangile selon Matthieu, montrent qu'elle est restée très proche de ses fils et qu'elle a peut-être bien fait partie des disciples qui suivaient Jésus. On la retrouve en effet à deux moments clés.

Juste après la troisième annonce de la Passion, elle se fait porte-parole de ses deux fils, pas assez assurés et sans doute conscients de ce que leur demande a d'incongru. Elle présente ses fils à Jésus pour lui demander qu'ils siègent avec lui dans son Royaume « l'un à sa droite et l'autre à sa gauche ». Évidemment, cela fait grincer les dents les autres disciples qui trouvent que leur culot à tous les trois est démesuré. Pour autant, dans leur réaction épidermique, ils restent tous dans une logique de « places », de réussite sociale, finalement. Jésus va profiter de cet incident pour leur rappeler que son Royaume ne suit **...**

© Gaëtan Évrard

Première Alliance

« Maison et fortune sont héritage paternel, mais du Seigneur vient l'épouse avisée. »

Proverbes 19, 14

... pas la logique du monde, mais autre chose, qu'ils vont apprendre en le suivant dans sa Passion : « Celui qui veut être parmi vous le premier sera votre esclave » (Mt 20, 27).

Le second moment clé où l'on retrouve Madame Zébédée est précisément le moment de la Passion du Christ. Elle fait partie des rares femmes qui sont nommées, alors que les hommes ont disparu : « De nombreuses femmes observaient de loin. Elles avaient suivi Jésus depuis la Galilée pour le servir. Parmi elles se trouvaient Marie Madeleine, Marie, mère de Jacques et de Joseph, et la mère des fils de Zébédée » (Mt 27, 55-56). Madame Zébédée est explicitement citée comme une disciple de Jésus. À l'heure de la glorification de Jésus, Jacques, Jean et leur mère seront bien aux premières places : mais cette heure est celle de la Passion. Ne craignons pas de leur demander d'intercéder pour que, comme eux, nous découvrions la logique du Royaume, qui n'est pas celle du monde. ■

Nouvelle Alliance

« Alors la mère des fils de Zébédée s'approcha de Jésus [...] et se prosterna pour lui faire une demande : [...] "Ordonne que mes deux fils que voici siègent, l'un à ta droite et l'autre à ta gauche, dans ton Royaume." » Matthieu 20, 20-21

Emmanuelle Billoteau, ermite

Un Credo toujours d'actualité

Il y a 1700 ans, en mai 325, s'ouvrait le concile œcuménique de Nicée. Cet anniversaire est l'occasion d'approfondir notre Credo et de nous familiariser avec nos prédécesseurs dans la foi.

Le concile de Nicée avait pour objectif de répondre à la crise arienne, initiée par un prêtre nommé Arius qui niait la divinité du Christ. Le nom de Nicée ne nous est pas inconnu puisque nous confessons notre foi avec le Credo dit de Nicée-Constantinople, lequel synthétise le travail des conciles de Nicée (325) et de Constantinople (381). Car la foi de l'Église s'est élaborée et s'est précisée dans le temps à la faveur des interrogations et des remises en question.

La préhistoire du concile

Ce mois-ci, nous nous intéressons à la préhistoire du concile de Nicée en commençant par les confessions de foi post-pascales telles qu'elles apparaissent dans le Nouveau Testament : le centre du message chrétien, et sa nouveauté, étant la confession de …

...Jésus comme Christ et Seigneur. Différents types de confessions ont coexisté qui trouvent leur origine dans la liturgie, en particulier lors du baptême. Elles supposent un accompagnement attentif des catéchumènes, des néophytes, des chrétiens qui, en fonction de leur implantation, avaient reçu un enseignement plus ou moins juste ou exhaustif.

L'Évangile nous rapporte comment les disciples en sont arrivés à la confession de la divinité de Jésus, l'homme avec lequel ils avaient cheminé : à savoir l'expérience d'une rencontre avec le Ressuscité, le même que le Crucifié, le Vivant à jamais présent à leurs côtés jusqu'à la fin des temps. Une expérience qui les a conduits à découvrir que, en lui, les Écritures d'Israël s'étaient accomplies, qu'il était bien le Messie attendu. Le Nouveau Testament (dans les récits d'apparition, les lettres de Paul, ou l'Apocalypse) ne cache pas le difficile accès à la foi pascale, la tension qui naît de l'affirmation de la victoire du Christ sur la mort et le mal, et l'affrontement pourtant durable à ces réalités. Des interrogations qui sont toujours actuelles.

Très vite, les premiers croyants ont compris le rôle primordial de l'Esprit Saint : nul ne peut dire « "Jésus est Seigneur", sinon dans l'Esprit Saint » (1 Co 12, 3). D'où l'importance de l'épiclèse (appel à la venue de l'Esprit) dans la liturgie. Et cela, sans oublier que dire avec des mots ne suffit pas, mais qu'il s'agit d'exprimer par toute sa vie la merveille de l'amour de Dieu manifesté dans le Christ Jésus.

Un résumé de la foi

Les chrétiens ont aussi perçu la nécessité de résumer leur foi dans des formules brèves aisément mémorisables et qui leur permettraient de se reconnaître entre eux. En ce temps pascal, il peut être bon pour nous de réinvestir le sens de ces différentes confessions de foi. Les plus simples sont celles qui se concentrent exclusivement sur Jésus confessé comme « Christ », « Seigneur », « Fils de Dieu » (Ph 2, 11 ; Ac 18, 5…).

En ce temps pascal, il peut être bon pour nous de réinvestir le sens de ces différentes confessions de foi.

Certaines autres, plus développées, mettent en valeur l'action conjointe de Jésus avec le Père ou avec le Père et l'Esprit : « Il n'y a qu'un seul Dieu, le Père, de qui tout vient et vers qui nous allons ; et un seul Seigneur, Jésus Christ, par qui tout vient et par qui nous vivons » (1 Co 8, 6). « Que la grâce du Seigneur Jésus Christ, l'amour de Dieu et la communion du Saint-Esprit soient avec vous tous » (2 Co 13, 13). Il s'agit de dire ce que le Père, le Fils et l'Esprit font « pour nous » dans l'histoire et non de parler de leur relation intra-trinitaire. D'autres confessions encore se présentent sous la forme d'un court récit racontant comment Jésus, qui est passé en faisant le bien, a été mis à mort et est ressuscité le troisième jour (cf. Ac 2, 14-39).

Voilà qui peut nous inciter à nous demander quel aspect nous touche ou correspond le mieux à notre expérience du Ressuscité, à essayer de formuler notre foi en Christ avec nos propres mots. ■

Sylvaine Lacout, théologienne,
laïque consacrée de la communauté des Béatitudes

Le jubilé : un temps de libération !

Une année jubilaire concerne aussi nos relations économiques, sociales, écologiques… comme le rappelle le Lévitique.

Au chapitre 25 du Lévitique, le jubilé se définit comme un temps d'affranchissement ou de libération des terres et des personnes : « Ce sera un jubilé pour vous et vous retournerez chacun vers sa propriété et chacun vers sa famille, vous retournerez » (cf. Lv 25, 10). La libération des terres comprend essentiellement l'obligation de la jachère pendant un an. Les fils d'Israël sont invités à se nourrir de ce que la terre produit gratuitement sans être travaillée, à refaire ainsi l'expérience d'Adam et Ève mais aussi celle de ceux qui entrèrent sur la Terre promise après les années d'épreuve dans le désert. La libération des personnes comporte trois aspects juridiques : la remise de dettes et l'interdiction du prêt à intérêt à « un frère » réduit à la pauvreté; le retour des propriétés à leur propriétaire d'origine et le rachat des esclaves. Le proche parent d'un Israélite pauvre ayant vendu sa terre se doit de racheter cette terre. Le chapitre 25 du Lévitique emploie abondamment le langage de la

« rédemption « ou « du rachat ». Il vient ainsi affirmer l'illégitimité d'une organisation sociale qui bafouerait la dignité du frère. Deux versets donnent sens à l'ensemble de ces lois : « La terre ne sera pas vendue de façon définitive car elle est à moi, la terre, car vous êtes des immigrés vis-à-vis de moi » (cf. Lv 25, 23); « Car les enfants d'Israël sont pour moi des serviteurs, ils sont mes serviteurs ceux que j'ai fait sortir d'Égypte; je suis le Seigneur votre Dieu. » (cf. Lv 25, 55.) La terre n'est pas aliénable car elle appartient à Dieu et l'Israélite ne peut demeurer esclave car il ne peut avoir d'autre maître que Dieu. Lors de l'année jubilaire, il y a comme un retour au commencement. Un verbe clé est utilisé pour parler de l'année jubilaire, c'est le verbe « sortir ». L'israélite tombé en esclavage pourra « sortir » en l'année du jubilé – « Je vous ai fait sortir du pays d'Égypte » –, il pourra ainsi faire l'expérience du salut. Le don de Dieu appelle une réponse de l'homme qui prend la forme d'un « prolongement » de ce don dans les relations sociales. Derrière les notions utilisées dans le Lévitique – annulation des dettes avec le rachat par le frère, restitution de la terre, libération des esclaves, refus de l'exploitation du frère et de toute forme d'injustice, repos de la terre –, il y a notre monde d'aujourd'hui avec ses questions économiques, sociales, humaines, écologiques. Le jubilé est, par excellence, un temps qui nous invite à poser des actes de reconstruction, de libération, à faire jaillir au cœur de ce monde. ■

Lors de l'année jubilaire, il y a comme un retour au commencement.

Propos recueillis par **Frédéric Pascal**, journaliste

« Chaque jour, un temps pour prier »

Côme est détenu dans une maison d'arrêt. Il reçoit *Prions en Église* grâce à l'aumônerie de la prison. Sa vie de foi prend une dimension importante dans sa captivité.

« Quand je suis arrivé à la maison d'arrêt, j'étais plus que perdu. Alors, quand le premier samedi, à la fin de la promenade, on m'a proposé d'aller à l'aumônerie, tout était mieux que de retourner en cellule. J'étais un peu honteux de "faire semblant" d'en être. Mais là, j'ai senti que j'avais ma place. Je ne sais pas si Dieu était là, mais en tout cas il y avait des personnes pour dire "Dieu a besoin de toi". Et surtout pour y croire.

Ici, on n'est plus rien. Mais avec le *Prions en Église*, on a entre les mains un message qui dit : "Oui, vous avez le droit à quelque chose". Il y a 2000 ans, un mec, au max de la douleur et du rejet, a écrit des mots, sachant qu'ils me feraient du bien ! Ça a été une révélation. Est-ce que vous avez déjà senti ce vertige en lisant la Bible ? Si je suis vivant, c'est grâce à ça. Si j'ai changé, c'est grâce à ça. Les gens les plus formidables que j'ai rencontrés, c'est grâce à ça. L'ambiance pas si

© Sandrine Martin

mauvaise ici, c'est grâce à ça. Garder espoir, combattre la colère, trouver l'apaisement, se relever, pleurer, rire, chanter… Chaque jour est devenu un temps pour prier. Pour ceux qui n'ont pas le temps, pour les copains, pour les victimes, pour ceux qui nous persécutent… Sur le mur gris de la cellule, le signet est une fenêtre, une touche de couleur au milieu des cartes postales. Pour la plupart des copains, c'est la seule image qu'ils reçoivent. Avec mon père qui partait sur le pèlerinage de Compostelle, nous avons eu l'idée de prier au même moment, à 20 h 30. Avec les copains, on disait que, nous, nous étions sur les chemins de Saint-Jacques du Composteur, à tourner en rond avec le sentiment d'être au fond d'une poubelle. On finit tous par sortir un jour ou l'autre. Dedans c'est dur, mais sortir en laissant les copains derrière, aussi. Ça fait tant de gens à soutenir, en gestes ou en prières : les victimes, les familles, les prisonniers, les sortants… » ■

Comment est choisie la date de Pâques ?

QUESTIONS DU MOIS

Contrairement à celle de Noël fixée au 25 décembre, la date de Pâques varie. Elle n'est pas choisie par une autorité civile ou ecclésiale : elle dépend du cycle de la lune. À l'origine, la Pâque juive est célébrée le quatorzième jour du mois de nisan, premier mois du calendrier hébraïque (Ex 12, 1-14 et Lv 23, 5). Jour de la pleine lune puisque le mois commence par la nouvelle lune, et mois où la pleine lune est la plus proche de l'équinoxe de printemps. L'Église de Rome christianise ces données en célébrant Pâques un dimanche, jour de la résurrection du Christ (Mt 28, 1), mais l'Orient en reste au 14 nisan. Le concile de Nicée (325) fixe alors la célébration de Pâques au « premier dimanche qui suit la première pleine lune de printemps ». En 1582, selon un calcul plus précis du nombre de jours dans une année, le pape Grégoire XIII comble le retard d'environ dix jours dans le calendrier : c'est le « calendrier grégorien », suivi en Occident, tandis que l'Orient conserve le « calendrier julien » (de Jules César, 45 ans av. J-C). Une heureuse coïncidence entre ces deux calendriers offre cette année aux orthodoxes et catholiques la même date de Pâques. Le pape François y voit un appel à « faire un pas décisif vers l'unité autour d'une date commune de Pâques » *(Spes non confundit* § 17). ■ **Michèle Clavier,** *théologienne*

Annonce

SPÉCIAL ANNÉE SAINTE EN FAMILLE

Pèlerinage grands-parents et petits-enfants à Rome

Le jubilé est un événement unique donné aux pèlerins de se rendre à Rome. Avec ce pèlerinage, vous découvrirez ou redécouvrirez Rome « à hauteur d'enfant » grâce à vos petits-enfants. Ce pèlerinage a été conçu en pensant d'abord à eux, que ce soient les explications ou les visites : les catacombes, les basiliques majeures, une rencontre avec le pape, le Colisée, les forums antiques, les merveilles baroques, les églises françaises... Vos prêtres accompagnateurs célébreront la messe chaque jour dans des endroits forts de cette ville symbole de l'Église universelle.

Place Saint-Pierre, Rome.

PRATIQUE Pèlerinage adapté aux enfants de 7 à 12 ans. **Du 21 au 25 octobre 2025.** Une sélection **"Prions en Église"**, organisée par Bipel. **Renseignements et inscriptions :** 01 45 55 47 52 ou courriel : bipel.voyages@bipel.com

Pascale et Benoît de Germay, volontaires DCC*, professeur de français langues étrangères (FLE) – chargée de gestion, et médecin au Sénégal.

La joie de la foi au Sénégal

« Les Sénégalais, chrétiens ou musulmans, sont très croyants et leur vie est empreinte de rites, de prières et de fêtes religieuses. La religion est intimement liée à la vie quotidienne.

À l'hôpital, Dieu est omniprésent et plus encore dans les salles communes où règne la pauvreté. Les deux religions se côtoient en bonne entente et chacun revendique son appartenance à l'une ou l'autre portant croix, voile, chapelet sans que cela n'occasionne aucune animosité. Les messes nous ravissent par leur gaîté sans pour autant déroger au respect de la liturgie. Nous sommes éblouis par la joie et la spontanéité de l'assemblée. Les femmes sont élégantes, la chorale s'époumone au son du tam-tam, on danse, on chante, on applaudit. Pourtant, l'assemblée est priante, recueillie et respectueuse. Musulmans et catholiques invoquent un même Dieu pour leur avenir, confiant leur destinée et leur quotidien. Si je guéris "Dieu merci", si je meurs "Dieu l'a voulu". Des laudes du matin à l'appel du muezzin le soir, Dieu est partout. Chacun, humblement, s'en remet à lui. Voilà ! Autre culture, autres mœurs mais quel bonheur de vivre sa foi dans la joie. » ■

*La Délégation catholique pour la coopération (DCC) est le service du volontariat de l'Église en France.

1. Le chemin de croix 2024 à Thies (Sénégal). 2. Pascale et Benoît de Germay. 3. Remise des diplômes au foyer Claire Amitié. 4. Repas chez un chauffeur de taxi.

Geneviève Pasquier et Anne-Quitterie Jozeau, journalistes

Foi d'adolescents

Ils ont entre 14 et 17 ans et vivent leur foi à l'aumônerie, aux scouts, dans leur paroisse… À l'occasion du jubilé des adolescents, fin avril (voir encadré p. 435), portraits de six jeunes catholiques.

« Au service des plus pauvres »

MARIE, 17 ANS

Marie ne manque ni d'activités, ni de projets. Âgée de 17 ans, en classe de terminale à Lille, elle se verrait bien diplomate. Pourquoi ce choix ? Marie s'est passionnée pour un défi interlycées : un exercice de simulation des travaux de l'Assemblée générale des Nations unies pour initier les lycéens à la citoyenneté mondiale. Elle a représenté le Canada et défendu ses positions sur le droit de la mer, une invitation à se mettre à la place de l'autre. En dehors du lycée, la vie de Marie se partage entre prière et engagements solidaires. « Je suis sûre de la présence inaltérable de Dieu à mes côtés », affirme-t-elle. La prière et notamment la louange l'invitent à percevoir Dieu dans le visage de

ceux qu'elle côtoie. Une à deux fois par semaine, elle participe à l'accueil de migrants mineurs dans sa paroisse où son rôle est de passer du temps avec eux. Une fois par mois, elle sert le repas aux sans-abri dans une autre paroisse. Après le bac, Marie souhaite vivre dans un foyer chrétien d'étudiants. Pour elle, la vie ne se conçoit pas sans un ancrage en Dieu : « C'est mon meilleur ami. »

D.R.

« La messe me rend joyeux »

DMYTRO, 16 ANS

« Depuis ma naissance, je vais à la messe avec mes parents, sans me poser de questions. Mais depuis mes 14 ans, j'ai commencé à réfléchir pour moi : c'est bien d'aller à la messe, mais il faut savoir pourquoi », raconte Dmytro, âgé de 16 ans. Ce lycéen originaire d'Ukraine a quitté son pays il y a huit ans. Catholique, mais baptisé orthodoxe, cet amateur de sciences et de judo a l'habitude de se rendre à la paroisse gréco-catholique ukrainienne de Marseille. Ce rendez-vous dominical avec le Seigneur est important pour l'élève de seconde. « La messe est pour moi la dernière pièce du puzzle, confie Dmytro. Si je n'y vais pas, j'ai l'impression qu'il manque quelque chose à ma semaine. » Comment voit-il •••

… Dieu ? Comme celui qui prodigue la joie et chasse la mauvaise humeur. « Parfois, j'arrive énervé à la messe, mais je repars toujours joyeux et apaisé : Dieu me donne la force pour revivre la joie », s'exclame le garçon, avant d'ajouter : « Dieu m'aide à me motiver, à ne pas juger ceux que je ne comprends pas, à prendre les choses plus simplement. »

ESTHER

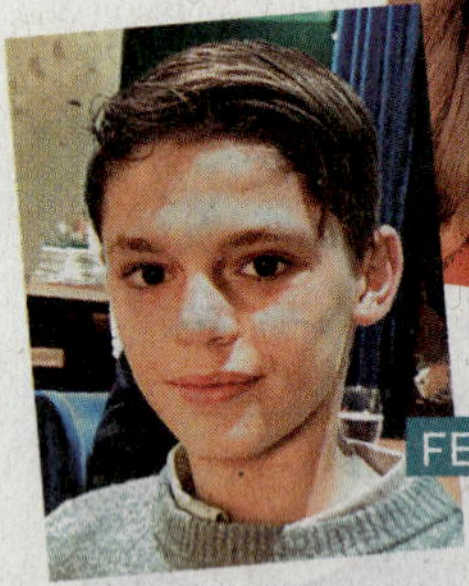

FERRÉOL

« Une vie rythmée par la prière »

FERRÉOL, 14 ANS

Âgé de 14 ans et en classe de 3e, Ferréol a la foi chevillée au corps. Sa famille réside en face de la Chartreuse de Mougères dans l'Hérault. Il y a préparé sa première communion et découvert l'importance de la prière avec les Sœurs de Bethléem, des moniales vivant suivant la règle de saint Bruno. Au moment d'entrer en 6e, il a eu le choix entre un collège de petits chanteurs dont il a réussi l'entrée et celui de Galaure en internat. Il choisit ce dernier. La journée est rythmée par la prière : le matin avant les cours, à l'heure du repas et le soir. « Ce n'est pas toujours facile d'être loin de sa famille, parfois j'ai un peu le blues, alors je m'en remets à Jésus, il est mon confident. » Depuis cette année, Ferréol a renoué avec

D.R.

son amour pour la musique, il a créé un groupe de musiciens et chanteurs. Organiste, trompettiste, violonistes et chanteurs animent la messe du jeudi. Quand il était en 5e, la mère de Carlo Acutis a donné au collège, une relique du cœur de son fils. « Cette relique, elle m'accompagne. En priant devant elle, j'ai déjà reçu des grâces. »

« Ensemble, c'est plus facile de croire »

ESTHER, 14 ANS

Esther, 14 ans, vit à Paris et est en classe de 3e dans un collège de l'enseignement catholique dont elle fréquente l'aumônerie. Depuis ses 9 ans, elle fait du théâtre au conservatoire du XXe arrondissement où elle met en scène et joue des pièces écrites collectivement. Cela la passionne. Elle est entrée chez les Scouts et Guides de France à l'âge de 8 ans. Au cours d'un temps spirituel, elle a découvert l'encyclique du pape François *Laudato si'* et sa résonance avec la vie scoute. Lors d'une séance de l'aumônerie, Esther a été marquée par la vie de Carlo Acutis et a noté quelques-unes de ses phrases : « L'eucharistie est mon autoroute vers le ciel », ou encore « Tous sont nés comme des originaux, mais beaucoup meurent comme des photocopies ». Elle se prépare au sacrement de la confirmation. En mai 2024, elle a participé au Frat de Jambville (pèlerinage des aumôneries de collèges d'île-de-France). « J'ai aimé me retrouver avec un si grand nombre de jeunes. J'y ai vraiment senti la présence du Christ, il était là au milieu de nous. » Si la prière a une place dans sa vie, elle n'y pense pas tous les jours. •••

••• « La relecture de vie, moteur de ma foi »

GASPARD, 17 ANS

Aîné de trois enfants, Gaspard, 17 ans, est en terminale option scientifique à Angers. Son temps libre se partage entre ses deux passions : le rugby et sa fraternité du Chemin neuf. Une vie bien remplie ! S'il joue dix heures par semaine au rugby, il passe une partie de ses week-ends et vacances au service de la Mission 14-18 ans de la communauté du Chemin neuf. Il s'y est engagé comme « Éclats », acronyme d'engagement, connecté au Christ, louange, amitié, témoignage et service. À ce titre, Gaspard anime des grands jeux et dirige des chants lors de sessions et de vacances destinées aux 14-18 ans. Tous les mois et demi, il retrouve les membres de sa fraternité pour un temps de détente, d'amitié, d'enseignement et de prière. « C'est un moment de pause où je relis ma vie et où je prends le temps de voir comment le Seigneur agit dans ma vie quotidienne. C'est un lieu où je peux poser mes questions de foi. » Si Gaspard ne sait pas encore ce qu'il fera l'an prochain, il aimerait pouvoir participer aux propositions pour les 18-30 ans de la communauté du Chemin neuf.

D.R.

« Je me pose plein de questions ! »

HARINOA, 17 ANS

Harinoa habite Saint-Denis à La Réunion. Au lycée, elle s'est retrouvée seule à essayer de vivre sa foi et à prier dans sa chambre. « La situation n'était pas confortable, confie-t-elle. Je vivais un moment difficile, plus rien ne me plaisait. » Pour faire face au vide qu'elle ressentait, la lycéenne originaire de Madagascar crée un moment de partage, avec une amie de la paroisse. Les deux jeunes Réunionnaises invitent des camarades de lycée, mais aussi du scoutisme, de la paroisse à rencontrer un prêtre jésuite qui répond aux questions qui brûlent les lèvres des adolescents. Ce moment de partage devient un moment d'entraide où les jeunes échangent sur leurs questionnements et leurs préoccupations. « Je me posais des questions qui pouvaient me paraître bêtes. Par exemple : pourquoi malgré l'effort dans la foi et la prière notre volonté n'est pas toujours exaucée ? Mais je me suis rendu compte que je n'étais pas seule à me les poser. Il y a encore tellement de choses à découvrir ! » Harinoa, guide chez les Scouts et Guides d'Europe, témoigne : « J'ai encore beaucoup à découvrir sur ma foi, c'est motivant ! » ■

Jubilé des adolescents

Du 25 au 27 avril, Rome accueille le jubilé des adolescents dans le cadre de l'année sainte. Lors de ce week-end, le bienheureux Carlo Acutis sera canonisé place Saint-Pierre par le pape François *(lire p. 445)*.

LES MESSES TÉLÉ ET RADIO

Informations communiquées sous réserve de modifications. Renseignez-vous avant de vous rendre aux endroits indiqués.

LE JOUR DU SEIGNEUR – FRANCE 2 (11 heures)

6/4 Église Saint-Firmin, Rotheux-Rimière, Neupré (Belgique).
Prédicateur : P. Pierre Hannosset.

13/4 Chapelle des Apparitions du sanctuaire du Sacré-Cœur, Paray-le-Monial (71).
Prédicateur : P. Frédéric Ozanne, prêtre de la Mission de France.

20/4 Messe en Eurovision en direct de la Suisse.
Prédicateur : *information non communiquée.*

MIDI Bénédiction Urbi et orbi prononcée par le pape François en direct de Rome.

27/4 Messe en mondovision, canonisation de Carlo Acutis, depuis le Vatican.
Prédicateur : pape François.

FRANCE CULTURE (10 h 05)

6/4 Cathédrale Notre-Dame de Paris, Paris (IVe).
Prédicateur : P. Éric Morin.

13/4 Chapelle Notre-Dame de la Médaille miraculeuse, Paris (VIIe).
Prédicateur : Fr. Gabriel Nissim, dominicain.

20/4 Chapelle Notre-Dame de la Médaille miraculeuse, Paris (VIIe).
Prédicateur : Mgr Bernard Podvin.

27/4 Chapelle Notre-Dame de la Médaille miraculeuse, Paris (VIIe).
Prédicateur : Fr. Jean-Christophe de Nadaï, dominicain.

LIVRES

La compassion de Dieu

Michel Fédou, Desclée de Brouwer, 300 p.

Enseignant en patristique et théologie dogmatique, distingué par de nombreux prix, le jésuite parcourt, textes à l'appui, deux mille ans de christianisme pour montrer que, plus qu'un sentiment humain, la compassion est un attribut de Dieu. Un parcours pédagogique et nécessaire face aux malheurs de l'humanité. Avec une approche comparée de la compassion chrétienne et bouddhiste.

Lazare, le ravi

Benoist de Sinety

Cerf, 141 p.

Prêtre du diocèse de Paris en mission à Lille, Benoist de Sinety est aussi aumônier du département international des Scouts et Guides de France. Dans ce « roman vrai » de Pâques, nourri des Évangiles, l'auteur propose de relire l'histoire de Lazare, l'ami de Jésus, le frère de Marthe et de Marie. Benoist de Sinety réussit à rejoindre, dans un style vivant et stimulant, les questions de chacun sur son chemin de vie et invite à la joie.

Comment évangéliser ?

Raphaël de Bouillé

Cerf, 136 p.

Religieux dominicain, Raphaël de Bouillé enseigne l'action pastorale et l'évangélisation à la faculté de théologie de Strasbourg. Invité à partager jadis sa foi par un ami étudiant (et athée), il offre les fruits de son expérience acquise dans un parcours qui aidera ceux qui seraient atteints « d'hypoévangélite », c'est à dire le fait « de ne plus annoncer la puissance de l'amour de Dieu. »

LIVRES

Cultiver les vertus en famille, un chemin de bonheur

Matthias Amiot,
Mame, 144 p.

Prêtre du diocèse d'Évry, Matthias Amiot, conseiller spirituel des équipes Notre-Dame, propose de mettre en pratique les sept grandes vertus (la prudence, la justice, le courage, la tempérance, la foi, l'espérance et la charité) pour mieux les partager en famille. Petits et grands apprécieront cette invitation à développer ces dynamiques intérieures qui aident à construire une forme de bonheur.

Maintenant le Royaume

François Odinet,
Desclée de Brouwer, 180 p.

François Odinet est aumônier national du Secours catholique. Engagé auprès de personnes en précarité dans un groupe du Réseau Saint-Laurent, il nomme « pauvres » ou « précaires » les personnes qui vivent dans un entrelacs constitué de misère économique, de relégation sociale et de mépris culturel. Cet essai très stimulant rappelle l'autorité incontestable que représentent les pauvres dans l'Église.

Carlo Acutis, l'apôtre du web

Philip Kosloski (auteur),
Bruno Abdias (illustrateur),
Première partie, 39 p.

La vie du jeune italien Carlo Acutis (1991-2006) inspire de nombreux ouvrages l'année où il est canonisé. Cette bande dessinée invite à découvrir sa spiritualité à l'heure du web. Un des contributeurs du volume, le père Will Conquer a publié chez le même éditeur *Un Geek au paradis* et vient de signer aux éditions Nouvelle Cité, *Prier 15 jours avec Carlo Acutis.* ■

Robert Migliorini

CD

Splendeurs de l'Ars nova

Schola de la Sainte-Chapelle, Brigitte Lesne, Bayard Musique

Au XIVe siècle, un courant musical – l'Ars nova – voit naître des œuvres où la polyphonie tient une place importante. La Schola de la Sainte-Chapelle interprète ici la *Messe de Toulouse*, l'une des plus anciennes messes polyphoniques, ainsi que des pièces célébrant la Vierge Marie.

Consolatio

Johann Sebastian Bach Cantates BWV 22, 75 & 127 Ricercar Consort, Philippe Pierlot, Mirare

Cet album regroupe trois cantates de Bach dont les textes et la musique sont adaptés au temps du Carême et de la Semaine sainte. La cantate 22, en particulier, invite à suivre le Christ dans sa montée vers Jérusalem et sa Passion. La 127 invite à se confier au Christ qui a souffert sur la Croix.

Sacro furore

Vivaldi, Carlo Vistoli, Akademie für Alte Musik Berlin, Harmonia Mundi

Vivaldi qui, enfant, avait été nourri par les liturgies de la basilique Saint-Marc de Venise a composé de nombreuses œuvres de musique sacrée. La voix du grand contre-ténor Carlo Vistoli porte parfaitement à cette musique. Le *Stabat Mater* est particulièrement adapté aux temps de la Passion.

CD

Lully – Miserere
Grands motets (vol. 2)
Les Épopées, Stéphane Fuget, Château de Versailles spectacles

Lully composa son *Miserere (Psaume 50)* pour l'un des offices de la Semaine sainte auquel assistaient le roi Louis XIV et la cour. Avec le *Quare fremuerunt gentes (Psaume 2)* et le *Jubilate Deo,* trois motets qui témoignent de la musique de la Chapelle royale au Grand Siècle.

Buxtehude
Membra Jesu Nostri
Ricercar Consort, Philippe Pierlot, Mirare

Des cinq albums présentés dans ces pages, l'œuvre enregistrée ici est sans doute la plus originale et la plus adaptée à la Semaine sainte. *Membra Jesu Nostri* est un ensemble de sept cantates qui, chacune, invitent à contempler l'un des « membres » du corps du Christ en croix. Partant des pieds, la musique pousse le regard à monter progressivement vers le visage, après avoir médité sur les genoux, les mains, le côté, la poitrine et le cœur. Organiste à Lubeck, Buxtehude a été un compositeur de référence pour le jeune Jean-Sébastien Bach. On retrouve dans cette grande œuvre la volonté de ces grands artistes de toucher l'âme des fidèles par la musique. Il faut saluer l'initiative du Ricercar Consort qui, par son magnifique enregistrement, contribue à faire connaître au grand public cette pièce maîtresse. ■

Dominique Pierre

EXPOSITION

Apocalypse – Hier et demain

Associée à un imaginaire de catastrophes qui annoncent la fin de monde, l'apocalypse fait peur. Pourtant, ce mot, qui signifie « révélation », « dévoilement », décrit bien dans le livre de l'Apocalypse de Jean la fin d'un monde, mais pour mieux dessiner les contours de l'ordre nouveau qui doit lui succéder, la Jérusalem céleste. La Bibliothèque nationale de France consacre une grande exposition à l'apocalypse à travers des œuvres du Moyen Âge à nos jours, réparties en trois sections. La première, « Le livre de la Révélation », met en lumière le sens positif du récit plutôt qu'une fin tragique en montrant des manuscrits enluminés, peintures, sculptures, dessins, vitraux et tapisseries. La deuxième, « Le temps des catastrophes », est consacrée à la fortune de l'apocalypse dans les arts, de Dürer à Brassaï. Enfin, la section intitulée « Jour d'après » présente un ensemble d'œuvres contemporaines. L'apocalypse est bien depuis l'Antiquité une source d'inspiration ininterrompue pour les artistes. ■ **Hélène Roquejoffre**

© Timo Ohler

Sans titre,
Anne Imhof (2022),
huile sur toile imprimée,
collection Pinault, Paris.

Jusqu'au 8 juin 2025
Bibliothèque nationale de France,
site François-Mitterrand,
Quai François-Mauriac,
75013 Paris – www.bnf.fr.

NUMÉRIQUE

Chantez avec « Prions en Église » !

Sur le site *Prions en Église,* découvrez de nos nouveaux tutoriels musicaux animés par Anne-Juliette Meyer, cheffe de chœur au conservatoire de Strasbourg. Ces vidéos « Tutos chants » d'une dizaine de minutes s'appuient sur les suggestions de chants proposées aux abonnés numériques de *Prions en Église* pour les dimanches. Avec une touche d'humour et une grande expertise, Anne-Juliette Meyer nous guide pas à pas pour apprendre un chant, affiner le placement de la voix et enrichir notre interprétation, dans une ambiance à la fois professionnelle et décontractée. Ses conseils s'adressent aussi bien aux animateurs de paroisse qu'aux chefs de chœur dirigeant des chorales plus importantes. Grâce à ces tutoriels, les subtilités des cadences, des hémioles ou encore des moments de respiration n'auront plus de secrets pour les chorales ou assemblées. Un outil incontournable pour les animateurs et chefs de chœur, au service des chorales paroissiales. Rendez-vous dès maintenant dans la rubrique « Tutos chants » sur *prionseneglise.fr* ■

Sébastien Antoni

NOS ACTUS

Couvertures de « Prions en Église »

Produit phare de la marque *Prions en Église,* la couverture est à nouveau disponible en petit ou grand format ! Fabriquée en France, en simili cuir grainé bleu, cette couverture protégera avec élégance votre revue contre l'usure du quotidien. Grâce à son marque-page intégré, vous pourrez facilement vous repérer et accéder rapidement aux textes du jour et aux autres contenus. ■

Amandine Boivin

Disponible en librairie ou sur : librairie-bayard.com/
10 € ou 12 € (petit ou grand format)

Informations communiquées sous réserve de modifications.

Grand Nord-Ouest

ARRADON (56)

DU VENDREDI 4 AU MERCREDI 16

Retraite

Retraite spirituelle au Centre spirituel jésuite Penboc'h à dates et durée choisies, d'une durée d'au moins trois jours. Un temps selon les *Exercices spirituels* pour se mettre à l'écoute de la parole de Dieu, se poser, se laisser unifier.

02 97 44 83 83

www.penboch.fr

Frat des lycéens à Lourdes

« Au creux du rocher » : c'est le thème du Frat de Lourdes, où tous les lycéens d'Île-de-France, de 15 à 18 ans, sont invités pour un pèlerinage, du 12 au 17 avril, pendant la Semaine sainte. Les inscriptions cette année battent des records, plus de 12 000 jeunes (inscriptions au 17 janvier) – membres de paroisses, aumôneries, établissements scolaires, mouvements, communautés… – sont attendus pour vivre ce rassemblement d'Église unique. Les sacrements, les célébrations, les rencontres en petits groupes, l'intervention des témoins et les enseignements pratiques sur la prière donnent des clefs à chaque jeune pour qu'il découvre ou approfondisse sa foi. ■

Plus d'informations sur : https://frat.org/r

ÉPERNON (28)

SAMEDI 26

Session

« Vieillir, c'est vivre dans le temps de Dieu », journée animée par Suzanne Moutin, sœur de Saint François d'Assise, formatrice en gériatrie. Vivre dans le temps de Dieu, c'est une manière simple d'avancer en âge, de se laisser réordonner au rythme des saisons et de la Création. De 9 h 30 à 16 heures.

02 37 83 60 01

reservation@prieure-saint-thomas.fr

www.prieure-saint-thomas.fr •••

... PELLEVOISIN (38)
SAMEDI 26 ET DIMANCHE 27
Week-end Miséricorde
« Le Cœur de son Fils, source du salut, fontaine de guérison et de consolation. » À Pellevoisin, Marie se présente : « Je suis toute Miséricordieuse » (3e apparition). Avec le père Étienne Kern, recteur à Paray-Le-Monial, du samedi à 14 heures au dimanche à 15 h 30.
02 54 39 06 49
sanctuaire@pellevoisin.net
https://www.pellevoisin.net/

Grand Nord-Est

DIJON (21)
MARDI 1ER
Retraite d'un jour
« L'eucharistie fait l'Église, l'Église fait l'eucharistie – "Ceci est mon corps" » (Mc 14 22). Retraite organisée par les prêtres de l'Oratoire à la Maison diocésaine, de 9 heures à 16 heures
03 80 38 18 85 ou 06 21 55 64 18
mp.barnay@gmail.com

PARAY-LE-MONIAL (71)
DU JEUDI 17 AU DIMANCHE 20
Retraite
Retraite du triduum pascal « Passer de la mort à la vie », au sanctuaire du Sacré-Cœur de Paray-le-Monial. Trois jours pour vivre, avec le Christ, le passage de la mort à la vie. Présidée et prêchée par Mgr Benoît Rivière, évêque d'Autun, Chalon, Mâcon.
03 58 42 20 51
sacrecoeur-paray.org

MOUVAUX (59)
DU VENDREDI 25 AU DIMANCHE 27
Retraite
« Initiation à la prière de contemplation avec le nom de Jésus – Vivre une expérience de simple présence à Dieu », au Centre spirituel du Hautmont avec Ursula Fertin, accompagnatrice spirituelle. Contemplation en silence pour prier le nom de Jésus, selon la spiritualité ignatienne.
03 20 91 68 39
ufertin@sfr.fr
www.hautmont.org

Grand Sud-Ouest

PIBRAC (31)
SAMEDI 5
Journée de formation diocésaine
« Entrer dans le sens

du triduum pascal », formation liturgique et pratique pour tous avec le frère Patrick Prétot, ancien directeur de l'Institut supérieur de liturgie. De 9 heures à 17 heures au sanctuaire Sainte-Germaine.
https://toulouse.catholique.fr/entrer-dans-le-sens-du-triduum-pascal

LOURDES (64)
DU VENDREDI 4 AU DIMANCHE 6
70 ans des Équipes du Rosaire
Le Conseil national des Équipes du Rosaire se retrouve à Lourdes pour les 70 ans du mouvement. Créées en 1955, les Équipes du Rosaire rassemblent près de 80 000 membres en France chaque mois.
https://equipes-rosaire.org/ ...

ZOOM

CANONISATION DE CARLO ACUTIS
Carlo Acutis sera canonisé par le pape François le 27 avril, pendant le jubilé des adolescents. Il est né en 1991 dans une famille italienne aisée. À 7 ans, lors de sa première communion, il demande à Jésus de s'installer dans son cœur « comme s'il était à la maison » et prend la décision d'aller à la messe tous les jours. S'il écrit dans un carnet qu'il veut toujours être uni à Jésus c'est, pour autant, un enfant ordinaire : il joue au foot, s'amuse avec ses amis et réalise des vidéos de son chien et son chat. Carlo offre son amitié aux pauvres de son quartier : sourire, parole chaleureuse ou aide en leur apportant ce dont ils ont besoin, acheté avec son argent de poche. Parce que Carlo ne comprend pas que ceux qui l'entourent ne soient pas intéressés par l'eucharistie qui est pour lui, « une autoroute vers le Ciel », il crée un site et une exposition sur les miracles eucharistiques. Foudroyé par une leucémie aiguë, il meurt le 12 octobre 2006. Surnommé le « geek de Jésus », il est proclamé bienheureux en 2020. Son corps est aujourd'hui exposé dans la basilique Saint-François, à Assise (Italie). ■

Geneviève Pasquier

... BURIE (17)

SAMEDI 5 ET DIMANCHE 6

Pèlerinage

Pèlerinage des mères de famille de Burie à Matha sur le thème : « Voici le temps favorable – Le temps : don ou contrainte ? » Rendez-vous le samedi à 8 h 45 devant l'église Saint-Léger de Burie, retrouvailles avec les familles le dimanche pour la messe à 10 h 30 dans la chapelle de la Providence de Matha.

06 07 75 71 70

dianepdemontbron@free.fr

catholiques17.fr

PAU (64)

VENDREDI 11

Conférence

Le cycle Foi et culture propose la conférence « Une Église qui apprend à écouter », avec le père Alphonse Borras, professeur émérite de droit canonique à l'Université catholique de Louvain et consulteur du Secrétariat général du Synode. De 20 heures à 22 heures à l'église Saint-Paul.

06 70 72 52 03 ou 05 59 02 63 14

foicult64@gmail.com

foietculture64.fr

Grand Sud-Est

ORGON (13)

VENDREDI 4

Pèlerinage

Chaque premier vendredi du mois, un pèlerinage diocésain a lieu au sanctuaire Notre-Dame de Beauregard pour prier pour les vocations, à l'invitation de Mgr Christian Delarbre, à 14 h 30 d'octobre à avril et à 18 heures de mai à septembre.

04 42 17 58 00 – catho-aixarles.fr

SIMIANE-COLLONGUE (13)

DU DIMANCHE 6 AU MERCREDI 9

Retraite

Créer à partir du silence (poterie) ; Art et recherche de Dieu.

04 42 22 60 60 – www.lioba.com

benedictins@lioba.com

ARS-SUR-FORMANS (01)

DU JEUDI 17 AU SAMEDI 19

Triduum

Vivre le triduum pascal au sanctuaire d'Ars avec Mgr Pascal Roland, évêque de Belley-Ars.

04 74 08 17 17

catholique-belley-ars.fr

Monaco

SAMEDI 26

Fête de l'Esprit Saint

Les jeunes du diocèse qui seront confirmés en 2025 se réunissent pour une journée. Au cours d'un rallye pédestre dans tout Monaco, ils rencontreront les différentes aumôneries, groupes paroissiaux et mouvements de jeunesse et l'archevêque. La messe de clôture est à 17 h 30 à la cathédrale où tous les parents sont invités.

00 377 99 99 15 15

contact@diocese.mc

diocese.mc

Île-de-France

BRIE (77)

SAMEDI 12 ET DIMANCHE 13

Pèlerinage

Pèlerinage des Rameaux pour les 18-35 ans avec les aumôneries d'étudiants et les jeunes pros entre les églises de Brie et de Melun sur le thème « Avec Jésus, de la Croix à la Résurrection ». Avec une veillée spirituelle le samedi et la messe des Rameaux le dimanche à l'église Saint-Aspais.

06 22 92 87 13 – www.catho77.fr •••

Quête du Vendredi saint

La quête impérée lors des offices du Vendredi saint, le vendredi 18 avril, est destinée aux communautés chrétiennes de Terre sainte et aux Lieux saints. Les dons récoltés sont transmis à la Custodie de Terre sainte à Jérusalem et servent à financer des œuvres pastorales et sociales (notamment des écoles) et à entretenir des sanctuaires. Dès le XVIIe siècle, le Saint-Siège recommande aux fidèles d'offrir, le jour de la Passion du Seigneur, une aumône en faveur des chrétiens de Palestine et des Lieux saints. Les franciscains sont depuis 800 ans les gardiens de ces Lieux saints. ■

... CRÉTEIL (94)

MERCREDI 16

Messe chrismale

La messe chrismale du diocèse aura lieu au Palais des sports de Créteil, dans le cadre du jubilé de l'espérance.

01 45 17 24 00

catholiques-val-de-marne.cef.fr

PARIS (IVE)

DIMANCHE 20

Célébration œcuménique

En cette année où la fête de Pâques est célébrée le même jour par toutes les confessions chrétiennes, Mgr Laurent Ulrich, archevêque de Paris, les a invitées à prier ensemble à Notre-Dame de Paris. À 16 heures.

01 78 91 91 68

oecumenisme@diocese-paris.net

dioceseparis.fr

Suisse

LAUSANNE

LUNDI 21

Célébration œcuménique

La Communauté des Églises chrétiennes du canton de Vaud organise une grande célébration œcuménique le lundi de Pâques 2025 à la cathédrale de Lausanne. Cette célébration rassemblera toutes les familles chrétiennes du canton.

021 613 23 13 – fedec@cath-vd.ch

www.cath-vd.ch

Italie

ROME

SAMEDI 5 ET DIMANCHE 6

Jubilé des malades et du monde de la santé

DU VENDREDI 25 AU DIMANCHE 27

Jubilé des adolescents

(lire p. 445)

LUNDI 28 ET MARDI 29

Jubilé des personnes en situation de handicap

ENVOYEZ VOS RENDEZ-VOUS À L'AGENDA DE PRIONS EN ÉGLISE : Merci d'envoyer les informations nécessaires 3 mois avant l'événement, sans engagement de publication par la rédaction, à : *Prions en Église*, Agenda, 18 rue Barbès, 92120 Montrouge, ou par e-mail : *prionseneglise@groupebayard.com*

Prions en Église 18, rue Barbès,
www.prionseneglise.fr 92128 Montrouge Cedex.

▶ **POUR CONTACTER LE SERVICE CLIENT : 01 74 31 15 01** – service.client@groupebayard.com
(Préciser : nom + adresse postale + « concerne Prions en Église ».)

▶ **POUR VOUS ABONNER : 01 74 31 15 01** – www.librairie-bayard.com
Bayard, Prions en Église, TSA 60007, 59714 Lille Cedex 9

▶ **POUR CONTACTER LA RÉDACTION :** prionseneglise@groupebayard.com

Directeur de la publication : François Morinière. Rédaction : Karem Bustica (rédactrice en chef), Dominique Pierre (rédacteur en chef délégué), Pomme Mignon (rédactrice en chef adjointe visuel, directrice artistique), Frédéric Pascal (rédacteur en chef adjoint), Armelle Gabriel (assistante), Nicolas Crouzier (secrétaire général de la rédaction), Jean-Baptiste Deau, Cécile Toussaint (1ers secrétaires de rédaction), Laurent Sangpo, Pascal Redoutey (rédacteurs graphistes), Ania Biszewska (rédactrice photo), Sébastien Antoni (chef de grande rubrique), Anne-Quitterie Jozeau, Geneviève Pasquier (rédactrices). A participé : Thibault Van Den Driessche. Marketing éditeur et développement : Amandine Boivin. Marketing diffusion et abonnement : Aurore Bertrand (directrice), Sandrine Dos Santos (chef de marché). Directeur des terrains catholiques : Cédric Bloquet. Voyages lecteurs : Corinne Miguel. Contrôle de gestion : Marie-Albane de Vallée. Fabrication : Grégory Cervantes. Impression : Maury SAS, Z.I. Route d'Étampes, 45330 Malesherbes. Textes liturgiques : © AELF. Chants : © Éditeurs. © Bayard et Novalis. Reproduction interdite sans autorisation. *Prions en Église* est édité par Bayard, société anonyme à Directoire et Conseil de Surveillance au capital de 16 500 000 €. Actionnaires : Augustins de l'Assomption (93,7 % du capital), SA Saint-Loup, Association Notre-Dame de Salut. Directoire : François Morinière (président et directeur de la publication), Dominique Greiner (directeur général). Président du Conseil de Surveillance : Hubert Chicou. Dépot légal à parution. CPPAP : 0425K86471 - ISSN : 0383-8285. Belgique et Luxembourg : Bayard Presse Bénélux, Da Vincilaan, 1 – 1930 Zaventem. Tél. : 0800 250 38 (de Belgique, gratuit) ou 800 29 195 (du Luxembourg). Web marché chrétien : librairie-bayard.com. Suisse : Asendia Press Edigroup SA, Chemin du Château-Bloch 10, 1219 Le Lignon. Tél. : 00 41 22 860 84 02. Mail : abobayard@edigroup.ch

PEFC 10-31-1282
Certifié PEFC
Ce produit est issu de forêts gérées durablement et de sources contrôlées.
pefc-france.org

IMPRIM'VERT

***Prions en Église* agit pour l'environnement**
Origine du papier : France. Taux de fibres recyclées : 100 %. Origine des fibres : papier issu de forêts gérées durablement.
Impact sur l'eau : PTOT 0,003 kg/T

FR

Ce numéro comporte :
Sur la totalité de la diffusion : encart posé "Prions en Église Junior" offre d'abonnement.